BODO SCHÄFER

ODER RENTE WOHLSTAND

Wer sich auf die Rente verlässt,
wird niemals finanziell frei!

FBV

Bibliografische Information der Deutschen Nationalbibliothek
Die Deutsche Nationalbibliothek verzeichnet diese Publikation in der Deutschen Nationalbibliografie; detaillierte bibliografische Daten sind im Internet über http://d-nb.de abrufbar.

Für Fragen und Anregungen:
info@finanzbuchverlag.de

1. Auflage 2016

© 2016 by FinanzBuch Verlag,
ein Imprint der Münchner Verlagsgruppe GmbH
Nymphenburger Straße 86
D-80636 München
Tel.: 089 651285-0
Fax: 089 652096

Redaktion: Judith Engst
Korrektorat: Sonja Rose
Umschlaggestaltung: Melanie Melzer, München
Umschlagabbildung: Foto auf dem Cover © by Michael Herbach
Satz: Daniel Förster, Belgern
Druck: GGP Media GmbH, Pößneck
Printed in Germany

ISBN Print 978-3-89879-973-7
ISBN E-Book (PDF) 978-3-86248-890-2
ISBN E-Book (EPUB, Mobi) 978-3-86248-891-9

Weitere Informationen zum Verlag finden Sie unter

www.finanzbuchverlag.de

Inhalt

Vorwort

Kurz nachdem dieses Buch zum ersten Mal erschienen ist, hatte mich Sandra Maischberger in ihre Sendung eingeladen. Ich sollte mit Heiner Geißler über die Rente diskutieren. Er glaubt an die Rente – ich nicht.

Ich fragte Heiner Geißler: »Wie soll das gehen? Wo doch alle Fakten klar zeigen: Die Rente schrumpft. Wer heute 1.700 Euro netto verdient, wird mit 600 Euro auskommen müssen. Nach heutiger Kaufkraft.«

Heiner Geißler sagte tatsächlich sinngemäß: »Wenn alle drei- bis fünfmal so viel verdienen, dann klappt's.« Er glaubt also an Wunder.

Ich erwiderte: »Wenn ich unrecht habe, dann geht es später allen besser, als ich denke. Wenn Sie unrecht haben, dann werden Millionen Deutsche im Alter verarmen.«

Im Grunde genommen hatten wir bis jetzt die Wahl: Wir konnten selbst nach finanzieller Freiheit streben oder wir konnten auf die Sicherheit der staatlichen Rente setzen. Heute haben wir diese Wahl nicht mehr. Die Sicherheit, die wir kennen, wird es in Zukunft so nicht mehr geben.

Die Veränderungen werden dramatisch sein: Die Bevölkerung in Deutschland schrumpft. Als Folge erwarten Experten, dass jeder zweite Deutsche unter der Armutsgrenze leben wird. Es wird eine Zwei-Klassen-Gesellschaft geben: wohlhabende Privatiers und arme Rentner.

Altersrenten, wie wir sie kennen, wird es zukünftig nicht mehr geben. Wer heute 1.700 Euro netto verdient, wird nach heutiger Kaufkraft weniger als 600 Euro Rente haben. Die staatliche Rente gleicht einem riesigen Schneeballsystem, das nun zusammenbricht. Mehr als eine minimale Basisrente können Sie in Zukunft nicht erwarten.

Es mag Sie überraschen, was Sie nun lesen: *Diese Entwicklung hat nicht nur negative Seiten.* Denn das Konzept der staatlichen Altersrente war einer der größten Irrtümer der Moderne. Was der Bevölkerung als Segen verkauft wurde, war in Wahrheit ein Fluch.

Dieses Konzept hat dafür gesorgt, *dass Millionen Menschen sorglos wurden und einer großen Verführung zum Opfer fielen: Im Glauben an die Sicherheit, die der Staat bieten würde, gaben die Menschen ihre Träume und ihre Freiheit auf.* Sie haben verlernt, für sich selbst zu sorgen, und sind finanziell abhängig geworden.

Tatsächlich halte ich die Entwicklung der staatlichen Rentenversicherung für eine große Chance. Jeder Einzelne ist endlich klar in der Verantwortung. Es kann nun keinen Zweifel mehr geben: Ihr Vermögen und Ihr Lebensunterhalt sind nun Ihre Privatsache. Sie müssen Ihre finanzielle Absicherung selbst zustande bringen, denn es wird niemand für Sie tun. Machen Sie sich von der staatlichen Rente unabhängig. Ohne eigenes Geld wird es in einigen Jahren kaum möglich sein, ein menschenwürdiges Leben zu führen.

Darum habe ich dieses Buch geschrieben: Ich möchte Ihnen helfen, in Würde und finanzieller Freiheit zu leben. Im ersten Teil dieses Buches finden Sie eine Analyse der Situation der deutschen Rentenversicherung, die Ihnen zusätzliche Motivation zum Handeln bieten soll. Sie erkennen klar, was Sie noch an Rente erwarten können. Im zweiten Teil erhalten Sie einen genauen Wegweiser mit sieben Regeln, die zum Wohlstand führen.

Diesen Weg kann *jeder* gehen. So, wie man fliegen, tauchen oder programmieren lernen kann, so kann *jeder* Wohlstand aufbauen, indem er die sieben Grundbausteine kennenlernt. Ich gebe Ihnen hiermit eine *Garantie: Jeder, der sich an diese Regeln gehalten hat, ist vermögend geworden.* Zwar mag es nicht immer leicht sein, aber es ist mit Sicherheit viel schwerer, ein Leben mit ständigen finanziellen Sorgen zu führen.

Wie kann ich das behaupten? Ganz einfach: Viele Tausend Menschen sind mit meinem System finanziell frei geworden. Sie können von ihrem Geld leben. Ganz ehrlich: Wären Sie auch gerne wohlhabend? Dann lesen Sie dieses Buch. Hier finden Sie das genaue Vorgehen.

Sie werden überrascht sein zu sehen, wie Wohlstand sich scheinbar automatisch ergibt, wenn Sie die sieben Regeln wirklich befolgen. Viele Menschen haben mir berichtet: »Am Anfang war es nicht immer leicht, aber dann habe ich neue Gewohnheiten angenommen.

Und schließlich ging es so leicht, dass ich mich frage, wo das Geld die ganzen Jahre zuvor gesteckt hat ...« Ich bin der festen Überzeugung: Sie können wohlhabend werden. Geld ist dann nie mehr ein Sorgenthema – Sie sind dann wirklich frei.

Dieses Buch kann Ihnen dazu verhelfen.

Herzlichst, Ihr Bodo Schäfer

Mehr von Bodo Schäfer im Internet

Bodo Schäfer hat den »7-Jahres-Kurs zur finanziellen Freiheit« entwickelt. Durch das Moneycoaching können Sie die finanzielle Freiheit erreichen. Schauen Sie sich dazu eine erste kurze Video- Botschaft von Bodo Schäfer an:

www.videocoaching.bodoschaefer.de/einfuehrungsvideo

Teil I

Das Ende des Renten-Zeitalters

»Im Jahr 2032 wird jeder zweite Rentner nur noch eine Rente in Höhe von Hartz IV bekommen.«

Rentenexperte Professor Meinhard Miegel

»Kein noch so gutes Rentenversicherungssystem kann es verkraften, dass immer weniger Beitragszahler für immer mehr Rentner einen immer längeren Rentenbezug finanzieren.«

Walter Riester

KAPITEL 1

Wie hoch ist meine Rente wirklich?

»Wir leben in einer Zeit, in der das, was wir für selbstverständlich gehalten haben, nicht mehr gilt.«

Charles Handy

*

Vielen Menschen gefällt es nicht, wenn der Finger warnend erhoben wird.

Ich mag es auch nicht. Ich bin viel zu positiv eingestellt, um Angst vor Horrorszenarien zu haben. Geht es Ihnen auch so?

Und doch dürfen wir auch nicht alle Gefahren einfach ausblenden. Wenigstens etwas Vorsicht ist klug. Stimmen Sie mir da zu?

Gut! Denn darum geht es in diesem Buch: Mit meinem System können Sie leicht und sicher finanziell frei werden – obwohl die Rente immer kleiner und kleiner wird.

Schauen wir uns zuerst an, wie es um die Rente wirklich bestellt ist (Teil 1), und dann zeige ich Ihnen in Teil 2 mein System – mit dem viele, viele Tausend Menschen vermögend geworden sind. Viele Fehler können wir vermeiden; wenn wir sie klar sehen. Was aber, wenn wir keinen Argwohn hegen? Was, wenn sich erst Jahre später herausstellt, dass es Fehler waren? Wenn erst nach Jahrzehnten die Zusammenhänge klar werden und die Folgen offensichtlich? Vielleicht erkennen wir dann: Ich bin in eine Falle getappt. Ich hätte es wissen müssen, und in meinem Innersten wusste ich es auch ...

Wir erleben einen historischen Wendepunkt: Noch nie waren so viele Menschen einer Generation in Gefahr, so schnell in die bittere Armut abzurutschen. Und noch nie war es so dringlich, selbst Wohlstand aufzubauen.

Tatsächlich sind nur einige wenige Veränderungen notwendig. *Sie müssen Ihre Lebensführung gar nicht so gewaltig umstellen.* Aber es ist Eile geboten: Sie müssen einige bewusste Entscheidungen treffen und eine Reihe von Systemen auf den Weg bringen.

Sie lernen in diesem Buch Maßnahmen, die sich in 10, 20 Jahren sehr stark bemerkbar machen. Wer sie nicht getroffen hat, wird höchstwahrscheinlich verarmt sein; wer sie getroffen hat, wird ein behagliches Leben in finanzieller Freiheit führen.

Viele werden einige Jahrzehnte lang im Alter unter dem Existenzminimum leben müssen, weil sie die Gefahren nicht sehen wollen, die vor uns liegen; darunter viele, die das heute nicht einmal ahnen.

Sie hegen keinen Argwohn und vertrauen den Versprechungen unseres Staates. Dieses blinde Vertrauen wird sich einmal als riesengroßer Fehler herausstellen. Die Folge dieses Fehlers bedeutet Armut.

Andere bereiten sich vor; so werden sie ungeahnte Chancen nutzen können. Die wichtigste Voraussetzung dafür: **Sie geben die Idee auf, dass andere für sie sorgen müssen.** Sie nehmen ihr finanzielles Schicksal selbst in die Hand.

Die Schrumpf-Rente

Die Rente schrumpft. Und sie schrumpft viel schneller zusammen, als offizielle Stellen es zugeben. Heute ist bereits jede dritte Rente unter Sozialhilfe-Niveau. Das ist die schlechte Nachricht. Jetzt die ganz schlechte: Langfristig wird die Rente auf einen unvorstellbar niedrigen Stand sinken: *Zukünftige Rentner werden mit einer Rente von ca. 40 Prozent ihres durchschnittlichen Bruttoverdienstes auskommen müssen.* Viele werden netto weniger als 600 Euro zur Verfügung haben – nach heutiger Kaufkraft.

Bitte lesen Sie diesen Satz noch einmal. **Die meisten Menschen, die heute unter 50 Jahre alt sind, werden mit einer staatlichen Rente von unter 40 Prozent ihres gewohnten Einkommens auskommen müssen.** Wenn Ihnen das hinlänglich bekannt ist, dann brauchen Sie den ersten Teil dieses Buches nicht zwingend zu lesen. Allerdings wird die Lektüre höchstwahrscheinlich Ihre Vorsätze verstärken, sich finanziell auf niemanden zu verlassen.

Denn Sie wissen: »Meine Rente ist *nicht sicher.*« Wenn wir in Bezug auf die Rente überhaupt das Wort »sicher« in den Mund nehmen, dann um zu sagen: »Die Rente wird mit Sicherheit sehr, sehr gering ausfallen. Darum muss ich für meinen Lebensabend selbst sorgen.«

Wenn Sie aber sagen: »Na, jetzt übertreibt er aber. Man sollte das alles nicht so schwarzsehen ...« – dann empfehle ich Ihnen, unbedingt auch den ersten Teil dieses Buches zu lesen. Informieren Sie sich; bilden Sie sich selbst ein Urteil. Sie werden sehen, ich übertreibe nicht. Ich weise nur auf eine reale Gefahr hin, die jeder von uns bannen kann, indem er rechtzeitig die richtigen Dinge tut.

In Zukunft werden wir uns nicht mehr auf die Hilfe der Solidargemeinschaft verlassen können. Denn dieser werden die Mittel fehlen.

Wer heute unter 50 ist, erlebt etwas wenig Befriedigendes: *Er hat jahrzehntelang während seines ganzen Arbeitslebens andere mit seinen Beiträgen unterstützt; und wenn er selbst alt ist, ist kaum noch Geld für ihn vorhanden.*

Wir dürfen nicht auf Mitleid hoffen. Denn die nachfolgenden Generationen werden unter Umständen sagen:»Selbst schuld! Schließlich habt ihr euch entschieden, weniger Kinder zu bekommen.«

Altersarmut

Tatsächlich können Sie von der staatlichen Rente maximal ein kleines Zubrot erwarten. Eine Minirente unter 600 Euro ist äußerst wenig. Sie bedeutet ein Leben unterhalb der Armutsgrenze. Darum sind sich heute Experten weitgehend einig:

Ungefähr die Hälfte aller zukünftigen Rentner wird wahrscheinlich ab 2025 in Altersarmut leben. Mit Altersarmut ist gemeint: Diese Menschen erhalten lediglich eine Rente in Höhe des Sozialhilfesatzes oder sogar weniger.

Der Rentenexperte Professor Bernd Raffelhüschen sagt:»Wir kommen in 30 Jahren maximal auf ein Brutto-Rentenniveau von 38 bis 40 Prozent.« Dabei ist die Inflation aber noch *nicht* berücksichtigt. Nach heutiger Kaufkraft werden die meisten Rentner mit einer staatlichen Rente von unter 600 Euro auskommen müssen.

Klingt das für Sie total überzogen und unglaubwürdig? Das kann ich gut verstehen. Aber schauen Sie sich an, wie viel Sie bekommen würden, wenn Sie HEUTE in Rente gehen würden.

Angenommen, Sie sind heute 66 Jahre alt geworden und haben 44 Jahre gearbeitet. Sagen wir, Sie haben zuletzt 2.500 Euro verdient. Dann sind für Sie ca. 35 Rentenpunkte zusammengekommen.

Für jeden Punkt gibt es 29 Euro – das ergibt eine Rente von 1.015 Euro. Davon werden noch Kranken- und Pflegeversicherung abgezogen. Ihnen bleiben also heute 900 Euro netto. Wenn Sie jetzt davon Ihre Miete gezahlt haben – dann bleibt nicht viel übrig für ein gutes Leben.

Das gilt HEUTE. In 15 bis 20 Jahren werden diese 900 Euro weiter geschrumpft sein. Einmal durch die weiteren Rentenkürzungen und zweitens durch die Inflation. Und zwar in unserem Beispiel auf ca. 600 Euro.

Vielleicht fragen Sie jetzt: Wie kann das sein? Wahrscheinlich wissen Sie bereits, dass es um unsere Rente schlecht bestellt ist. Allerdings wissen die wenigsten genau, *wie schlecht es aussieht* und *warum* das so ist. Wir schauen uns die Gründe kurz an. Aber machen Sie zunächst mit mir eine Reise nach Florida ...

Verhältnisse wie in Florida

Waren Sie schon einmal in Florida? Wenn wir gemeinsam durch einige Wohngebiete von Miami gingen, würde sich uns ein ungewohntes Bild bieten: Die Menschen auf den Straßen sind überwiegend alt. Die meisten sind deutlich über 65 Jahre. Stellen Sie sich dieses Bild vor: Fast jeder Mensch, den wir auf der Straße treffen, ist 65, 70 oder älter. Zuerst bemerken wir es wahrscheinlich gar nicht. Es gibt Häuser, Gärten und Autos wie überall auf der Welt. Doch plötzlich fühlen Sie: Irgendetwas ist hier anders.

Und dann entdecken Sie endlich, was so ungewohnt ist: Es gibt keine spielenden Kinder, kein fröhliches Lachen, keine jungen Menschen, die mit dynamischen Schritten zur Arbeit gehen; es ist merkwürdig still. Die Menschen bewegen sich langsamer; sie sind ... alt. Es ist tatsächlich so: Viele Straßen in den Vororten von Miami gleichen einem großen Altenheim. Ein ähnliches Szenario erleben Sie in Restaurants und Geschäften: Die Personen, die

Sie bedienen, sind jung. Aber die meisten Menschen, die dort essen und einkaufen, sind alt.

Im Zentrum fällt das nicht ganz so auf, aber in den Wohngegenden wirkt die Altersstruktur fast bedrückend. Spontan dachte ich bei meinem letzten Besuch dort: Hier möchte ich auf keinen Fall wohnen. Dann ging ich der Sache auf den Grund: Ich zählte eine Stunde lang, wie viele von 100 Menschen wohl eindeutig im Rentenalter waren.

Das Verhältnis überraschte mich: Auf zwei jüngere Personen kamen 14 ältere. Ich hielt es für Zufall. Also zählte ich in einem anderen Stadtteil erneut. Das Verhältnis war ähnlich. Und das war nicht nur in Miami so, sondern auch auf der anderen Seite von Florida, zum Beispiel in Fort Myers.

Die Jungen und die Alten leben getrennt

Es gibt in Florida Orte, wo sich Studenten treffen, um zu feiern: Fort Lauderdale, Key West. Familien mit Kindern fahren nach Orlando in die Vergnügungsparks. Aber viele normale Wohngebiete an der Küste sind von Pensionären besiedelt.

Warum ich Ihnen das so ausführlich schildere? Weil es bei uns in Deutschland ebenso aussehen wird – in wenigen Jahren. So gesehen ist die Fahrt nach Miami für uns eine Reise in die nahe deutsche Zukunft. Aber Sie brauchen noch nicht einmal nach Florida fahren, um ein solches Szenario zu erleben. In Bad Neuenahr und in vielen anderen Kurorten spielt sich bereits heute Ähnliches ab.

In diesen Kurorten wohnen überdurchschnittlich viele alte Menschen; die meisten jungen Leute fühlen sich dort nicht richtig wohl. Sie fahren dorthin zur Arbeit, aber sie wohnen lieber in Gegenden mit anderen jungen Leuten.

In relativ wenigen Jahren wird jeder zweite Bürger bei uns über 60 Jahre alt sein. Das hat natürlich Auswirkungen – auf viele Bereiche unseres Lebens. Zukunftsforscher und Literaten haben mit lebhaften Worten beschrieben, wie unser Alltag dann aussehen könnte. Wenn Sie sich einen Eindruck verschaffen wollen, empfehle ich Ihnen besonders Frank Schirrmachers Buch »Das Methusalem-Komplott«.

In einem Aspekt hinkt allerdings der Vergleich zwischen dem heutigen Florida und dem Deutschland ab 2025; denn es wird einen gravierenden Unterschied geben: In Florida leben sehr viele Luxus-Rentner. Die alten Menschen mit Geld haben sich dort versammelt, um ihren Lebensabend unter der Sonne zu verbringen. Geld spielt für die meisten von ihnen keine Rolle. Sie besitzen eine ungeheure Kaufkraft; und weil sie viel Zeit haben, kaufen und konsumieren sie viel. Sehr viel.

In Deutschland wird es ähnliche Landstriche geben, wahrscheinlich vor allem in Bayern und Baden-Württemberg, hier erleben wir Bevölkerungszuwächse. Aber in großen Teilen Deutschlands wird es vollkommen anders aussehen: Sie werden vergreisen und verfallen. In ihnen wird bittere Armut herrschen. Insgesamt erwarten Experten, dass jeder zweite Deutsche unter der Armutsgrenze leben wird. Es wird wohlhabende Privatiers geben und arme Rentner.

Die Schere wird größer

Diese Schlagzeile geistert durch die Gazetten: Die Schere zwischen Arm und Reich wird immer größer. Die Reichen werden reicher und die Armen ärmer. Florida-Verhältnisse tragen dazu erheblich bei. Die Vergreisung großer Teile unseres Landes wird eine Zwei-Klassen-Gesellschaft schaffen, wie wir sie uns heute nur schwer vorstellen können.

Immer wenn sich ein System ändert, gibt es eine Menge Verlierer, aber auch eine große Anzahl Gewinner. Damit sind wir an einem wichtigen Punkt: Es geht mir nicht um Panikmache. Ich will keine Weltuntergangsstimmung verbreiten. Im Gegenteil: Gerade, wenn starke Veränderungen stattfinden und vieles im Umbruch ist, *ergeben sich großartige Möglichkeiten.*

Darauf müssen wir uns vorbereiten. Aber wir sollten auch den Gefahren nicht ignorant gegenüberstehen. Wenn Sie bisher keinen Argwohn in Bezug auf die staatliche Rente hegten, dann wird Ihnen dieses Buch helfen, einen der größten Fehler Ihres Lebens zu vermeiden. Damit sind wir bei der entscheidenden Frage.

Warum dieses Buch?

In meinem ersten Buch »Der Weg zur finanziellen Freiheit« habe ich ausführlich die Strategien beschrieben, die zu Wohlstand führen. Ich habe auch dargelegt, warum es erstrebenswert ist, vermögend zu sein. Das Buch ist über 10 Millionen Mal verkauft worden. Viele Tausende Leser sind den darin beschriebenen Weg gegangen. Ich habe aus vielen Briefen und persönlichen Gesprächen unglaublich viel zurückbekommen. Warum also schreibe ich ein neues Buch?

Der Grund ist einfach und für mich zwingend: Die Ausgangslage hat sich ganz wesentlich geändert. Zwar *scheint* alles zu sein wie gewohnt. Und doch können wir die Vorboten der Veränderung überall um uns herum beobachten. Die Stimmung in Deutschland *ist bereits* verändert. Sie ist schon heute durch den demografischen Wandel geprägt. Wir können sehen, dass sich die Blätter bewegen – aber der Sturm kommt erst noch. Mit »Der Weg zur finanziellen Freiheit« wollte ich die Menschen ansprechen, die *Lust* auf ein Leben in Wohlstand haben, deren Verlangen nach Freude größer war als ihre Angst und ihre Bequemlichkeit. Ihnen wollte ich den Weg zeigen, den meine Coachs mir gewiesen hatten.

Inzwischen sind sehr viele diesen Weg gegangen, viele aber auch nicht. Eine dritte Gruppe wiederum hat halbherzig begonnen, *et-*

was zu tun. Aber nicht konsequent genug. Ich habe Kontakt zu allen drei Gruppen. Ich wollte wissen, warum die zweite gar nichts verändert hat und die dritte Gruppe kaum etwas.

Die Antworten lauteten fast immer ähnlich: »Es war mir nicht so wichtig«, »Geld macht auch nicht glücklich«, »Es geht mir auch so gut«, »Es fehlt mir der letzte Antrieb«. Die Antwort derjenigen, die kaum etwas tun, lautet: »Später! Im Moment ist dafür nicht der richtige Zeitpunkt.«

Ich schreibe dieses Buch auch für die beiden Gruppen, die zu wenig oder gar nichts für ihre finanzielle Zukunft tun. Ich will in aller Deutlichkeit darauf hinweisen: Die Situation in Deutschland wird sich bald spürbar verändern; Sie werden Geld in Zukunft wichtig nehmen *müssen*.

Das ist neu. Bisher konnten Sie auch so ein angenehmes Leben führen. In Zukunft aber droht die bittere Armut. Geld ist wahrlich nicht alles, aber ohne ein Minimum an Geld ist Glück schwer möglich. **Darum wird es in Zukunft eben nicht so sein, dass jemand behaupten kann: »Es geht mir auch so gut.«**

Ich weigere mich zu glauben, dass ein Leben unter Sozialhilfe-Niveau ohne Weiteres würdig verbracht werden kann. Vielleicht ist Aussicht auf Freude und Lust am Wohlstand keine ausreichende Motivation für Sie. Dann hoffe ich, dass die Angst vor der drohenden Armut Sie zum Handeln bringt. Meine Hoffnung ist, dass der erste Teil dieses Buches den letzten Antrieb liefert zu handeln. Jetzt. Nicht irgendwann. Sofort, denn die Zeit drängt ...

Ein kurzer Überblick

Was erwartet Sie in diesem Buch? Im ersten Teil erfahren Sie die Wahrheit über die Rente. Wir besprechen kurz in Kapitel 1, worauf unser Rentensystem eigentlich basiert. Sie werden sehen, dass diese Basis wegbricht – nicht nur aufgrund des Geburtenrückgangs.

Dazu schauen wir uns einige wichtige Zahlen an. Sie werden in Kapitel 2 sehen: Unsere Bevölkerung schrumpft; und das hat grundsätzlich durchaus auch gute Seiten. Aber unsere staatliche Altersrente bricht zusammen.

Was dann in Kapitel 3 folgt, mag Sie verwundern: Ich werde Ihnen aufzeigen, dass es durchaus von Vorteil für Sie ist, wenn Sie sich zukünftig nicht mehr auf die staatliche Rente verlassen können.

Im 4. Kapitel machen wir einen Ausflug in die Vergangenheit: Sie erfahren die Geschichte unseres Rentensystems ... und ich verspreche Ihnen: Dann verstehen Sie das ganze Problem viel besser!

Es geistern mehrere Meinungen durch das Land über die Höhe der zu erwartenden Altersrenten. Darum werden wir uns in Kapitel 4 alle drei möglichen Szenarien anschauen und durchrechnen. Sie werden sich dann leicht Ihre Meinung dazu bilden, können, welches Szenario am wahrscheinlichsten ist.

In Kapitel 5 zeige ich auf, dass die Renten nicht erst in der Zukunft gekürzt werden. Vielmehr sind bereits erhebliche Kürzungen erfolgt.

Das Ziel für den ersten Teil lautet: Sie sollen klar erkennen, wie es um Ihre Rente bestellt ist. Im Ergebnis werden Sie gar nicht mehr auf sie bauen. Wenn Sie das einsehen und entsprechend handeln, dann haben Sie die beste Entscheidung Ihres Lebens getroffen – zumindest aus finanzieller Sicht.

Teil II

In der Einleitung zum zweiten Teil wage ich eine Prognose: Wie wird unser Land aussehen, wenn jeder Zweite alt ist? Wird die nachfolgende Generation uns ertragen? Sie werden ihre eigenen

Sorgen haben. Warum sollen sie sich um uns kümmern? Was macht uns für die Jungen attraktiv?

Machen wir uns nichts vor: Neben unserer Erfahrung und unserem Selbstbewusstsein wird es vor allem auch unser Geld sein, das uns zu gern gesehenen Bürgern im Deutschland bzw. im Europa der Zukunft macht. Wir werden nicht unbedingt willkommener sein, wenn wir arm und abhängig sind.

Im zweiten Teil finden Sie den klaren, leicht verständlichen Weg zu Wohlstand und finanzieller Freiheit. Ich habe diesen Weg von meinem ersten Coach gelernt. Und ich biete mich an, in diesem Buch für Sie als Geld-Coach zu fungieren: Gehen Sie mit mir nacheinander die entscheidenden sieben Schritte zum Wohlstand.

Sie werden sehen, was Sie unternehmen können, um nicht nur im Alter würdig zu leben, sondern so bald wie möglich.

Was bestimmt die Höhe unserer Rente?

Aber lassen Sie uns zunächst unser Rentensystem betrachten: Wir werden feststellen, mit wie viel oder mit wie wenig Rente Sie wahrscheinlich rechnen können. Und ich sagte bereits, dass die meisten Rentner mit weniger als 600 Euro auskommen werden müssen. Schauen wir uns an, wie es dazu kommen konnte. Es gibt insgesamt drei Faktoren, die sich auf die Höhe unserer Altersrente auswirken:

1. Die Demografie: Wie entwickelt sich unsere Bevölkerung? Wie viele Kinder werden von einer Generation geboren? Wie viele Erwerbstätige müssen wie viele Rentner ernähren? Wie lange leben die Menschen nach ihrer Pensionierung?

2. Die Lohnentwicklung: Die Altersrenten richten sich auch nach dem durchschnittlichen Lohnniveau. Wenn die Löhne

stagnieren, bekommen Rentner aufgrund des Kaufkraftverlusts durch die Inflation faktisch weniger Rente.

3. Die Arbeitslosenquote: Arbeitslose verdienen nicht und zahlen somit auch keine Beiträge in die Rentenversicherung ein. Auf der anderen Seite aber wollen auch sie eine Altersrente erhalten.

Beginnen wir mit dem ersten Punkt: Wie entwickelt sich unsere Bevölkerung? Und vor allem: Entspricht das den Annahmen, die die Regierung zugrunde gelegt hat, als unser Rentensystem 1957 geschaffen wurde?

Der Generationenvertrag

Früher waren die Menschen gut versorgt, wenn sie ihr ganzes Arbeitsleben lang einen Job mit einem guten Verdienst hatten. Firma und Staat sorgten schon für diese Menschen, wenn diese einmal in Rente gingen.

Die Renten sollte der sogenannte Generationenvertrag sichern. Dieser Vertrag besagt, dass die heute arbeitende Bevölkerung die heutigen Rentner ernährt. Und wenn die junge Generation selbst einmal alt geworden ist, dann sorgen neue junge Generationen für deren Rente. *Wobei niemals ein wirklicher Vertrag geschlossen wurde.* Diese Begrifflichkeit wurde unter Adenauer erfunden, um die Generation in Sicherheit zu wiegen. Wir sollen heute zahlen, anstatt für uns selbst etwas zurückzulegen.

In Kapitel 2 werden wir auf diese ungeheure Täuschung eingehen. Heute wissen wir, dass dieser Vertrag schon jetzt gefährdet ist und in Zukunft überhaupt nicht mehr funktionieren wird. Es gibt ab 2020 einfach viel zu viele Rentner, die von viel zu wenigen arbeitenden Menschen ernährt werden müssten.

Aus *4 : 1* wird *1 : 1*

Stellen Sie sich vor, Sie gehen in einer Gruppe wandern, die aus fünf Personen besteht. Einer verstaucht sich den Knöchel. Die anderen vier bauen eine Trage und schleppen den Verletzten einige Kilometer nach Hause. Das ist nicht ganz einfach, ist aber machbar. Schließlich können Sie den Verletzten ja nicht einfach sich selbst überlassen.

Unterstellen Sie jetzt aber, Sie wären nur zu dritt unterwegs und das gleiche Malheur würde passieren. Diesmal sind es nur zwei Personen, die den Verletzten tragen müssen. Wenn Sie beide nicht außergewöhnlich stark sind, wird das schwierig.

Ja, und wenn Sie nur zu zweit sind? Könnten Sie alleine einen (finanziell) »Verletzten« kilometerweit tragen? Die meisten Menschen würden sagen: »Das ist ganz einfach unmöglich. Das kann niemand von mir verlangen.« Vielleicht sagen Sie: »Es ist meine Pflicht, das wenigstens zu versuchen.« Die Wahrheit ist: Sehr weit werden Sie nicht kommen.

Der Vertrag zwischen den Generationen

Was ich hier schildere, ist der Generationenvertrag und die demografische Entwicklung. Als der Generationenvertrag geschlossen wurde, kamen auf einen Rentner ca. vier Arbeitnehmer. Das heißt, vier Menschen trugen einen anderen finanziell durch dessen Lebensabend. Ein gesundes Verhältnis.

Heute sind es jedoch nur noch ca. zwei Personen, die einen Rentner ernähren müssten. Ich nutze hier bewusst den Konjunktiv, denn die zwei Menschen *können niemals* mit ihren Zahlungen in die Rentenversicherung einen Rentner ernähren.

Wie sollte das auch funktionieren? Rechnen Sie einmal mit: Der Durchschnittsverdienst in Deutschland lag Anfang 2014 bei ca.

34 800 Euro, also 2900 Euro monatlich. Pro Arbeitnehmer werden davon weniger als 20 Prozent in die Rentenversicherung einbezahlt (Arbeitnehmer- und Arbeitgeberanteil zusammen). 20 Prozent von 2900 Euro sind 580 Euro.

Diese Summe wird zurzeit jeweils von zwei arbeitenden Menschen gezahlt, um einen Altersrentner zu ernähren, was faktisch noch nicht einmal stimmt, denn es werden ja auch andere Renten (Witwenrenten, Waisenrenten, Berufsunfähigkeitsrenten) davon bezahlt ... Pro Rentner stehen also maximal 1.160 Euro zur Verfügung. Mehr kommt nicht rein – woher sollte es auch kommen? Darum sind die Kassen heute schon leer. Und darum werden heute schon ca. 30 Prozent aller Rentenleistungen aus Steuergeldern bezahlt. Jetzt müssen wir weiter fragen: Wer zahlt denn die Steuern? Natürlich wir. Um bei unserem Beispiel zu bleiben: Zwei Personen können auf Dauer nicht einen anderen tragen.

Allerdings muss diese Aussage relativiert werden. Denn die Wahrheit ist, dass auch die Steuereinnahmen nicht ausreichen, um diese Zahlungen zu leisten. Der Staat nimmt deshalb Kredite auf. Für diese Schulden muss er aber Zinsen zahlen und die Kredite sind irgendwann auch zu tilgen ... Bereits heute werden schon zwei Drittel des Bundeshaushalts für die Renten, die Arbeitslosenunterstützung und den Schuldendienst benötigt.

Aber die Katastrophe kommt erst noch: Ab 2020 nähern wir uns mehr einem *Verhältnis von 1:1*. Fast jeder, der arbeitet, müsste dann einen Rentner ernähren. Ein Wanderer müsste dann einen anderen ganz alleine tragen.

Wer soll Sie tragen?

Sie ahnen es: Sie sind derjenige, der in einigen Jahren getragen werden muss. So sieht es der Generationenvertrag vor. Aber was tun wir, wenn die nächste Generation sich ganz einfach weigert? Zumal sie sich zu Recht weigern wird, weil eben ein Mensch unmöglich einen anderen finanziell durch den Lebensabend tragen kann. Sich darauf zu verlassen, war eben ein Fehler.

Ein naiver Mensch wird möglicherweise denken: Man muss ihn halt zwingen. Aber das wird nicht gehen. Die Sozialabgaben und Steuern können nicht endlos angehoben werden. **Man kann niemandem auf Dauer mehr wegnehmen, als er selbst behält.** Ein solcher Mensch wird ganz einfach aufhören zu arbeiten oder das Land verlassen. Er wird an einen Ort ziehen, wo ihm mehr Nettogehalt gelassen wird. Im Zuge der Globalisierung wird dies jungen Menschen immer leichter fallen. Es ist einfach unehrlich und wirklichkeitsfremd, wenn wir in einer globalen Wirtschaft davon träumen, dass wir in Zukunft in unserem eigenen Land endlos umverteilen können.

Nein, man kann die Abgabenlast nicht endlos steigern; also müssen die Renten sinken. So einfach ist es; und so wird es kommen: *Die Renten werden sinken.* Erst langsam und dann immer schneller. Und zwar auf eine Weise, die kaum jemand bemerkt.

Gibt es Alternativen? Wir haben gesehen, dass es nicht möglich ist, die Jüngeren stärker zu belasten. Die Rente drastisch zu kürzen, wird höchst unpopulär sein. Also bleibt nur, das Rentenalter weiter heraufzusetzen. Wir werden uns anschauen, warum das eine faktische Rentenkürzung darstellt. Und wenn auch das nicht reicht, wird es eben ganz offiziell zu Kürzungen kommen. 1 bis 2 Prozent pro Jahr vielleicht. Kaum spürbar. Aber über Jahrzehnte gesehen, münden diese ständigen Kürzungen in eine Katastrophe.

Fazit: Die Rente, die wir kennen, wird es nicht mehr geben

Jeder muss wissen: Niemand, Sie nicht und ich nicht, hat Kapital in der Rentenversicherung angespart. Unser Geld wurde ausgegeben. Es ist weg. Sie haben nur einen *Anspruch* auf Rente. Sie haben aber keinen Anspruch auf eine *bestimmte Rentenhöhe*. Die Politik kann diesbezüglich nahezu nach Belieben Gesetze erfinden und ändern.

Darum kann niemand mehr behaupten, unsere Renten seien sicher. Nun, es gab einmal einen kleinen Mann, der erzählte allen Menschen im ganzen Land genau das: Eure Rente ist sicher. Heute wissen wir, das war schlichtweg unwahr. Norbert Blüm erzählte Unwahrheiten, die man gerne hört, die aber trotzdem unwahr sind.

Halten wir fest: Die Rentenkassen sind heute schon leer. Ohne Zuschüsse von fast einem Drittel könnten die Renten heute schon nicht mehr bezahlt werden. Und der demografische Faktor kommt erst noch ...

Der Generationenvertrag wird nicht bestehen können. Zukünftig muss jeder eigenverantwortlich für einen Großteil seiner Rente selbst sorgen. Wie konnte es dazu kommen? Die Antwort finden wir in der demografischen Entwicklung, der Entwicklung unserer Bevölkerung.

Auf den Punkt:

- In diesem Buch erkläre ich Ihnen, warum wir uns nicht auf die Rente verlassen können.

- Sie erfahren, wie das System funktioniert und warum wir uns umstellen müssen.

- Im zweiten Teil beschäftigen wir uns damit, wie Sie Wohlstand aufbauen. So werden Sie von der Rente unabhängig.

- Die Voraussetzung für Ihr Handeln ist Einsicht und Veränderungsbereitschaft.

- Wir haben keinen Anspruch darauf, uns von anderen später finanziell versorgen zu lassen.

- Unsere finanzielle Zukunft können und müssen wir selbst gestalten.

- Die demographische Entwicklung führt dazu, dass immer weniger Berufstätige immer mehr Renten finanzieren müssen.

- Die Renten werden dramatisch sinken.

- Zukünftig muss jeder eigenverantwortlich für einen Großteil seiner Rente selbst sorgen.

KAPITEL 2

Die demografischen Fakten

>*»Du kannst jung sein ohne Geld,*
aber du kannst ohne Geld nicht alt sein.«

Tennessee Williams, US-amerikanischer Schriftsteller (1911–1983)

*

Im Folgenden erhalten Sie eine Reihe von Zahlen. Vergessen Sie nicht: Sie selbst stecken in diesen Zahlen und Statistiken drin. *Wir sprechen hier von uns.* Sobald wir uns die wichtigsten Zahlen angeschaut haben, überlegen wir, was sie wirklich bedeuten. Steuern wir auf eine Katastrophe zu oder ist die Entwicklung sogar eher positiv zu bewerten?

Wir beschränken uns dabei auf lediglich zwei bis drei Aspekte, denn ich will Sie nicht mit Fakten erschlagen. Zur Bevölkerungsentwicklung sind bereits ausreichend informative Bücher geschrieben worden. Im Literaturverzeichnis finden Sie die Werke, derer ich mich unter anderem bediene. Aber einige Eckdaten sollten wir uns anschauen. Und wir sollten uns überlegen, ob es nicht doch eine ganzheitliche Lösung für die entstehenden Probleme geben könnte.

Als vorweggenommenes Ergebnis können wir bezüglich der Bevölkerungsentwicklung sagen: *Unsere* Bevölkerung geht stark zurück. Der Grund: Jeder Erwachsene bekommt im Schnitt nur noch 0,68 Kinder. Wobei die Bereitschaft, Kinder zu haben, weiter sinkt. Wir benötigen aber 1,05 Kinder pro Erwachsenen, um unsere Bevölkerung zu erhalten. Diese Tendenz zeigt sich übrigens fast in ganz Europa. Aber nirgendwo sind die Fakten so alarmierend wie in Deutschland. Denn nirgendwo auf der Welt bekommen Menschen so wenige Kinder wie bei uns. 1964 wurden in Deutschland 1.357.304 Kinder geboren; 2014 waren es weniger als die Hälfte. 2050 werden nur noch 500.000 Kinder geboren werden.

Warum werden so wenige Kinder geboren?

Es gibt Stimmungsmacher, die Kinderlosigkeit verteufeln oder mindestens bestrafen wollen. Dies halte ich für einen weiteren gedanklichen Irrweg. Vielmehr sollte man diejenigen *belohnen*, die Kinder bekommen und entsprechende Voraussetzungen schaffen.

Es gibt Gründe, warum unsere Generation weniger Kinder bekommen hat: Erstens kann heute verhütet – oder abgetrieben – werden. Damit fällt die Entscheidung für Kinder bewusster. Zweitens entscheiden sich viele für eine Karriere und gegen Kinder. Der dritte Grund sind die Kosten. Kinder sind teuer: Sie kosten mindestens 100.000 Euro bis zum 18. Lebensjahr.

Allerdings trieb nicht die Not die meisten unserer Generation dazu, weniger Kinder zu bekommen, sondern der Überfluss. Zwar bleibt es eine freie Entscheidung, kinderlos zu bleiben, aber trotzdem sollte der Einzelne ohne Groll feststellen: »Okay, das ist nun einmal so gelaufen. Die Folgen muss ich tragen: Für meine Altersrente muss ich selbst aufkommen.«

Wir werden immer älter

Gleichzeitig leben die Menschen immer länger. **Die Lebenserwartung steigt alle zehn Jahre um ca. zwei bis zweieinhalb Jahre.**

Überlegen Sie einmal, was das bedeutet: In 50 Jahren werden die Menschen zehn bis zwölf Jahre älter. Innerhalb von nur 100 Jahren hat sich die Lebenserwartung verdoppelt.

Forscher glauben, dass jedes zweite Mädchen, das heute in Deutschland lebt, einmal 100 Jahre alt wird ... Bei den Geburtsjahrgängen ab 2004 haben die Mädchen sogar eine Lebenserwartung von 103 Jahren, die Jungen von 99 Jahren. In der Generation der heute 35-Jährigen werden die Frauen durchschnittlich 96,5 Jahre und die Männer 92,1 Jahre alt.

Vielleicht sagen Sie: »Wer weiß, ob das wirklich alles so eintrifft?« Ich werde aufzeigen, dass diese Prognosen sehr exakt sind. Wussten Sie, dass die Demografen bereits vor genau 50 Jahren die Entwicklung der gesamten Weltbevölkerung errechnet haben? Heute können wir uns anschauen, wie genau diese Berechnungen waren. Was meinen Sie, wie hoch die Fehlerquote war? Nun, sie lag bei 3,5 Prozent. Da habe ich nicht viel Hoffnung, dass die Demografen heute plötzlich alle künftigen Entwicklungen falsch berechnen.

Der Altersquotient

Kennen Sie den sogenannten Altersquotienten? Er ermittelt, wie viele Personen in einem Land über 60 Jahre alt sind – pro hundert Menschen im Alter von 20 bis 60. Es wird 2050 im Vergleich zu heute wahrscheinlich 2,4-mal so viele Menschen über 60 geben als 20- bis 60-Jährige.

Die 20- bis 60-Jährigen arbeiten; die Menschen über 60 sind in Rente oder gehen bald in Rente. Die Zahl 2,4 bedeutet: **2050 müssen die Arbeitnehmer 2,4-mal so viele Rentner ernähren wie heute.** Wir haben bereits festgestellt, dass dies unmöglich ist.

Bereits 2030 wird dieser Altersquotient auf 70,9 angestiegen sein. Das heißt, pro 100 Menschen im Alter von 20 bis 60 wird es 70,9 Personen geben, die über 60 Jahre alt sind. Ahnen Sie, was das für die Rentenkasse bedeutet? Dieses Verhältnis könnte noch nicht einmal funktionieren, wenn *jeder Einzelne* von den 100 Personen arbeiten würde. Aber das ist natürlich nicht der Fall. Stellen Sie sich 100 Menschen aus Ihrem Bekanntenkreis vor – zwischen 20 und 60 Jahre alt. Wie viele von ihnen haben einen Job?

Sie sehen schnell: Nicht jeder von den 100 Personen in der Altersgruppe zwischen 20 und 60 wird arbeiten wollen oder können. Einige studieren, andere sind Frührentner, wieder andere sind arbeitslos, berufsunfähig oder krank; zudem gibt es Mütter und auch Väter, die sich ausschließlich der Erziehung ihrer Kinder widmen wollen ...

Rechnen Sie all diese Personen aus der Gruppe der 100 Personen dieser Altersgruppe heraus, so erkennen Sie unschwer, *dass spätestens ab 2030 ca. ein Arbeitnehmer auf einen über 60-Jährigen kommt.* Ab 2050 wird der Altersquotient **selbst bei hohen Einwanderungszahlen auf 90,7 steigen.** Es wird dann sogar deutlich *mehr* über 60-Jährige geben als Arbeitnehmer zwischen 20 und 60.

Die Prognose ist sicher

Wir betreiben hier keine Hellseherei. Die Weichen für die nächsten Jahrzehnte sind unumkehrbar gestellt. Wenn wir voraussetzen, dass es keinen Krieg und keine Katastrophen vergleichbaren Ausmaßes geben wird, so wird die Bevölkerung sich genau so entwickeln wie oben beschrieben. Denn die Menschen, die 2030 und 2050 alt sein werden, *sind bereits geboren.* Ihre Zahl muss nicht erraten werden, sie ist bekannt.

Unsere Generation hat ihre Wahl getroffen: Ein Drittel der Menschen, die Kinder hätten haben können, hat sich dagegen entschieden. Nun gibt es Meinungsmacher, die ihnen ein schlechtes Gewissen einreden wollen. Ich finde das absurd. Jeder hat die

Freiheit, seine Wahl zu treffen. Selbstverständlich muss er aber auch bereit sein, die Folgen zu tragen.

Es ist eine Tatsache, dass diese Entscheidung die demografische Entwicklung unseres Landes prägen wird – und zwar mindestens für die nächsten 100 Jahre. Wir werden noch in diesem Kapitel sehen, warum das so ist.

Bevölkerung nach Altersgruppen
in Millionen Prozent der Gesamtbevölkerung

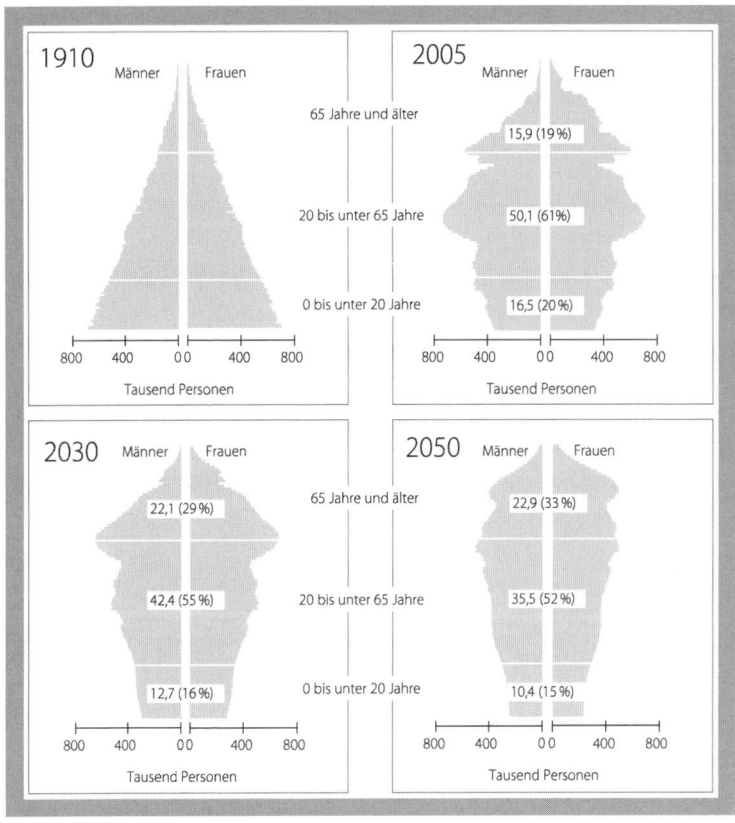

Quelle: © Statistisches Bundesamt

Weitere ernüchternde Zahlen

Dieser kurze Abschnitt ist nur für Statistikfreunde. Alle anderen lesen bitte auf der nächsten Seite weiter!

2050 wird es zehn Millionen über 80-Jährige geben – heute sind es nur vier Millionen. Das Durchschnittsalter der Bevölkerung wird etwa 50 Jahre sein. **Irgendwann wird es bei uns mehr Alte als Junge geben.**

Das war noch nicht einmal während oder nach den Weltkriegen der Fall. 1950 lag der Bevölkerungsanteil der Kinder bis 15 Jahre bei 23 Prozent, der Anteil der über 65-Jährigen bei 9 Prozent. 2050 werden 27 Prozent der Bevölkerung über 65-Jährige sein – ihre Zahl wird sich also verdreifacht haben –, aber nur 11,8 Prozent Kinder.

Diese Entwicklung wird nicht nur in Europa eintreten. In Japan werden wir dieses Szenario bereits zehn Jahre früher beobachten. Wir können dann auch sehen, wie die Japaner mit den zu erwartenden Problemen umgehen. China wird 2050 über 330 Millionen Einwohner haben, die älter sind als 65 Jahre, davon ca. 100 Millionen über 80 Jahre alt. Gegenüber 1990 wird sich die Zahl der über 80-Jährigen verzehnfacht haben. In den USA werden 75 Millionen älter als 65 sein, davon 26 Millionen sogar älter als 80. In Deutschland werden wir 2050 wahrscheinlich zehn Millionen Hochbetagte haben.

In Deutschland ist seit 1972 die Zahl der Todesfälle pro Jahr höher als die Zahl der Geburten. 2003 wurden in unserem Land knapp über 700.000 Kinder geboren; 2050 werden es weniger als 440.000 sein. Während wir heute ca. 20 Millionen Frauen im gebärfähigen Alter haben, werden es 2050 nur noch 14 Millionen sein.

Viele Städte wird es in 100 Jahren nicht mehr geben – besonders in Ostdeutschland. Der Generationenvertrag wird aufgekündigt oder aber bis zur Unkenntlichkeit verändert werden müssen. Das bedeutet, dass Sie sich nicht auf Ihre Rentenansprüche verlassen sollten.

Forschungen zeigen, dass die demografische Entwicklung sich auch auf Unternehmen auswirken wird: *Auf betriebliche Versorgungskassen sollten wir uns darum ebenfalls nicht mehr blind verlassen. Denn viele von ihnen werden ebenfalls Probleme bekommen.* Wo kein Geld ist, kann auch keines ausgezahlt werden. Nicht wenige Firmen könnten aufgrund der gegebenen Versorgungszusagen insolvent werden.

Die Auswirkungen

Welche Auswirkungen wird all das haben? Vieles wird anders werden. Sehr vieles. Je mehr Sie die Zahlen auf sich einwirken lassen, desto mehr erkennen Sie: *Wir werden eine vollkommen neue Gesellschaft erleben.* Eine Gesellschaft, in der viel mehr Menschen alt sind als jetzt. Und: **Es wird eine Gesellschaft sein, wie es sie nie zuvor in der Geschichte der Menschheit gab. Darum haben wir auch keinerlei Erfahrungen, wie wir damit umgehen können.**

Sicher ist: Wir werden uns neuen Problemen stellen müssen, aber wir werden auch neue Chancen haben.

Zum ersten Mal werden die jungen Menschen in unserer Gesellschaft nicht die Mehrheit darstellen. Es werden die Alten sein: **wir.** Wir werden lernen müssen, alt zu sein. Lange alt zu sein. Würdevoll alt zu sein. Und wir werden lernen müssen, damit umzugehen, dass es bei uns bald so aussehen wird wie in Florida. Nur, dass *wir* dann die Alten sind. Wir, die Alten, werden in der Mehrheit sein. Und wir ahnen, dass viele der Jüngeren sich fragen werden: »Will ich in so einem Land leben?« Diese Frage ist für uns gefährlich. Denn wir werden die Jungen brauchen; je älter wir werden, umso mehr.

Diese Jungen werden es nicht leicht haben mit uns. Es könnte sie bereits stören, von so vielen Alten umgeben zu sein. Vielleicht wollen sie nicht in einem Land leben, das einem gigantischen Altersheim gleicht. Vielleicht hemmt es sie in ihrer Lebensfreude. Möglicherweise fühlen sie sich beklemmt. Können Sie sich das Gefühl vorstellen, von dem ich spreche? Verbringen Sie einmal einen halben Tag in einem Altersheim, dann wissen Sie, was ich meine ...

Machen wir uns also nichts vor: Die Generation der Jungen wird ebenfalls Probleme haben mit der neuen Situation. Es wird für sie nicht leicht sein, *alleine weil es uns gibt.* Weil es so viele von uns geben wird. Zu einem großen Teil liegt es an uns, ob wir eine Bürde oder sogar ein Segen sein werden. Wir sind nicht Opfer; wir entscheiden, *wie* schwer es für die jungen Menschen wird. Denn es ist bei Weitem nicht so, dass wir nichts zu bieten hätten, nur weil wir alt sein werden. Ganz im Gegenteil.

Der Vertrag, der keiner ist

Wer aber davon träumt, diese Jungen zusätzlich zu belasten, indem er auf die Erfüllung des Generationenvertrages pocht, der sollte bald aufwachen. Der erste Grund ist einfach. **Wo es keinen Vertrag gibt, können Sie sich auf keinen Vertrag berufen.** Der sogenannte Generationenvertrag ist reine Fiktion, ein Mythos. Er hätte gar nicht geschlossen werden können, denn nach rechtlichen Maßstäben wäre er sittenwidrig.

Warum wurde dieser Begriff dann erfunden?

Der Begriff »Generationenvertrag« soll Folgendes suggerieren: Da haben drei Generationen eine Abmachung getroffen. Die Jungen sorgen für die Alten; wenn die Jungen alt sind, wird für sie gesorgt. So sollen sich alle sicher fühlen, die heute mit ihrem Geld die Alten versorgen. Für sie wird ja auch gesorgt werden. All das soll man glauben, wenn man diesen Begriff hört.

Geschrieben steht das nirgendwo; ein wirksamer Vertrag wurde nie geschlossen. Wo aber kein Vertrag existiert, kann es auch keinen Vertragsbruch geben. **Damit haben Sie keinerlei Rechtsgrundlage. Sie haben *keinen* Anspruch auf eine bestimmte Rente.** Ganz gleich, was die Rentenversicherung Ihnen schreibt oder die Politiker Ihnen erzählen. Ein deutsches Gericht hat das erst kürzlich bestätigt.

Sollten die Jungen uns ernähren?

Diese zusätzliche Bürde werden die Jungen nicht freiwillig auf sich nehmen. Sie werden sich weigern. Eine Mindestrente wird finanzierbar sein – aber mehr nicht. Einen Anspruch haben wir nicht, da kein Vertrag existiert.

Wir können die Jungen auch nicht durch Gesetze zwingen, sich melken zu lassen – obwohl wir dann die demokratische Mehrheit haben werden. Denn wir werden auf sie angewiesen sein. Wir können es uns einfach nicht leisten, dass sich die Jungen weigern, mit uns zusammenzuleben. Wenn sie wegziehen würden, was dann?

Nein. Wir dürfen die Jungen nicht noch stärker belasten, als wir selbst heute bereits belastet sind. Wenn Sie sich Ihre Abzüge anschauen, dann wissen Sie: Deutlich mehr darf es auf keinen Fall sein. Der nachfolgenden Generation bliebe sonst selbst nicht mehr genug zum Leben. Nein, wir können dieser Generation nicht auf der Tasche liegen.

Wir müssen ihnen vielmehr reale Vorteile verschaffen. *Wenn wir alt sind, müssen wir über Werte verfügen, mit denen wir die Jungen bereichern.* Wir sollten etwas besitzen, das uns in ihren Augen wertvoll macht.

Ich meine, insbesondere drei Werte könnten uns zu einer Bereicherung machen:

➤ Lebenserfahrung

➤ Selbstbewusstsein

➤ Geld

Im zweiten Teil des Buches werden wir die Ideen dahinter besprechen. So viel aber bereits vorweg: Wir können gut miteinander leben. Die Jungen und wir Alten können einander bereichern. Aber wir müssen uns darauf vorbereiten.

Sind wir die großen Verlierer?

In vielen Gesprächen über dieses Thema habe ich erlebt, wie Menschen unserer Generation in die Gerechtigkeitsfalle tappen. Sie fühlen sich als Verlierer im Spiel der Generationen. Sie denken: »Mein ganzes Arbeitsleben hindurch habe ich andere unterstützt. Und wenn ich selbst Hilfe brauche, ist kein Geld für mich da.«

Vor solchen Gefühlen warne ich. Sie sind wenig nützlich. Sie führen zu Frustration, zu einer Opfermentalität und zu Depressionen. Was nützt es denn, sich als Verlierer zu fühlen? Suchen wir Rechtfertigungen oder wollen wir das Beste aus unserer Situation machen?

Die Situation ist nun einmal, wie sie ist. Die bevorstehenden Veränderungen bringen Nachteile mit sich. Aber sie bieten auch Vorteile. Es wird Verlierer und Gewinner geben – wie bei jeder Veränderung. Zu den Verlierern zählen diejenigen, die auf alte Verträge pochen, die nicht mehr erfüllt werden können. Und die anschließend sagen: »Ich wurde betrogen; ich hatte keine Chance, glücklich zu sein.«

Die Gewinner sind diejenigen, die wissen: Jede Veränderung bringt auch neue Möglichkeiten und Chancen mit sich. Sie machen sich auf die Suche und werden fündig. Dieses Buch wird Ihnen dabei helfen. Ich gönne den heutigen Rentnern von Herzen ihre Rente. Wir konnten bis heute recht angenehm und beschaulich leben – verglichen mit dem Leben der Generationen vor uns. Schon deshalb sind wir Gewinner.

Aber wir müssen uns vorbereiten auf die bevorstehenden Veränderungen. Sonst werden wir im Alter zu Verlierern. Im Folgenden werden wir uns damit auseinandersetzen, mit *wie viel Rente* Sie überhaupt noch rechnen dürfen. Aber zunächst will ich etwas anderes feststellen: Der Effekt, den ich beschreibe, ist durchaus nicht nur negativ. *Auch für Ihre persönliche finanzielle Situation kann es entscheidende Vorteile geben.*

Die positive Seite

Schauen wir uns also zuerst die positive Seite des Bevölkerungsrückgangs bei uns in Europa an. Seit Jahren erleben wir, mit welch beängstigendem Tempo sich die Weltbevölkerung vermehrt. Denn 1950 gab es weltweit 2,9 Milliarden Menschen; heute sind es 6,5 Milliarden und 2050 werden es 9 Milliarden sein.

Dieses ungeheuer schnelle Wachstum der Weltbevölkerung stellt uns vor riesige Probleme. *Da ist es doch wahrlich gut, wenn wir bei uns in Deutschland einen gegenläufigen Trend feststellen können.* Zum Problem der Bevölkerungsexplosion können wir zweierlei feststellen:

Erstens hat der einzelne Mensch jetzt schon viel zu wenig Lebensraum (ökologischer Fußabdruck genannt). Die Erde kann die heutige Menschheit nur schwer mit ihren natürlichen Ressourcen ernähren. Je stärker wir uns vermehren, desto mehr verändern wir den Planeten. Und wir zerstören ihn. Viele Wissenschaftler sehen das Hauptproblem der Zukunft im Bevölkerungswachstum. Wenn jetzt also bei uns die Bevölkerung zurückgeht, dann sollten wir uns in erster Linie freuen. Zukünftige

Generationen haben bei uns pro Kopf durchschnittlich wieder ein größeres Stück Erde zur Verfügung.

Zweitens sind wir uns bewusst, dass es mit dem ständigen Wachstum so nicht weitergehen kann. Wachstum kann nicht endlos fortgesetzt werden. Die Menschheit kann sich nicht endlos weiter vermehren. Sonst haben wir bald keine ausreichenden Lebensräume mehr zur Verfügung. Das Gleiche gilt für Unternehmen. Wenn wir uns die Geschichte von Wirtschaftsunternehmen anschauen, dann stellen wir fest: Nach einer gewissen Zeit lösen sie sich auf. Sie werden kaum eine Firma finden, die älter als 300 Jahre ist. Der Grund: Eine Firma überlebt in unserem System nur so lange, wie sie wächst. Irgendwann ist dann die kritische Größe erreicht, und sie kann nicht mehr wachsen; kleinere Konkurrenten wachsen schneller, nehmen der alten Firma Marktanteile weg. Als Folge stagniert sie und zerfällt schließlich.

Wir wissen, dass unbegrenztes Wachstum zum einen nicht möglich und zum anderen auch nicht wünschenswert ist. Das Problem ist nur, dass wir für Wachstum als Erfolgsmotor bisher keinen Ersatz kennen.

Mythos »Konsum«

Dieser Mythos ist gefährlich. Stellen Sie sich vor, zehn Menschen sitzen auf einem Floß, das mitten im Wasser treibt. Sie frieren. Einige beschließen darum, ein Feuer zu entzünden. Um das Feuer zu speisen, sägen sie etwas von dem Floß ab. Das Floß wird kleiner und kleiner, aber noch trägt es. Da schlägt jemand vor: »Wir müssen immer schneller immer mehr Holz verbrennen, dann wird es wärmer und gemütlicher. Und wer nicht mitmacht, hemmt den Fortschritt.«

Der Fortschritt und immer schnellere Konsum werden in unserer Gesellschaft zu einem Allheilmittel. In Talkshows hören wir immer wieder: »Konsum kurbelt eine Volkswirtschaft an.« Dieser Mythos ist zu einer Art Mantra geworden, das viele nachplappern. Ich habe es auch lange getan. Das ist der Lauf der Wirtschaft, so wurde es uns zumindest suggeriert und die meisten glauben es. Kaum jemand fragt: »Kann und muss das immer so weitergehen? Gibt es eine Alternative?«

Die Lösung?

Die Situation ist also fatal. Wir scheinen dazu verurteilt, zu wachsen und zu wachsen, denn unser System basiert darauf ... Aber wenn wir immer weiter wachsen, dann nähern wir uns einer unaufhaltbaren, gigantischen Katastrophe: dem Zusammenbruch unseres Wirtschaftssystems.

Dieses Dilemma ist wahrlich nicht neu: Jedes Weltreich und jedes System der bekannten Menschheitsgeschichte ist gewachsen, bis es den kritischen Punkt erreichte, an dem es sich nicht weiter ausdehnen konnte. Anschließend ist es zerfallen. Es ist uns klar, dass auch unser System zerfallen wird, wenn wir immer weiter ungehemmt wachsen. Diese Tatsache verdrängen wir oder wir reden uns ein, sie würde erst weit in der Zukunft eintreffen. Dennoch bleibt ein schlechtes Gefühl, weil die Zahl der Mahner immer größer wird. Ihre Hinweise und Belege werden immer dringlicher und zwingender.

Kennen die Mahner einen gangbaren Weg? Ich habe keinen kennengelernt, der einen praktikablen Ausweg anzubieten hat. Es wurden viele Auswege vorgeschlagen. Von einer Weltregierung und einer Weltbank wird fabuliert; von der Abschaffung des Militärs, der Zinsen oder gar des Geldes wird geträumt. Viele Denkmodelle wurden vorgestellt. Keines schien wirklich überzeugend und machbar. Unterdessen wuchs die Weltbevölkerung weiter und weiter und mit ihr der Konsum ...

Wir erleben bereits die Lösung

Und jetzt wird uns plötzlich bewusst, dass es in vielen Ländern bereits ein Negativ-Wachstum gibt. Das heißt, wir wachsen gar nicht mehr. Unsere Bevölkerung schrumpft. *Wir erleben also etwas durchaus Wünschenswertes.* Statt ständig die Apokalypse zu beschwören, sollten wir uns (zumindest auch) auf die Vorteile besinnen: bessere Luft, weniger Verkehr, mehr Grün, Besinnung auf die Verantwortung des Einzelnen, Qualität statt Quantität ...

Eigentlich müssten wir jubeln. Endlich mehr Lebensraum, endlich werden wir vernünftig. Das scheinbar unaufhaltsame Wachstum wird endlich verlangsamt. Und in der Tat ist die Veränderung vorwiegend zu begrüßen. Die Lösung, die wir in der Theorie nicht gefunden haben, ist von einigen Teilen der Menschheit bereits umgesetzt worden: *Wir haben einfach weniger Kinder bekommen.* Langfristig gesehen kann diese demografische Entwicklung nur gut sein. Sie ist sogar der einzige Weg. Wie sich der Bevölkerungsrückgang auf die Volkswirtschaften auswirken wird, wissen wir nicht. Uns fehlen die Erfahrungen, weil wir eine derartige Situation noch nicht erlebt haben.

Aber wir ahnen, dass das ständige Wachstum in Zukunft eine natürliche Bremse erhalten wird: Es wird weniger Konsumenten geben. Wenn weniger konsumiert wird und weniger Dienstleistungen benötigt werden, wird es weniger Jobs geben. Da es auch weniger Jobsuchende geben wird, muss sich das nicht negativ auf die Arbeitslosenstatistiken auswirken. Aber wir wissen es nicht. Die Auswirkungen auf unsere Volkswirtschaften können wir nicht vorhersagen. Es ist eine Gleichung mit zu vielen Unbekannten.

Aber sicher ist: **Langfristig gesehen ist es eindeutig von Vorteil, dass die Bevölkerung zurückgeht.** Und wir werden erst einmal lernen müssen, mit dieser Situation umzugehen. Wie wirken sich diese Veränderungen auf unsere persönlichen Finanzen aus? Ein wirkliches Problem ergibt sich nur dann, wenn wir versuchen, überholte Systeme durch die Veränderung hindurchzuschmuggeln.

Es ist wie am Flughafen, wenn wir auf gefährliche Gegenstände untersucht und durchleuchtet werden. Es gibt Dinge, die wir nicht mitnehmen dürfen. Für uns heißt das: Fehler sollten wir zurücklassen. Unsere staatliche Altersrente ist ein solcher Fehler. Veränderungen erfordern *neue* Systeme. Wir müssen die Zeichen schnell und richtig lesen. Und dann sollten wir Maßnahmen treffen, ohne auf die Politik zu warten. Wir müssen selbst handeln.

Kommen wir nun auf unsere Renten zu sprechen. Natürlich gilt das oben Gesagte auch für unsere Rentenkassen und den Generationenvertrag. Wie soll ein Rentensystem überleben, das von der Grundvoraussetzung einer immer weiter wachsenden Bevölkerung ausgeht? Wie naiv waren wir eigentlich? Musste das System erst mit einem Zusammenbruch beginnen, bevor wir den Fehler bemerkten?

Für weitere Zahlen und Fakten gehen Sie bitte im Internet auf http://www.renteoderwohlstand.de/zahlen-fakten/

Die Pflegekosten werden unterschätzt: Die Kosten für die Pflege müssen wir in Zukunft weitgehend selbst aufbringen. Denn selbst wenn die Pflegeversicherung dann noch zahlungsfähig wäre, würde sie maximal ca. 50 Prozent der tatsächlich anfallenden Heimkosten bezahlen. So sieht es zumindest heute aus. Und es ist nicht zu erwarten, dass plötzlich mehr Geld zur Verfügung steht.

Den Rest zahlen nahe Verwandte oder Sie selbst. Wenn beides nicht möglich ist, dann kommt der benötigte Aufenthalt in einem Heim schlichtweg nicht in Frage. Es entspricht nicht meiner Neigung, Schreckensszenarien auszuschmücken. Aber wir dürfen die mögliche Zukunft auch nicht ignorieren. Stellen Sie sich darum einmal vor, wie es wäre, pflegebedürftig zu sein und kein Geld für eine entsprechende Versorgung zu haben ...

Auch hier gilt: Die Kassen sind schon leer. Der Staat schießt bereits zu. Und das demografische Problem kommt erst noch. Die Generation, die den Vertrag erfüllen soll, existiert kaum. Heute sind ca. 25 Prozent der Deutschen über 60 Jahre alt. Ab 2030 werden es ca. 40 Prozent sein. Professor Raffelhüschen befindet kurz und knapp: »Das System klappt nicht – es muss weg.«

Kann man das Rentenproblem nicht lösen?

Ich mag keinen Pessimismus verbreiten. Viel lieber mache ich Mut und zeige Wege, wie Sie Selbstbewusstsein und Vermögen aufbauen können. Wenn Sie Bücher von mir gelesen haben, dann wissen Sie das. Ich sage Ihnen, was in mir vorgeht, wenn ich höre, dass unser Rentensystem zusammenbrechen könnte. Ich bin so programmiert, dass ich mich sofort frage: **Ist es wirklich so schlimm?** Und gibt es keine Lösungen?

Ich erinnere mich bei jeder schwarzen Prognose gerne an den Club of Rome. Diese Vereinigung der besten Wissenschaftler der Welt hat um 1970 herum vorausgesagt, dass unser Planet 1990 kein Öl mehr haben wird – und dass auch andere Rohstoffe zur Neige gehen werden. Sie sahen das Ende der Welt voraus, die wir heute kennen.

Nichts davon ist eingetreten. Alle geschilderten Katastrophen fanden nur in den veröffentlichten Büchern statt. Wir haben nicht nur unsere Vorräte *nicht* erschöpft, wir haben heute (2016) sogar viel *mehr* bekannte Ölvorkommen und andere Rohstoffe als 1970! Zwar sind diese Rohstoffe nach wie vor begrenzt, aber für viele Jahre haben wir erst einmal genug. Die Verknappung ist im steigenden Preis spürbar.

Wenn führende Wissenschaftler sich schon einmal derart vertan haben: Kann es mit den Renten nicht genauso kommen? Gibt es nicht geheime »Geldvorräte«, um das heutige Rentensystem zu erhalten? Leider nicht.

Die demografische Zukunft ist heute bereits ablesbar

Nein, ein Irrtum ist so gut wie ausgeschlossen, weil die Demografie keine Zukunftsmusik ist. Sondern diese Musik spielt bereits heute. Sie *ist* bereits Wahrheit. Wir sprechen hier nicht von Prognosen für die Zukunft. Wir zählen die Kinder *heute*.

Die Arbeitnehmer, die uns ab 2020 fehlen werden, sind heute bereits nachprüfbar nicht geboren. So wissen wir heute schon, wie viele Mädchen in 25 Jahren Mütter werden können. Und unsere Generation wird auch nicht von heute auf morgen viel mehr Kinder bekommen.

Und selbst wenn die *nächste* Generation alles anders machen und sehr viele Kinder haben wollte, dann wäre sie zunächst einmal nur noch stärker belastet. *Vor allem aber würde sich das erst in ferner Zukunft auswirken, nämlich erst nach ca. 60 Jahren.* Wirklich zu lösen wäre das Problem auf diese Weise frühestens in über 100 Jahren. Für Sie und mich ist das zu spät. *Wir müssen schon für uns selbst sorgen.*

Was ist mit Einwanderern?

Halt, sagen Sie vielleicht, man könnte doch einfach mehr Zuwanderung im Land zulassen. Stimmt. Könnten wir. Aber haben Sie eine Idee, wie viele es sein müssten, um unser Rentenproblem zu lösen? Experten der UNO haben es ausgerechnet: Je nach Experte müssten es in Deutschland 35 bis 180 Millionen sein.

Und außerdem: Woher sollten diese Immigranten kommen? Fast alle EU-Länder stehen vor ähnlichen Problemen wie wir. Und Menschen ganz fremder Kulturen in unserer Gesellschaft und vor allem in den Arbeitsmarkt zu integrieren dauert bekanntlich ...

Und wenn es doch anders kommt?

Vergessen Sie nicht: Wir sind in den Tabellen und Berechnungen enthalten. Wir sind die Statistik. Wir müssen nicht raten und weissagen. Wir brauchen nur die Zahlen zusammenzählen. Darum ist ein Irrtum fast ausgeschlossen.

Aber unterstellen wir den Irrtum trotzdem einmal: Was, wenn alle Experten unrecht hätten, die den Rentenkollaps kommen sehen? Wenn auch ich mich täuschen sollte? Wenn wir schlichtweg etwas nicht berücksichtigt haben und doch alles gut würde mit unserer Rente?

Ja, was wäre dann? Stellen Sie sich vor: Alarmiert legen Sie nun jahrelang einen Teil Ihres Geldes klug an, folgen den sieben Regeln im zweiten Teil dieses Buches, bauen sich Wohlstand auf ... und dann würden Sie entgegen aller Prognosen doch eine gute Rente bekommen ...

... *dann würde es Ihnen im Alter richtig gut gehen.* Das ist auch schon das Schlimmste, was Ihnen widerfahren kann, wenn Sie dieses Buch ernst nehmen: Sie würden vermögender, als Sie dachten. Es gäbe dann eine auskömmliche Rente und Sie brauchen sie nicht ...

Aber wenn doch nicht alles gut wird, dann werden Sie sehr, sehr froh sein, wenn Sie mit diesem Buch Wohlstand aufbauen.

Fazit: Nach menschlichem Ermessen ist keine Lösung in Sicht, die uns weiterhin eine angenehme staatliche Rente ermöglichen könnte. Wenn kein Krieg oder vergleichbare Katastrophen eintreten, dann wird sich die Bevölkerung in unserem Land so entwickeln, wie die Demografen es voraussagen. Wir können nicht auf versteckte Beitragszahler hoffen; wir müssen also *selbst* dafür sorgen, dass wir im Alter würdig leben können.

KAPITEL 3

Rente oder Rendite?

»Sei nicht feiger als die Kinder!
Wenn es dir angezeigt erscheint, sage: ›Ich spiele nicht mehr mit.‹«

Epiktet, antiker Philosoph (50–138 n. Chr.)

*

Wahrscheinlich haben Sie von den geschilderten Problemen bereits einiges mitbekommen. Vielleicht wussten Sie nicht genau, *wie schlimm* es tatsächlich um unsere Renten bestellt ist; aber Sie haben bereits geahnt, dass da eine unangenehme Situation auf uns zukommt.

Wenn Sie das geahnt haben, dann müssen die Damen und Herren der Regierung es längst *wissen*. Und so ist es in der Tat. Keiner der vergangenen Regierungen mangelte es an klaren wissenschaftlichen Berechnungen und Beweisen. Es ist seit mindestens 30 Jahren klar, mit welcher Geschwindigkeit die Bevölkerung schrumpft. Und es ist bekannt, welche Auswirkungen das auf die Rentenkassen haben muss. Wir können wohl mit Sicherheit annehmen, dass jeder Bundestagsabgeordnete seit Langem um diese Tatsache weiß.

Wie reagieren unsere Volksvertreter? Eigentlich wie immer in solchen Situationen: Sie scheuen sich, die Wahrheit zu sagen; sie wollen keine unangenehmen Tatsachen ansprechen. Sie haben Angst, bei der nächsten Wahl abgestraft zu werden. Vielleicht sogar zu Recht. Ein sehr bekannter deutscher Politiker soll einmal gesagt haben: »Ich will keine Reformen, ich will wiedergewählt werden.« Beobachten Sie doch den Aufschrei, der durchs ganze Land hallt, sobald eine Leistung gekürzt wird, für die einfach kein Geld mehr vorhanden ist. Bevor wir also mit dem Finger auf die Regierung(en) zeigen, sollten wir uns fragen: »Sind wir getäuscht worden oder wollten wir uns nicht vielmehr täuschen lassen?«

Die »heile Welt« der Deutschen Rentenversicherung und der Regierung

Wir werden uns genau anschauen, was unsere Regierung und die Deutsche Rentenversicherung zu der kommenden Katastrophe sagen. Bis vor Kurzem hieß es klar und eindeutig: »Unsere Renten sind sicher.« Denken Sie einen Moment nach. Fallen Ihnen klare, aufklärende Sätze unserer Regierung ein? Haben Sie einen unüberhörbaren Warnschuss vernommen? Wohl nicht. Allerdings weist die Regierung seit wenigen Jahren von Zeit zu Zeit zumindest darauf hin, dass Sie auch privat vorsorgen sollten. Meines Erachtens tut sie das allerdings zu zaghaft und zu leise.

Des Weiteren wird Ihnen geraten, staatlich geförderte Anlagemodelle zu nutzen: Direktversicherung, Rürup- und Riester-Rente zum Beispiel. Das sind Schritte in die richtige Richtung, wichtige Schritte. Aber es fehlt nach wie vor eine eindeutige Information. Ich höre keine Sprache, die unmissverständlich ist und aufweckt.

Außerdem bemängele ich die fehlende Flexibilität von Rürup- und Riester-Modellen: Es gibt keine oder nur eine sehr geringe Möglichkeit der Einmalauszahlung, und das Geld kann nur schwer vererbt werden. Ich frage Sie: Wie weltfremd ist das denn? Zum Glück wird dieser Unsinn zunehmend aufgeweicht.

Sie wissen bereits, dass es mir nicht um Schuldzuweisungen geht. Mit ist daran gelegen, dass Sie das volle Ausmaß der Gefahr erkennen. Und mir geht es darum, dass Sie einen klaren Wegweiser erhalten, wie Sie diese Gefahr bannen können. Es nützt uns auch herzlich wenig, wenn wir einen Schuldigen suchen. Denn: *Wem wir die Schuld geben, dem geben wir die Macht.* Wir müssen akzeptieren, dass wir ganz allein für unsere Altersversorgung verantwortlich sind. Nur wir allein.

Natürlich haben hin und wieder Politiker Klartext geredet, wie beispielsweise der frühere CDU-Generalsekretär Laurenz Meyer, der bei »Sabine Christiansen« sagte: »Wir müssen wissen, dass die Menschen, die heute 30 sind, niemals die Rente bekommen werden, die wir heute gewohnt sind. Nicht einmal annähernd. Sie können mit maximal 46 Prozent des Bruttogehalts rechnen.« Leider hat er politisch nicht überlebt ...

Eigenverantwortung oder Staatsrente?

Mit welchem Recht erwarten wir, dass ein anderer für uns etwas tut, das eindeutig *unsere eigene Aufgabe* ist? Reicht es, auf ein Versprechen zu vertrauen, das niemals hätte gegeben werden dürfen? Zumindest nicht auf unbegrenzte Zeit. Aber der Staat *hat* uns ein Rentenversprechen gegeben und wir *haben* es dankbar angenommen.

Der Staat wird dieses Versprechen nicht halten können; und wir dürfen nicht so naiv sein, weiter darauf zu vertrauen. Es fällt vielfach schwer, umzudenken. Aber wenn sich grundlegende Veränderungen ereignen, bleibt uns keine andere Wahl. Dazu gehört, unsere eingefahrene Denkweise aufzugeben. Machen wir uns bitte nichts vor.

Warum behaupte ich, dass jeder Einzelne Verantwortung für seine Altersversorgung übernehmen muss – sofern er gesundheitlich dazu in der Lage ist? Dafür gibt es zwei gute Gründe:

Erstens bedeutet ein Leben auf fremde Kosten, unter seinen eigenen Möglichkeiten zu leben.

Zweitens *können* Behörden gar keine Verantwortung übernehmen. Dazu sind nur *Menschen* imstande. Die Deutsche Rentenversicherung kann also objektiv keine Verantwortung tragen; sie kann nicht einmal zur Rechenschaft gezogen werden. Ihr Ansprechpartner heißt: 0800 3331919 oder www.deutsche-rentenversicherung.de. Persönlicher wird es nicht. Und eine Telefonnummer oder Website wird Ihre Interessen niemals so vertreten, wie Sie es selbst können. *Je größer eine Gruppe ist, desto geringer fällt die Neigung des Einzelnen aus, Verantwortung zu übernehmen.* Die Deutsche Rentenversicherung, der Staat, die Solidargemeinschaft ... allein die Größe dieser Gruppen und ihre Anonymität lassen jede Eigenverantwortung verkümmern. Eigenverantwortung bedeutet hingegen, das zu ändern, was man ändern kann. Und dass wir finanziell frei sein können, sehen Sie im zweiten Teil.

Wie konnte das passieren?

Wenn wir für einen Moment unser (noch) bestehendes Rentensystem betrachten, dann müssen wir uns doch fragen: *Wie konnten wir jemals auf die Idee kommen, unsere finanzielle Sicherheit dem Staat zu übertragen?* Der Staat, ein System, das jedes Jahr neue Schulden macht, und das überdies jedes Jahr sogar immer höhere Schulden aufnimmt; das sich ernsthaft feiert, wenn die Neuverschuldung tatsächlich einmal etwas geringer ausfällt ...

Sie müssen sich einmal bewusst machen, was das eigentlich heißt. Stellen Sie sich vor, Herr Schuldig nimmt in einem Jahr einen Kredit auf, sagen wir über 10.000 Euro. Im nächsten Jahr nimmt er wieder einen Kredit auf – diesmal über 8.000 Euro. Unser gesunder Menschenverstand würde sagen: Herr Schuldig hat leider erneut Schulden gemacht, insgesamt sind es jetzt 18.000 Euro.

Was aber versucht uns die Regierung zu verkaufen? Sie sagt: »Die Neuverschuldung konnte um 20 Prozent gesenkt werden.« Und glauben Sie mir, es gibt genug Menschen, die diesen »Erfolg«

feiern. Unser Staat ist pleite. Wäre er eine Firma, hätte er längst Insolvenz anmelden müssen. Wie konnten wir an diesen Staat glauben? Doch nur, weil viele es wollen. Warum wollen sie es? Weil es bequem ist ...

Dem vertrauen, der es verdient

Aber bleiben wir nicht bei dem Konstrukt »Staat« stehen. Schauen wir auch einzelne Politiker an. Haben Sie einige vor Ihrem geistigen Auge? Müssen wir uns nicht fragen: Wie konnten wir jemals *diesen* Damen und Herren zutrauen, die finanzielle Basis für unser Alter zu schaffen?

Würden Sie der betreffenden Person die Leitung Ihrer Firma anvertrauen? Kommen Ihnen unsere Politiker nicht zum großen Teil ziemlich wirklichkeitsfremd vor? Halten Sie diese Berufsgruppe nicht auch für sehr eigen? Menschen, die es noch nicht einmal hinbekommen, einander in Talkshows aussprechen zu lassen, und die bisher noch die meisten ihrer Wahlversprechen gebrochen haben?

Wir sollten nur Menschen unser Vertrauen schenken, die das auch verdienen. Das gilt besonders, wenn es um Geld geht. Wie sollen wir Menschen glauben, die vor einer Wahl fast routinemäßig Versprechen abgeben, von denen sie wissen, dass sie diese kurz nach der Wahl brechen werden?

Hier soll nicht auf einen Berufsstand eingeprügelt werden. Ich weiß nicht, ob ich es besser machen würde. Aber wir müssen der Realität ins Auge sehen. Wir müssen die Vorgänge verstehen. Zum Beispiel, warum die meisten Politiker ständig unsere Steuern erhöhen wollen. Zum einen sicherlich, weil sie nicht mit Geld umgehen können und nicht unternehmerisch zu denken gelernt haben.

Aber es gibt eine weitere Antwort: Politiker wollen Macht. Und Geld bedeutet Macht. Je mehr Geld sie verwalten, umso mächtiger sind sie. So wird auch verständlich, warum Politiker die Idee einer staatlichen Rente nicht aufgeben wollen. Sie würden Macht verlieren. Viel Macht. Ich glaube nicht, dass die meisten Staatsdiener bewusst so denken. Viele von ihnen glauben wahrscheinlich ernsthaft, dass der Staat klüger sei als der Einzelne.

Viele von ihnen mögen ihren Beruf gewählt haben, weil sie wirklich etwas verbessern wollten. Sie unterstellen dabei, dass sie die Dinge besser für die Menschen regeln können, als diese es für sich selbst könnten. *Aber sie können nichts geben, was sie nicht vorher anderen weggenommen haben.* So nehmen sie dem Volk viel Geld in Form von Abgaben weg, um dieses Geld später wieder auszuteilen. Sie nennen das dann »soziale Gerechtigkeit«; und diese ist sicherlich vonnöten. Ein beachtlicher Teil dieses Geldes bleibt aber in den gigantischen Staatsapparaten hängen. So bekommt das Volk immer weniger zurück, als ihm genommen wurde.

Wir sind in ein Extrem gefallen: Wir haben zugelassen, dass der Staat sich für unsere Rente verantwortlich macht. Damit haben wir etwas delegiert, das unsere ureigenste Aufgabe ist. Der US-amerikanische Verleger, Schriftsteller und Staatsmann Benjamin Franklin meinte schon im 18. Jahrhundert: »Diejenigen, die ihre grundlegenden Freiheiten für ein bisschen vorübergehende Sicherheit aufgeben, verdienen weder Freiheit noch Sicherheit.«

Ist die Idee einer Altersrente wirklich hilfreich?

Da wir gerade dabei sind, einige kritische Fragen zu stellen. Hier habe ich noch eine Frage für Sie, die wichtigste, die wir in diesem Zusammenhang stellen können. Denn ihre Beantwortung könnte den ganzen Unterschied ausmachen; den Unterschied, ob Sie Altersarmut fürchten müssen oder ein Leben in Wohlstand führen können. Die Frage lautet: **Wieso fragen wir eigentlich überhaupt nach einer *Alters*versorgung, anstatt so schnell wie möglich finanzielle Freiheit anzustreben?**

Dabei geht es mir nicht um staatliche, betriebliche oder private Rente. Ich frage Sie: *Ist die Idee einer Altersrente generell sinnvoll?* Widerspricht ihr Konzept nicht geradezu dem Konzept der finanziellen Freiheit?

Es geht mir zum einen um den *Zeitpunkt:* Sie ahnen – oder wissen –, dass es ein herrliches Gefühl ist, von den Renditen seines Geldes leben zu können. Warum sollten wir so etwas Wichtiges und Erstrebenswertes weit, weit in die Zukunft verlagern? Warum streben wir nicht danach, so schnell wie möglich finanzielle Freiheit zu erreichen?

Und es geht mir zum anderen darum, zu überlegen, *was wir verdienen; es geht mir um den Anspruch, den wir an unser Leben stellen:* Warum sollten wir danach streben, lediglich gerade genug Geld zum Überleben zu haben? Ich halte das für ein gefährliches und widernatürliches Konzept.

Gefährlich, weil niemand weiß, welche unvorhergesehenen Ereignisse in sein Leben treten. Schon Goethe sagte dazu: »Aber eines kannst du immer erwarten: das Unerwartete.« Das Leben zeigt, dass die meisten Menschen letztendlich mehr brauchen oder wollen, als sie dachten. Sei es, weil sie ein Unglück erlebten, weil sie die Inflation nicht berücksichtigten oder weil sie sich schlicht verrechnet hatten. *Wer nur das Minimum anstrebt und erhält, dessen Existenz wird von kleinsten Problemen bedroht.* Das halte ich für unwürdig.

Der Mann, der wilde Tiere fing

Es war einmal ein sehr reicher Mann; er kontrollierte Dutzende Unternehmen und galt als ein wahrer Meister des Lebens. Er lebte zurückgezogen in einer eleganten Villa. Es mangelte ihm an nichts. Aber sein größter Schatz war sein Privatzoo. Über Jahre hatte er alle Tierarten der Welt gesammelt. Nun besaß er den vollständigsten Tiergarten der Welt. Er rühmte sich, dass nicht eine einzige Tierart in seinem Zoo fehlte.

Da berichtete ihm ein Zoologe von einem versteckten und vollkommen abgeschiedenen Tal irgendwo in Asien, in dem sehr scheue Tiere lebten. Niemand habe sie bisher fangen können. Es solle sich um eine faszinierende und einmalige Spezies handeln. Dem reichen Mann wurde blitzartig klar: Seine Sammlung war nicht vollständig. Diese Tiere aus dem abgelegenen Tal könnten die Krönung seiner Sammlung sein.

Sofort bereitete er eine Expedition vor, machte sich auf den Weg und kam schließlich in ein entlegenes Dorf hoch oben im Himalajagebirge. Hier hatte man bereits von dem Tier gehört. Aber was die Jäger berichteten, war wenig ermutigend: Es sei so scheu, dass noch niemand es aus der Nähe zu sehen bekommen habe. Niemand könne es fangen. Viele hätten es schon versucht: Großwildjäger, ganze Divisionen chinesischer Soldaten, Wissenschaftler ..., aber niemandem war es gelungen.

Der reiche Mann bat: »Ich brauche nur einen Mann, der die Gegend kennt. Er soll mir zeigen, wo in etwa die Tiere leben. Dann will ich sie ganz alleine fangen. Ihr werdet es sehen!« Die Dorfbewohner lachten; der Reiche ließ sich nicht irritieren und brach mit seinem Helfer auf.

Nach 30 Tagen kamen er und der Scout zurück. Alleine, ohne die seltenen Tiere. Wieder lachten die Menschen im Dorf und sie verspotteten ihn. Sie hatten es ihm ja gesagt. Aber der reiche Mann lud sie nur lächelnd dazu ein, mitzukommen. Nach langer Wanderung gelangten sie schließlich an eine große Lichtung. Hier bot sich ihnen eine unglaubliche Szene: Dutzende dieser seltenen Tiere grasten dort auf einer Koppel, die von einem großen Zaun aus Holz umgeben war.

Die Dorfbewohner konnten es kaum glauben. Wie war ihm das nur gelungen? Der Reiche erklärte: »Es war ganz einfach. Ich habe zuerst herausgefunden, welche Blätter diese Tiere am liebsten fressen. Dann habe ich diese Blätter mitten auf die Lichtung gelegt, mehrmals am Tag, immer zur gleichen Zeit. Die

Tiere hatten zunächst stundenlang gewartet, bis sie endlich davon überzeugt waren, dass ihnen keine Gefahr drohte. Dann fraßen sie vorsichtig. Am Anfang waren es nur wenige, aber jeden Tag kamen mehr als am Vortag. Nach einiger Zeit kam die ganze Herde zum Fressen. So ging das mehrere Tage.

Dann habe ich einen Holzbalken auf den Boden neben das Futter gelegt. Dem maßen die Tiere keine Bedeutung bei, denn sie erkannten darin keinerlei Bedrohung. An meinen Geruch hatten sie sich inzwischen auch gewöhnt. Nach und nach legte ich mehrere Balken dazu; nach einer Weile verband ich sie miteinander.

Dann grub ich Löcher für die Zaunpfosten aus und stellte jede Nacht einige Pfosten auf. Als alle im Kreis aufgestellt waren, begann ich, die Zaunlatten daran zu befestigen. Ich begann unten, in Bodennähe, damit die Tiere darüberspringen konnten. Aber langsam baute ich die Wände höher und höher. So baute ich nach und nach einen Zaun, der ein Gatter bildete.

In diesem ließ ich aber eine große Öffnung, durch welche die Tiere problemlos hindurchgehen konnten. Die Tiere hatten ihre natürliche Scheu abgelegt. Im Übrigen wollten sie das leicht erreichbare Futter nicht mehr missen. Am Abend des 29. Tages habe ich dann ein Tor gebaut, das ich neben die Öffnung stellte. Am nächsten Tag habe ich mich an die fressenden Tiere im Gatter angeschlichen und die Öffnung schnell verschlossen. Die Tiere waren gefangen, bevor sie überhaupt begriffen, was geschah.«

Der reiche Mann machte eine Pause. Dann fügte er nachdenklich hinzu: »*Ich kann jedes Tier einfangen, indem ich es von mir und meinem Futter abhängig mache. Dieser Vorgang ist nicht neu für mich, denn ich kenne die Menschen. Allzu viele von ihnen haben ihre Träume und ihre Freiheit gegen Sicherheit eingetauscht.*«

Finanzielles Minimum oder ein Leben im Überfluss?

Bis vor Kurzem waren die Spielregeln klar:

Im Grunde genommen *hatten* wir die Wahl: Entweder wir streben nach Freiheit oder nach Sicherheit. *Wer sich für Sicherheit entschied, musste einen Preis dafür zahlen: seine Freiheit. Und wer sich für Freiheit entschied, musste ebenfalls einen Preis zahlen: Er hatte wenig Sicherheit.*

Ich schreibe bewusst »Wir hatten die Wahl«, denn heute haben wir sie nicht mehr. Die sozialen Sicherungssysteme brechen bald zusammen. Das System der Sicherheit funktioniert nicht mehr.

Dieser Zusammenbruch hat sicherlich viele, viele Nachteile. Viele Menschen werden Armut leiden. Aber wenn wir nun aufwachen, dann könnte wenigstens ein Aspekt am Kollaps der Rentenkasse vorteilhaft sein: *Wir haben von jetzt ab keine andere Wahl, als nach Freiheit zu streben.* Die versprochene Sicherheit hat sich als Falle erwiesen.

Viele Menschen haben die Träume ihrer Kindheit aufgegeben. Sie haben sie eingetauscht gegen die Bequemlichkeit und die Sicherheit eines regelmäßigen Einkommens. Für ihr Alter glauben sie an ein staatliches Renten-Versprechen.

In diesem Prozess sind sie unfrei geworden. Und es ist etwas geschehen, das viel schwerer wiegt: Sie erkennen nicht mehr, wer sie wirklich sein könnten. In diesem Prozess haben sie sich Stück für Stück abhängiger gemacht. Schließlich waren sie gar nicht mehr in der Lage, für sich selbst aufzukommen. Bei vielen reichte die Energie nur noch, um zu protestieren, wenn ein Versprechen einmal nicht eingelöst wurde …

Sie wissen nicht, was alles in ihnen steckt. Sie denken, dass sie gar nicht zu mehr in der Lage sind als zu dem, was das gewohnte Leben in Unfreiheit ihnen bietet. Sie glauben, ihr Leben müsse so verlaufen. Fragen wir uns: Warum planen wir nicht ein Leben im Überfluss, warum begnügen sich so viele von uns mit einem Minimum? Die Antwort könnte sein: »Weil Überfluss für mich unrealistisch ist. Das Minimum aber brauche ich zum Überleben.« Diese Antwort klingt plausibel; sie ist aber vollkommen falsch. Ist finanzielle Freiheit realistisch?

Nach allem, was ich weiß, ist es genau anders herum. **Es ist der Überfluss, der leichter zu erzielen ist als ein absolutes Minimum.** Es gelingt fast niemandem, ein Minimum anzusparen, von dem er leben könnte. Dagegen ist es vielen gelungen, finanzielle Sicherheit oder sogar finanzielle Freiheit zu erreichen. Für alle, die nicht zu alt oder krank sind in unserem Land, trifft zu: Überfluss ist leichter zu bekommen und zu behalten als ein Minimum.

Altersrente oder finanzielle Freiheit?

Das erscheint nicht logisch. Schließlich ist ein Minimum weniger als Überfluss, viel weniger; und damit müsste es auch leichter zu erreichen sein.

Aber so funktioniert weder die Natur noch das Leben. Vielleicht hat es damit zu tun, dass die Befürchtungen des Ängstlichen zu einer Art sich selbst erfüllender Prophezeiung werden. Nach dem Motto: *Wer zu viel Sicherheit sucht, findet schließlich Furcht.*

Wer zu viel Furcht hat, zieht die Dinge an, die er fürchtet. Sicherlich kennen Sie auch Personen, die etwas Geld angespart haben, es aber bald wieder verloren haben. Manchmal geschah dies aufgrund von widrigen Umständen. Oft aber auch einfach durch Fehler. Die finanzielle Intelligenz war nicht genügend ausgebildet.

Wenn Sie das Leben der Menschen beobachten, werden Sie feststellen: Es stimmt. Es ist tatsächlich schwerer, einen relativ kleinen Minimum-Betrag aufzubauen und zu behalten, als finanzielle Freiheit zu erreichen.

Es gibt nur zwei Konzepte für Ihre Rente. Das erste ist das uns bekannte *Umlageverfahren*, also der Generationenvertrag. Was Sie in die Rentenkasse einzahlen, bekommen die heutigen Rentner ausgeschüttet. Wenn Sie dann in Rente gehen, können Sie nur hoffen, dass andere genug für Sie einzahlen. Wir haben gesehen, dieses Konzept hat einen entscheidenden Nachteil: Es wird ein Minimum angestrebt, aber es wird nicht erreicht.

Das andere Konzept ist das *Kapitaldeckungsverfahren*. Hier spart jeder für sich. Jeder bekommt sein Geld zurück. Zusätzlich können die Beträge investiert werden und das Geld mehrt sich über die Jahre erheblich.

Auch dieses Konzept hat einen Nachteil: Wer nicht spart, bekommt nichts. Als Solidargemeinschaft müssen wir natürlich die Kranken und Schwachen auffangen. (Dazu mehr in Kapitel 6.) Aber wer spart, der wird vermögend – wenn er es mit meinem System tut, den sieben Schritten zum Wohlstand.

Mein erster Finanzplan

Ich habe diese Gedanken von meinem ersten Coach gelernt. Eines Tages nahm er mich zur Seite und fragte mich nach meiner Finanzplanung. Er wollte wissen, wann ich von meinem Geld würde leben können. Damals war dieses Konzept vollkommen neu für mich.

Ich kannte nur die Planung meiner Verwandten. Die wollten ausschließlich eine möglichst gute Rente erhalten. Sie vertrauten auf die Hilfe des Sozialstaats und sie waren der Überzeugung: »Die Hilfen stehen uns zu. Schließlich haben wir hart dafür gearbeitet.«

Mein Coach schüttelte den Kopf und sprach sich gegen diese »Es-steht-mir-zu-Mentalität« aus: »Auf der Suche nach solchen Sicherheiten geben Menschen ihre Träume und ihre Freiheit auf.

Sie verlernen, für sich selbst zu sorgen, werden finanziell abhängig.« Er erklärte mir das Verantwortungsprinzip. Das besagt für ihn: Überlege, was du für andere tun kannst, anstatt zu überlegen, was andere für dich tun können.

Über unsere Politik sagte er: »*Zuerst wiegt unsere Regierung die Bürger in Sicherheit; dadurch werden sie schwach. Und dann sagen die Politiker: ›Seht, die Menschen sind schwach, wir müssen für sie sorgen.‹*« Im Alter von 26 Jahren hörte ich solche Ideen zum ersten Mal. Ich war in einer Mittelstands-Familie aufgewachsen. Die Altersrente war für uns das Normalste auf der Welt. Wer alt war, lebte von der staatlichen Rente. Und nun forderte mein Coach, mir keinerlei Gedanken über diese Rente zu machen. Ich fragte verwundert: »Und wovon soll ich leben, wenn ich alt bin?«

Die Antwort war überraschend: »Von *Ihrem* Geld. Sie sind erst dann frei, wenn Sie von *Ihrem* Geld leben können.« Dann erklärte er mir das Konzept der finanziellen Freiheit. Anschließend rechnete ich zum ersten Mal in meinem Leben aus, wie viel Kapital ich benötigen würde, um von der Rendite alle meine Ausgaben zu bestreiten. Dadurch hatte ich keinen Cent mehr und dennoch war es ein erhebendes Gefühl zu wissen, was meine Träume eigentlich kosten würden.

Armutsdenken

In meinem Leben habe ich insbesondere von drei Coachs gelernt. Keiner von ihnen wäre jemals auf die Idee gekommen, für seine Altersrente zu sparen. Das war für sie Armutsdenken. Sie nannten die Idee der Altersrente »*die große Verführung*«. Eine Verführung, die dafür sorgte, *dass Millionen von Menschen sorglos wurden.*

Sie sagten: »Es ist das Denken, das den ganzen Unterschied ausmacht.« Meine Coachs waren lange vor ihrer Rente finanziell frei, weil sie anders dachten. Sie wollten frei sein – auf niemanden angewiesen sein in finanziellen Dingen.

Sie können von Frankfurt aus nicht nach Moskau gelangen, solange Sie in Richtung Paris gehen. Die beiden Städte liegen in entgegengesetzter Richtung. Ebenso werden Sie schwerlich finanzielle Freiheit erlangen, indem Sie für Ihre Altersrente sparen. Wer wirklich wohlhabend werden will, denkt und handelt vollkommen anders als jemand, der für ein Überleben im Alter spart. Er hat andere Pläne, fühlt anders, beurteilt Ereignisse seines Lebens anders, arbeitet anders, legt anders an, erwartet andere Dinge vom Leben, von seinem Job und den Menschen um ihn herum, er sucht andere Informationen ...

Die Idee der Altersrente und die der finanziellen Freiheit widersprechen sich, weil sie das Leben jeweils in eine ganz andere Richtung führen.

Wenn wir im zweiten Teil des Buches über die Schritte zum Wohlstand sprechen, werde ich das unterschiedliche Denken und Handeln von Armen und Reichen ausführlich erläutern. Das Denken geht dem Handeln voraus; es ist die Basis für alles, was wir erreichen. Hier wollen wir zunächst festhalten: Die Idee einer Altersrente ist gefährlich. Die Illusion, sich auf sie verlassen zu können, wird viele Menschen in die Armut führen. Darum hat es auch Vorteile, wenn wir uns zukünftig nicht mehr wie gewohnt auf die Rentenkassen verlassen können.

KAPITEL 4

Wir können die Geschichte nicht ändern, aber wir können aus ihr lernen

Ein kurzer geschichtlicher Überblick

Zwischen 1881 und 1889 gründete Bismarck die Arbeiterrentenversicherung. Versichert waren damals nur Arbeiter, die Angestellten nicht. Warum? Weil es nur wenige Angestellte gab – ca. 500.000. Diese Minderheit war politisch nicht relevant. 1911 wurde das Kapitaldeckungsverfahren eingeführt (dazu mehr in Kapitel 6). Wie sah es damals aus?

Der Staat ging mit seinem Rentenversprechen kein großes Risiko ein, denn nur relativ wenige erreichten überhaupt das Rentenalter, das auf *70 Jahre* festgelegt war: Nicht einmal 18 Prozent wurden so alt. Und die wenigen, die wirklich 70 Jahre alt wurden, starben bald. Die durchschnittliche Lebenserwartung war damals nur halb so hoch wie heute. Zu Anfang des 20. Jahrhunderts wurden die Menschen durchschnittlich nur 47 Jahre alt.

Überlegen Sie, wie drastisch die Veränderung ist: Bis vor 100 Jahren hatte ein Mensch Glück, wenn er über 70 wurde. Heute hat er Pech, wenn er *nicht* so alt wird. Das Verhältnis von Arbeitnehmern zu Rentnern betrug vor 100 Jahren 8:1. Acht Personen können ohne große Mühen einen Menschen finanziell tragen. Außerdem waren über 30 Prozent der Erwerbstätigen selbstständig – das heißt, sie hatten keinen Rentenanspruch.

Nun stehe ich nicht in dem Verdacht, ein Freund der staatlichen Rente zu sein. Aber ich sehe ein: Damals war ihre Einführung aus mehreren Gründen eine tatsächliche Verbesserung. Bis dahin fing die Familie ihre Alten auf; hatte jemand keine Familie, so konnte er im Alter kaum überleben.

Zum anderen war der Durchschnittsverdienst so gering, dass viele nicht in der Lage waren, ernsthaft zu sparen. Der Gedanke, Rücklagen zu bilden, war auch kaum bekannt. Statt vorzusorgen, versorgte man die eigene Familie; war man selbst in Not, half einem die Familie. Außerdem waren die Arbeitsbedingungen viel schlechter und die Arbeitszeiten erheblich länger. Insgesamt waren die Möglichkeiten geringer, die Freiheit war längst nicht so groß wie heute. Aber auch die Steuer- und Abgabenbelastung war viel geringer. Der Spitzensteuersatz lag bei 3,9 Prozent.

Vor allem aber war ein solches Rentensystem finanzierbar: Bei einem Verhältnis von acht Arbeitern zu einem Rentner, bei einer durchschnittlichen Lebenserwartung von 47 Jahren, einem Rentenbeginn von 70 Jahren, da gab der Staat nur das Geld aus, das er tatsächlich hatte (Kapitaldeckung).

Immer mehr Versprechen

Wie sich nun die Rentenversicherung entwickelt hat, können wir leicht so zusammenfassen: Um Wahlen zu gewinnen, wurden nach und nach immer mehr Zusagen gemacht. Daraus will ich nicht unbedingt einen Vorwurf ableiten. Denn schon Bismarck sagte voraus: »Der Staatssozialismus paukt sich durch. Jeder, der diesen Gedanken wieder aufnimmt, wird ans Ruder kommen.« Und Gerhard Schröder fasste es gekonnt zusammen: »Die Menschen wollen nicht die Privatisierung der Risiken.«

Im Grunde genommen gab die Politik den Bürgern also, was sie wollten. Und während sich die Bürger freuten, entging ihnen eine fundamentale Wahrheit: *Um ihnen etwas zu geben, muss der*

Staat es ihnen vorher wegnehmen. Wobei in dem Umverteilungs-prozess eine Menge Geld verloren geht: die Verwaltung, der Be-amtenapparat und der Missbrauch fressen es auf.

Diese Art von Hilfe ist aus mehreren Gründen zu hinterfragen. Schafft sie nicht vor allem neue Abhängigkeiten? Verführt sie nicht zur Verantwortungslosigkeit und Sorglosigkeit im Umgang mit dem eingenommenen Geld? Lädt sie nicht ein zum Leben auf Kosten anderer?

Das Ergebnis jedenfalls scheint genau das zu bestätigen: Heute sind für 39 Prozent aller Deutschen der Staat und seine Organe die Haupteinnahmequelle. Überlegen Sie, was das bedeutet: **Fast 40 Prozent leben hauptsächlich vom Staat.** Übrigens wollen fast 40 Prozent der Menschen mehr Sozialstaat. Könnte da ein Zu-sammenhang bestehen?

Nie war die Zahl derjenigen, die staatliche Leistungen in An-spruch nehmen, so groß wie heute. All diese Menschen sind un-frei, sie leben oft unter ihren Möglichkeiten. Es ist kein Wunder, dass sie sich an die Leistungssysteme klammern. Aber wir dür-fen nicht müde darin werden, jedem immer wieder die Vorzü-ge der Freiheit zu schildern. Auch wenn es wie ein Widerspruch erscheint, den Wunsch zur Freiheit erst wecken zu müssen. Es gibt einfach keine Alternative zu einem Leben in Selbstverwirkli-chung, Eigenverantwortung und Freiheit.

1957 – Einführung des heutigen Rentensystems

Zurück zur Geschichte: Das heutige System wurde erst 1957 von Konrad Adenauer eingeführt. Obwohl bereits vorher immer neue Leistungen gewährt worden waren, hatte die staatliche Rente bis dahin doch nur *Zuschusscharakter.* Aber jetzt sollte sie im Alter den bereits erworbenen Lebensstandard garantieren. Die staatliche Rente sollte fortan das im Alter wegfallende Ge-halt ersetzen.

Adenauer erhöhte 1957 die laufenden Renten auf einen Schlag um 71,9 Prozent und die Witwenrenten um 95 Prozent. Überlegen Sie sich einmal, was das heißt. Das Geld dafür war schließlich nicht vorhanden. Man musste es zuerst dem Bürger wegnehmen, um es dann wieder auszuteilen. Wie sollte man das den Erwerbstätigen verkaufen? Die Lösung: Man erfand den *Generationenvertrag*. Wir haben bereits in Kapitel 2 gesehen, zu welcher Annahme dieser Begriff verführen soll: Alle werden versorgt sein. Politisch mag dies ein schlauer Schachzug gewesen sein. Wem haben die Bald-Rentner und Rentner damals wohl ihre Stimme gegeben? Aber es war unverantwortlich. Denn die versprochenen Leistungen konnte Adenauer nicht auf vernünftigem Weg finanzieren; er führte das *Umlageverfahren* ein. Das war meines Erachtens einer der schlimmsten finanzpolitischen Fehler aller Zeiten.

Ein solches Umlageverfahren war auch bis dato in der deutschen Geschichte erst einmal notwendig gewesen: Anfang der 1920er-Jahre versagte das Kapitaldeckungsverfahren der Angestelltenversicherung. Die Inflationsjahre der Weimarer Republik hatten alle Rücklagen vernichtet. Aber: Damals war es aus der Not heraus eingeführt worden. Zur Zeit Adenauers bestand diese Not nicht. Sogar im Nationalsozialismus wurde 1933 ein sogenanntes Anwartschaftsdeckungsverfahren eingesetzt. Nach dem Zweiten Weltkrieg wurde alles angesammelte Vermögen durch die Währungsreform 1948 verschluckt.

1957, neun Jahre später, setzte also Adenauer die große Rentenreform durch. Zu diesem Zeitpunkt kamen nur noch halb so viele Erwerbstätige auf einen Rentner als zu Bismarcks Zeiten. Das Verhältnis hatte sich von 8:1 auf 4:1 verschlechtert. Vor diesem Hintergrund war das Ganze bereits damals ein Risiko.

Überhaupt hängt das Umlageverfahren insgesamt zu stark ab von drei Faktoren, die *kaum* durch die Politik beeinflussbar sind: vom *Lohnniveau*, von der *Arbeitslosenquote* und von der *Geburtenrate*. Jeder dieser drei Faktoren ist so einflussreich, dass er die

Mehrzahl der Altersrenten unseres Landes in Gefahr bringen kann. Nicht auszudenken, wenn sich alle drei Faktoren gleichzeitig negativ entwickeln.

Warum nur setzte Adenauer auf das Umlageverfahren?

Vielleicht konnte Adenauer damals einiges noch nicht abschätzen. Aber es ist ihm meines Erachtens etwas Grundsätzliches vorzuwerfen: Wenn es drei Faktoren gibt, die ein System in Gefahr bringen können, *dann darf niemand versprechen, dass dieses System in Zukunft sicher ist.* Auch sollte kein Politiker Versprechen machen dürfen, für die kein Geld vorhanden ist.

Darum warnte der damalige Wirtschaftsminister Ludwig Erhard vehement vor diesem System. Der nämlich sah die drohenden Gefahren klar: Mit jedem neuen Versprechen übernahm die Rentenversicherung auf Geheiß der Politik eine Verpflichtung, die sie aus eigener Kraft nicht einlösen konnte. So etwas widersprach dem Denken des Ökonomen Erhard. Der Kanzler aber setzte sich gegen seinen Minister durch.

Adenauer hatte nicht vorhergesehen, wie sich seine Reform auf die Familiensituation auswirken würde. Aus der Rückschau wissen wir, dass eine Stärkung des Staates ohne Schwächung der Familie kaum denkbar ist; *Funktionen, die der Staat einmal übernommen hat, gehen der Familie verloren.*

Arglos sagte Adenauer: »Kinder bekommen die Leute immer.« Da wusste er noch nicht, dass sich das Verständnis von Familie und Nachkommen bald verändern würde; und er wusste noch nichts von der Pille und dem folgenden Geburtenrückgang. Nur knapp fünf Jahre später setzte der Pillenknick ein.

Es bleibt die Frage: Warum veränderte Adenauer 1957 ohne Not die Leistungen der Rentenversicherung derart? Unterstellen wir ihm das Beste: Nur neun Jahre nach der Währungsreform hatte kaum jemand größere Ersparnisse. Den Rentnern ging es nicht gut. Ihnen sollte geholfen werden. Das ist löblich. Vielleicht wollte der Kanzler auch Wählerstimmen erkaufen; und seine Rechnung ging auf.

Aber am wahrscheinlichsten ist meines Erachtens, dass er einfach nicht voraussah, was er anrichtete. 1957 bezogen 1,6 Millionen Menschen eine Rente; das kostete 278,1 Millionen Deutsche Mark. 40 Jahre später waren es schon 8,3 Millionen Rentner, die 12,5 *Milliarden* DM bekamen. Die Leistungen kosteten also *44 Mal so viel*. Das hat wahrscheinlich niemand erwartet.

1957 war auch noch nicht so klar ersichtlich wie heute, dass der große Sozialstaat nicht funktioniert. Heute wissen wir das, es ist eindeutig: Nirgendwo kann ein politisches System Wohlstand für *alle* garantieren. Der Zusammenbruch des Sozialismus und das traurige Beispiel Griechenlands haben das auch den letzten Träumern vor Augen geführt. Zudem haben die vergangenen zehn Jahre gezeigt: Unter den Bedingungen der Globalisierung kann der hohe Lebensstandard in Deutschland nicht mit Steuern und mit einer Rentenversicherung gesichert werden.

Heute steht fest: Die Einführung des Umlageverfahrens war ein verhängnisvoller Fehler. Bereits zwei, drei Jahrzehnte später zeigte sich, dass Erhard zu Recht gewarnt hatte. Zwei der drei Faktoren hatten sich nicht so entwickelt wie erhofft. Es wurde nun überdeutlich: Das Umlageverfahren würde auf Dauer nicht funktionieren. Es war ein Fehler, und einen solchen kann man korrigieren.

Der Mann, der Märchen erzählte

Spätestens vor ca. 30 Jahren wurde die Tatsache offensichtlich, dass wir immer weniger Kinder bekamen. Damit war der Generationenvertrag gefährdet und das Umlageverfahren als Betrug enttarnt. Dennoch wurde den Menschen weisgemacht, es würde immer so weitergehen. Es war falsch, so zu tun, als wäre das Rentensystem nach wie vor ideal, ja sogar sicher.

Als die Bevölkerung davon hätte unterrichtet werden müssen, kam stattdessen der Mann, der Märchen erzählte: Norbert Blüm. Er klebte im April 1986 sogar eigenhändig auf dem Bonner Marktplatz eines von 15.000 Plakaten: »Denn eins ist sicher: Die Rente.« Selbst Parteifreunde Blüms wie Kurt Biedenkopf warnten eindringlich vor dem Rentengau. Sie forderten einen radikalen Wechsel.

Minister Blüm sah seinen Fehler 1997 ein; er bestimmte, dass der demografische Faktor von nun ab künftige Rentenerhöhungen eindämmen sollte. Das bedeutete ein Absenken der Renten um wenigstens 6 Prozent. Norbert Blüm blieb übrigens seiner Profession auch nach seiner Amtszeit treu: Nachdem seine Regierung abgewählt worden war, schrieb er ein Märchenbuch.

Kanzler Schröder hat den demografischen Faktor wieder abgeschafft. Er hielt ihn für »unanständig und sozial ungerecht«. Zwei Jahre später gab er zu: »Ich sage Ihnen: Das war ein Fehler.«

Diese fortlaufenden Fehler kommen uns sehr teuer zu stehen. Denn wir haben sehr viel Zeit verloren. Zeit, die wir hätten nutzen können und sollen ...

denn
eins ist
sicher:
Die
Rente

...desminister
für ... und Sozialordnung
informiert Sie ab 24. April
in den Tageszeitungen

1986

Bundesarbeitsminister Norbert
Blüm (CDU) plakatiert in Bonn
sein Renten-Versprechen.
Schon damals war Experten
klar: Das Geld reicht nicht!

© www.picture-alliance.de

Der Rattenfänger von Hameln

Viele haben heute sehr geringe Möglichkeiten; für sie muss gesorgt werden und dafür ist auch genug Geld vorhanden.

Aber andere können und sollen für sich selbst sorgen. Darunter fallen all diejenigen, die gut verdienen, viele Chancen und Freiheiten haben, die aber in einem Hamsterrad auf der Stelle treten, weil sie einen zu hohen Lebensstandard unterhalten.

Ich halte das heutige Rentensystem schlichtweg für einen der größten Irrtümer der Moderne.

Es erinnert mich an den Rattenfänger von Hameln. Kennen Sie die Geschichte, die 1284 spielte? In Hameln erschien ein wunderlicher Mann; der gab sich als Rattenfänger aus. Er versprach, die Stadt von Ratten und Mäusen zu befreien – gegen ein gewisses Entgelt. Die Bürger stimmten zu, worauf der Rattenfänger ein Pfeifchen aus der Tasche zog und anfing, darauf zu spielen. Bald sammelten sich die Ratten und Mäuse um ihn herum. Als die Schar der Nager groß war, ging er ständig weiterpfeifend in die Weser; die kleinen Tiere folgten ihm ins Wasser und ertranken.

Als dem Rattenfänger der Lohn verweigert wurde, führte er eines Tages heimlich die Kinder der Bürger aus der Stadt. Auch sie folgten nichts ahnend seinem Flötenspiel. An jenem Tag sollen 130 Kinder verloren gegangen sein. Man hat sie nie wieder gesehen – bis auf einen kleinen Jungen: Der rannte zurück, um seinen Mantel zu holen. Dadurch ist er als einziges Kind dem Unglück entgangen.

Sehen Sie die Parallele? Es gab einmal einen Kanzler, der pfiff ein Liedchen von der Rentenversicherung: »Zahlt euer Geld dort hinein«, sagte er, »dann können die heutigen Rentner gut leben. Und wenn ihr in Rente geht, dann flöten wir wieder ... und es werden neue Mäuse kommen.«

Für die Bundesregierung von 1957 war die Renten-Melodie erfolgreich: Sie gewann Wählerstimmen und die folgende Wahl. Zudem hatte sie plötzlich viel Geld, um die Renten zu bezahlen. Für die Beitragszahler war es allerdings eher ein schlechter Tausch. Sie haben zwar heute eine vergleichsweise gute Rente; aber wenn sie ihr Geld selbst gewinnbringend angelegt hätten, würde ihre heutige Rente sogar noch viel üppiger ausfallen.

Leider gibt es immer noch die staatlichen Geldfänger – auch heute noch. Und viele Bürger unseres Landes glauben auch jetzt noch ihren Versprechen. Sie haben den Geldfängern ihre »Mäuse« gegeben – und das Geld ist baden gegangen. Und wenn wir jetzt dem Pfeifen weiter folgen, dann werden wir in die sichere Altersarmut geführt.

Wir sollten es wie der kleine Junge machen, der ins Dorf zurücklief. Damit meine ich: Denken Sie in Richtung finanzielle Freiheit und nicht in Richtung staatliche Rente. Drehen Sie dem Umlageverfahren den Rücken zu – soweit Sie können.

Drei gewichtige Nachteile

Die Nachteile einer Altersrente für alle Angestellten und Arbeiter sind zahlreich. Besonders drei Auswirkungen sind fatal:

1. Das Konstrukt verführt dazu, nicht für sich selbst zu sorgen. Das Rentensystem entmündigt. Es legt die Verantwortung für einen der intimsten Bereiche unseres Lebens in andere Hände – in die des Staates.

2. Das Umlageverfahren unterstellt, dass wir uns mit einem geregelten Minimum zufriedengeben sollten. Dadurch verlieren Menschen Mut, Selbstsicherheit und den Blick für Möglichkeiten. Anstatt zu wachsen, schrumpfen sie.

3. Und schließlich suggeriert dieses System, finanzielle Sicherheit ließe sich erst dann erreichen, wenn man nicht mehr arbeitet. Also meist erst sehr spät im Leben. Was für ein Irrtum! Haben Sie eine Vorstellung davon, wie viele Menschen durch diese falsche Meinung die meiste Zeit ihres Lebens buchstäblich verschenkt haben? Zeit, die sie hätten nutzen können, um Wohlstand aufzubauen.

Jetzt haben wir keine Wahl mehr ...

Ahnen oder wissen Sie, wie sich ein Mensch fühlt, wenn er von den Renditen seines Kapitals leben kann? Er ist unabhängig und frei. Er muss wegen Geld keine Kompromisse eingehen. Er braucht sich nicht unwürdig behandeln lassen. Er hat viele Möglichkeiten, die anderen Menschen verschlossen bleiben. Wenn er dieses Kapital selbst geschaffen hat, dann ist er stolz und selbstsicher. Dieses Gefühl ist einer der wichtigsten Begleiter, die ein Mensch haben kann.

Das Rentensystem hat für die meisten Menschen ein gedankliches Gefängnis geschaffen. Es hat sicherlich Vorteile für einige Personen gebracht, insbesondere für die Schwächeren und Kranken unter uns. Aber vor allem hat es das Denken ganzer Generationen in eine völlig falsche Richtung programmiert. Können Sie mir verraten, warum um alles in der Welt Wohlstand erst im Alter erreicht werden sollte? Soll er gewissermaßen eine Entschädigung dafür sein, dass wir nun nicht mehr arbeiten (sollen) und kein Gehalt mehr bekommen?

Wer nicht finanziell frei ist, muss arbeiten, schon weil er auf das Geld angewiesen ist. Ganz anders verhält es sich, wenn Sie von Ihrem Geld leben können. Wenn Sie dies bereits während Ihres Berufslebens erreicht haben, *können Sie es sich erlauben, das zu tun, was Sie wirklich gerne tun.* Sie leben und arbeiten dann viel freier. Sie leben in Würde.

Hier können wir festhalten, dass Sie den möglichen Zusammenbruch des Rentensystems nicht zwangsläufig als Verlust empfinden müssen. *Möglicherweise ist es das Beste, was Ihnen geschehen kann.* Auf keinen Fall bedeutet dieser Kollaps zwangsläufig Altersarmut. Ganz im Gegenteil. *Wenn Sie sich damit abfinden, dass es das Mittelmäßige für Sie nicht mehr geben wird, dann streben Sie möglicherweise nach dem Guten – und bekommen es.*

Wenn die sozialen Sicherungssysteme zusammenbrechen, kann der Einzelne sogar vermögender werden. Wer sich vorbereitet, für den werden die Chancen größer. Ihr Wohlstand wird wachsen, wenn Sie jetzt die Weichen richtig stellen. Damit wächst aber auch Ihre Verantwortung für diejenigen, die diese Möglichkeiten nicht haben.

KAPITEL 5

Leichtgläubige, Realisten und Kenner

»Bislang sind alle Rentenprognosen zu optimistisch ausgefallen.«

Bernd Katzenstein, Deutsches Institut für Altersvorsorge

*

Rentenprognosen sind wie der Wetterbericht: Einige Tage im Voraus ist er ziemlich genau; aber Jahre im Voraus ist er mit großer Vorsicht zu genießen. Eine Rentenberechnung für die nächsten Jahrzehnte ist nicht seriös. Niemand kennt die Zukunft. Aber wir können die Menschen zählen, die heute in Deutschland leben. Wir kennen ihr Alter. Deshalb können wir sehr genau vorhersagen, wie sich die Renten nicht entwickeln werden. Die Fakten sind eindeutig. Trotzdem werden in Deutschland wissentlich irreführende Informationen verbreitet.

Vielleicht fragen Sie: »Wer führt da die Menschen an der Nase herum?« Die Frage kann ich klar beantworten: Wenn Sie erfahren wollen, wie hoch Ihre Rentenansprüche sind, so schreiben Sie an die Deutsche Rentenversicherung (ehemals Bundesversicherungsanstalt für Angestellte, abgekürzt BfA). Diese teilt Ihnen daraufhin schriftlich mit, wie viel Euro Rente Sie erwarten können. Dabei wird sehr schnell deutlich, dass die Berechnungen mit den Beobachtungen der Demografen nicht übereinstimmen.

Sie werden gleich sehen, wie ungeheuerlich die Prognosen der Deutschen Rentenversicherung sind. Damit stellt sich uns eine zweite Frage: »Welches Interesse könnte jemand daran haben, eine ganze Generation von Menschen falsch zu informieren?« Die Antwort auf diese Frage ist schwierig. Zum Teil habe ich sie bereits gegeben: Regierende Politiker wollen vor allem wiedergewählt werden. Sie wollen deshalb keine schlechten Nachrichten verbreiten. Stellen Sie sich zudem den Aufschrei vor, der durch unser Land hallen würde, wenn die demografischen Fakten bekannt würden – mit all ihren Auswirkungen. Dazu kommt, dass Politiker seit Jahrzehnten über die Renten die Unwahrheit sagen. Natürlich ist es nicht leicht, das zuzugeben und zudem plötzlich die unangenehme Wahrheit zu verkünden.

Aber es ist nicht unstrittig, was ich hier schreibe. Es gibt unterschiedliche Prognosen über die Rentenentwicklung. Darum halte ich es für angemessen, Ihnen nicht nur meine Prognose, sondern auch die der Deutschen Rentenversicherung zu schildern. Darüber hinaus besteht natürlich die Möglichkeit eines Mittelweges. Schauen wir uns alle drei Varianten an. Sie können sich dann für diejenige entscheiden, die Ihnen am plausibelsten erscheint.

Drei Szenarien

Berechnen wir doch einmal, wie groß die Diskrepanz zwischen drei möglichen Szenarien ist:

1. *Der Leichtgläubige* rechnet nach wie vor mit einer üppigen Altersrente. Die Deutsche Rentenversicherung bestärkt ihn darin, indem sie nicht nur unterstellt, dass auch in Zukunft die heute üblichen Renten gezahlt werden – nein, die Ungeheuerlichkeit ist: Sie rechnet Ihnen sogar fiktive Rentenerhöhungen vor. So werden Sie »glücklich gerechnet«.

2. *Der Realist* glaubt nicht an Erhöhungen und bezieht in die Zahlen der Deutsche Rentenversicherung wenigstens die Inflation mit ein. Er weiß: Die Rente wird jedes Jahr weniger wert, weil sie an Kaufkraft verliert.

3. *Der Kenner* sieht nicht nur die Inflation, sondern auch die demografischen Fakten. Darum rechnet er damit, dass die Renten nicht nur weniger wert sein werden, sondern darüber hinaus gekürzt werden müssen.

Die Wahrscheinlichkeit

Alle drei Szenarien sind möglich. Aber die Wahrscheinlichkeit ihres Eintretens ist stark unterschiedlich. Für die Version des Leichtgläubigen spricht nicht viel. Sie müssten schon blindes Vertrauen in die staatlichen Auskünfte legen oder einen geradezu kindlichen Glauben an Wunder haben. Die Wahrscheinlichkeit liegt unter einem Prozent.

Der Realist weiß, dass die durchschnittliche Inflation in den nächsten 25 Jahren wahrscheinlich so hoch sein wird wie während der vergangenen 25 Jahre: also ca. 3 Prozent. Darum wird die Rente in 25 Jahren lange nicht mehr das wert sein, was uns die Deutsche Rentenversicherung heute vorrechnet. Ihre Kaufkraft wird sich mehr als halbiert haben. Damit ist die Rente faktisch um über 50 Prozent geschrumpft.

Am wahrscheinlichsten aber ist das Szenario des Kenners. Die Inflation ist für ihn ein natürlicher Bestandteil des Lebens. *Darum hat er die feste Gewohnheit entwickelt, von allen zukünftigen Einkünften sofort gewisse Prozente abzuziehen.* Darüber hinaus will er sich nicht glücklich rechnen; er weiß, was sich aller Wahrscheinlichkeit nach ereignen wird. Also berücksichtigt er in seinen Überlegungen die demografische Entwicklung. Er erwartet eine negative Rentenanpassung von durchschnittlich 1 bis 2 Prozent pro Jahr.

Der Kenner bleibt nicht bei einzelnen Fakten stehen; er sieht das ganze Bild und erkennt Strukturen und Systeme. Hat er einmal eine eindeutige Struktur erkannt, lässt er sich durch schöne Worte und politische Schönwetter-Prognosen nicht irritieren. Er weiß, dass die Rentenkasse ein riesiges Schneeballsystem ist ...

Ja, Sie haben richtig gelesen: Unser Rentensystem ist ein einziges Schneeballsystem.

Das Schneeballsystem

Kennen Sie Schneeballsysteme bzw. Pyramidensysteme? Irgendjemand beginnt ein Spiel, indem er einen bestimmten Geldbetrag in eine Kasse einzahlt. Dann sucht er weitere Spieler, die ebenfalls diesen Betrag einzahlen. Aus den Einzahlungen der neuen Spieler erhält der Erste sein Geld zurück – plus einen Gewinn. Die neu gewonnenen Spieler suchen nun ebenfalls neue Spieler, damit auch sie von deren Einzahlungen profitieren.

Sie erkennen unschwer: Das Ganze geht nur so lange gut, wie immer neue Spieler gewonnen werden. Das Geld in der Kasse reicht nämlich niemals aus, um alle Spieler zu befriedigen. Die meisten Spieler in solchen Schneeballsystemen haben schlechte Erfahrungen gemacht. Der Grund ist immer derselbe: *Die Gelder werden zuerst immer an die Spieler ausgezahlt, die vor ihnen da waren.* Bis sie an die Reihe kommen, ist oft nicht mehr genug vorhanden.

Es dauert meist nicht sehr lange, bis ein Pyramidensystem zusammenbricht. Solche Spiele sind in Deutschland verboten. Im Hinblick auf die Rente sieht das allerdings anders aus. Dass da die vierte Generation von Spielern mit einer 60-prozentigen Wahrscheinlichkeit ihr Geld nicht mehr zurückbekommt, scheint den Staat nicht zu stören. Je später man einsteigt, desto geringer ist die Chance auf eine Auszahlung. Die Letzten beißen die Hunde.

Der Generationenvertrag gleicht einem Pyramidenspiel

Ahnen Sie, wer *die Letzten* sind in dem großen Spiel des Generationenvertrags? Wir. Sie und ich. Dieser Vertrag wird bald aufgekündigt. Oder er wird bis zur Unkenntlichkeit verändert und modifiziert. Dann ist das Spiel vorbei und unser Einsatz ist weg.

Na ja, weg ist er nicht. Nur hat ihn eben ein anderer. Der Rentner von heute. Gönnen wir es ihm.

Leider wissen wir heute: Unser gut gemeinter Generationenvertrag ähnelt in vielem einem solchen Pyramiden-Spiel. Wir zahlen heute fleißig in die Rentenkasse, damit die heutigen Rentner ihre Einsätze zurückbekommen. Aber wenn wir unseren Einsatz tatsächlich erhalten wollen, dann ist das System zu einem großen Teil zusammengebrochen.

Natürlich werden wir *etwas* bekommen. Schließlich wird es keine Partei riskieren, die wachsende Gruppe der Rentner gegen sich aufzubringen. Aber man kann nur verteilen, was auch vorhanden ist.

Spätestens in 10 Jahren wird es ein neues Spiel geben – mit neuen Regeln. Nach diesen Regeln werden wir *etwas* bekommen. Aber nicht viel und nicht annähernd das, was die heutigen Rentner erhalten. Vor allem werden wir viel weniger zurückbekommen, als wir eingezahlt haben.

Die Politik hat sich bereits heute darauf verständigt, *wie* sie Ihre Renten kürzen kann, ohne dass es sofort auffällt: Sie setzt einfach das Renteneintrittsalter hinauf. Das stellt eine faktische Rentenkürzung dar.

Der Nobelpreisträger Paul A. Samuelson nennt das umlagefinanzierte Rentensystem das größte Pyramiden-Spiel aller Zeiten. Neben den genannten Nachteilen eines solchen Spiels hält er für besonders bedenklich, dass Kredite aufgenommen werden, die man bereits heute nur zurückzahlen kann, indem man neue Kredite aufnimmt. Diesen Gedanken will ich hier nur streifen. Wenn wir ihn vertiefen würden, könnte unsere Rentenerwartung noch pessimistischer ausfallen.

Ich habe mit vielen Menschen über dieses Thema gesprochen. Die Reaktionen sind oft ähnlich: Zuerst glauben sie mir nicht, dass es wirklich so schlecht um unsere Renten bestellt ist. Wenn dann das ganze Ausmaß der Rentenkatastrophe klar wird, sagen viele: »Dann sind wir ja die Verlierer. Das ist ungerecht.«

Die Gerechtigkeitsfalle

Ich kann nur davor warnen, in die Gerechtigkeitsfalle zu tappen. Es gibt in der Natur keine Gerechtigkeit. Vor allem aber tun wir *uns selbst* keinen Gefallen, wenn wir auf Gerechtigkeit pochen und wenn wir dann in Frust verfallen, weil wir nicht gerecht behandelt werden.

Natürlich ist es zunächst schwer zu akzeptieren: Sie haben sich an den Generationenvertrag gehalten. Sie haben die heutigen Rentner ernährt. Sie haben das mit Ihren Sozialabgaben getan, also mit Geld, das Sie eigentlich für Ihren eigenen Ruhestand hätten zurücklegen sollen. Sie taten das in erster Linie, weil Sie keine andere Wahl hatten. Als Angestellter *müssen* Sie Sozialabgaben zahlen. Sie haben sich aber nicht dagegen aufgelehnt, weil Sie erwarteten, dass auch Sie einmal versorgt würden. Sie vertrauten auf den Generationenvertrag.

Jetzt wissen Sie, dass diese Hoffnung sich höchstwahrscheinlich nicht erfüllen kann. Es wird kein Geld für Sie und mich da sein, wenn wir in Rente gehen wollen. Jetzt nützt es uns nichts zu wüten oder zu lamentieren.

Lassen Sie uns schlicht erkennen: Die Zeiten haben sich geändert. Wandel ist ein fester Bestandteil allen Seins und damit ein Naturgesetz. Alles verändert sich. Das ist nicht ungerecht und unfair. So ist einfach das Leben.

Nein, die Welt ist selten gerecht. Wer Gerechtigkeit sucht, wird meist bitter enttäuscht. Der Hund jagt die Katze; die Katze frisst den Vogel; der Vogel hat vorher den Wurm gefressen; der Wurm daneben blieb verschont ... Wo ist da die Gerechtigkeit? Wir müssen achtgeben, dass wir nicht in die Gerechtigkeitsfalle tappen. *Darin sitzen wir immer dann, wenn wir die fehlende Gerechtigkeit als Begründung für unser Unglücklichsein nehmen.*

Das Motto eines Menschen, der sich betrogen fühlt, würde lauten: »Ich habe keine Möglichkeit, einen unbeschwerten Lebensabend zu genießen. Man hat mich um meine Rente betrogen.« Eine solche Opfer-Mentalität wäre fatal. Wir dürfen nicht zulassen, dass Ungerechtigkeiten unser Leben zerstören. Wir sollten machtvoll durchs Leben gehen.

Eine der wichtigen Lehren im Leben lautet: Das Leben ist einem ständigen Wandel unterworfen; wir dürfen nicht darauf vertrauen, dass wir gerecht behandelt werden. Besser vertrauen wir auf uns selbst.

Wenn also eine vermeintliche Ungerechtigkeit in unser Leben tritt, dann können wir uns vor Selbstmitleid winden oder wir können unser Leben selbst in die Hand nehmen. Das gilt auch beim Thema Finanzen: Nicht Ungerechtigkeit ist entscheidend, sondern wie wir damit umgehen und was wir dagegen tun. Bedenken Sie: Ungerechtigkeiten haben immer zwei Seiten: Einige werden erheblich benachteiligt und andere erheblich bevorzugt. Niemals wird das deutlicher als in Zeiten starker Veränderung.

Die Informationspolitik der Deutschen Rentenversicherung

Die Deutsche Rentenversicherung weiß um die heutigen Probleme. Und sie weiß auch, dass es noch viel schlimmer kommen wird. Aber sie verbreitet einen unglaublichen, gefährlichen Optimismus.

Machen Sie doch die Probe aufs Exempel. Betrachten Sie Ihre letzte Rentenprognose aufmerksam. Was Sie dann sehen, ist ein Märchen, auf das die Gebrüder Grimm zu Recht sehr stolz gewesen wären. Die Schreiben sind so verfasst, dass Sie Ihre Altersrente sicher wähnen. Das halte ich für sträflich fahrlässig bis gefährlich.

Denn wer glaubt, seine Rente sei sicher und ihre Höhe annehmbar, der sieht nicht die Notwendigkeit, schnellstens zu handeln. Zweierlei wird verfälscht oder nicht ausreichend klar ausgeführt: die *Inflation* und die *Rentenanpassung*.

Die Inflation

Betrachten wir zuerst die Inflation: Wenn Sie in Rente gehen, wird Ihr Geld nicht mehr die heutige Kaufkraft haben. Wir haben in den vergangenen 25 Jahren eine durchschnittliche Inflation von über 3 Prozent pro Jahr erlebt. Überlegen Sie nur einmal, wie viel Sie vor 25 Jahren zahlen mussten: für ein Brötchen, einen Haarschnitt, einen Kleinwagen, ein Kännchen Kaffee, eine Briefmarke, eine Tageszeitung ...

Die meisten Dinge waren sehr viel billiger als heute. Erinnern Sie sich? Viele Preise für Güter des täglichen Lebens haben sich verdoppelt, manche sogar verdreifacht. Auf dem Papier vermehrt sich zwar Ihr Geld, gemessen an seiner Kaufkraft wird es jedoch weniger.

Stellen wir uns die erste Frage, die für die Berechnung unserer Renten sehr wichtig ist: *Was bedeutet eigentlich eine Inflation von 3 Prozent pro Jahr für Ihre Rente?* (Wobei ich Ihnen gerne beweise, dass die wirkliche durchschnittliche Inflation der vergangenen 25 Jahre bei den Gütern des täglichen Lebens höher war als besagte 3 Prozent pro Jahr.)

Die Auswirkung der Inflation auf die Rente ist beträchtlich: Nehmen wir an, 2016 sind Sie 40 Jahre alt und Sie wollen mit 65 in Rente gehen. Wenn wir nun unterstellen, dass die Inflation in den nächsten 25 Jahren nur 3 Prozent betragen wird, so wird Ihr Geld 2041 weniger als *die Hälfte* wert sein.

Das heißt: *Nach heutiger Kaufkraft haben Sie dann weniger als die Hälfte Ihres Geldes zur Verfügung;* bzw. Sie können sich für Ihr Geld nur noch die Hälfte leisten: nur noch die halbe Miete, die halbe Tankfüllung, den halben Einkauf ... *Sie müssen also die Rente, die man Ihnen in Aussicht stellt, sofort durch zwei teilen.*

Was sagt die Deutsche Rentenversicherung zur Inflation?

Nun habe ich mir einige Rentenberechnungen der Deutschen Rentenversicherung angeschaut. Sicher erwarten Sie ebenso wie ich, dass auf die Inflation sehr ausdrücklich und mit anschaulichen Rechenbeispielen hingewiesen wird. Dem ist nicht so.

Nichts könnte in dieser Hinsicht weiter von der Wahrheit entfernt sein als die jährliche Renteninformation. Auf Seite eins finden wir lediglich den eingeschobenen Halbsatz »*ohne Berücksichtigung des Kaufkraftverlustes*«. Sie werden mir recht geben: Das ist nun wirklich nicht so formuliert, dass bei uns die Alarmlichter angehen. Vielmehr werden die meisten Menschen das einfach überlesen. Sie freuen sich über relativ hohe Zahlen und können die Gefahren nicht erkennen. Fast scheint es, als wäre genau das beabsichtigt ...

Erst auf Seite zwei (die kaum jemand aufmerksam liest) steht dann im vorletzten Abschnitt: »Die ermittelten Beträge ... sind wegen des Anstiegs der Lebenshaltungskosten und der damit verbundenen Inflation in ihrer Kaufkraft aber nicht mit einem heutigen Einkommen in dieser Höhe vergleichbar (Kaufkraftverlust).« Aha! Anschließend erfährt der Leser dann noch, dass bei einer Inflation von 1,5 Prozent 100 Euro in 27 Jahren nur noch eine Kaufkraft nach heutigem Wert von 67 Euro haben. Übrigens stand dieser Satz nicht etwa immer schon in der Rentenberechnung. Die Deutsche Rentenversicherung hat ihn erst aufgenommen, nachdem sie vom Deutschen Institut für Altersvorsorge massiv kritisiert worden war.

Die Kritik

An dieser Vorgehensweise müssen wir gleich drei Punkte kritisieren:

Erstens ist die Information über die Inflation insgesamt einfach zu dünn, zu unklar; und sie weist nicht deutlich genug auf die Gefahr hin, die von ihr ausgeht. Offensichtlich soll der Anfragende nicht beunruhigt werden. Der Deutschen Rentenversicherung ist anscheinend vor allem daran gelegen, sagen zu können: »Wir haben darauf hingewiesen.« Ein unsauberes Vorgehen.

Zweitens ist es irreführend, als Beispiel für die Verteuerung lediglich 1,5 Prozent anzunehmen. Hand aufs Herz: Glauben Sie nicht auch, dass die Inflation höher sein wird als 1,5 Prozent pro Jahr? Wie kommt die Deutsche Rentenversicherung auf diese Zahl? Sie nimmt die sogenannte Kerninflation, die tatsächlich kurz bei 1,5 Prozent war und dann wieder anstieg. Was ist eine Kerninflation?

Die Teuerung bestimmter Güter des täglichen Lebens, wobei man aber seit einiger Zeit z.B. das Erdöl, Benzin, Gas usw. herausnimmt. Denn weil deren Preise zu sehr steigen, wäre die Inflation zu hoch! *So kann man natürlich die Inflation »niedrig« halten: Alles, was sich stark verteuert, nimmt man aus der Berechnung heraus ...*

Die durchschnittliche Inflation für die *nächsten* 25 Jahre sollte selbstverständlich so hoch angesetzt werden wie die der *vergangenen* 25 Jahre. Und die betrug über 3 Prozent pro Jahr. Alles andere ist so, als würde man ausschließlich die Preise eines einmaligen Sonderangebots in das nächste Jahrhundert fortschreiben.

Drittens müssen wir bemängeln, dass uns nicht klar ausgerechnet wird, wie hoch unsere Rente inflationsbereinigt wäre. Für den Anfragenden müsste in jeder Renteninformation klar ausgewiesen sein, wie viel die prognostizierte Rente bei 2, 3 und 4 Prozent Inflation tatsächlich wert ist.

Wenn Sie heute 40 Jahre alt sind, dann müssen Sie erfahren, *dass die Rente, die man Ihnen ausrechnet, in 23 Jahren wahrscheinlich nur noch die Hälfte wert sein wird.*

Darüber unterrichtet die Deutsche Rentenversicherung Sie nicht. Stattdessen rechnet sie Ihnen vor, wie hoch Ihre Rente wäre, wenn es Erhöhungen geben würde. Dabei ist hinreichend bekannt, dass es oft jahrelang keine Erhöhung gegeben hat und dass es auch in Zukunft oft jahrelang keine Erhöhung geben wird; im Gegenteil, die ersten Rentenkürzungen sind bereits beschlossen worden.

Wenn Sie 65 sind, bleibt die Inflation nicht stehen

Die geldvernichtende Wirkung der Inflation bis zu unserem 65. Lebensjahr war die schlechte Nachricht. Jetzt kommt die ganz schlechte Nachricht:

Wir müssen über Ihren Rentenbeginn hinausdenken. Es reicht nicht, nur 25 Jahre in die Zukunft zu schauen. Auch danach werden die Güter des täglichen Lebens teurer.

Sie wollen doch nach Rentenbeginn möglichst noch 20, 25, 30 Jahre oder mehr in Würde leben. Während dieser Zeit friert die Inflation höchstwahrscheinlich nicht ein. Das heißt, mit jedem Jahr verliert Ihre spärliche Rente *weiter* an Kaufkraft. Wenn Sie so alt werden wie der Durchschnitt Ihres Jahrgangs, wird sich die Kaufkraft Ihrer Rente nach Ihrer Pensionierung noch einmal halbieren. Möglicherweise benötigen Sie gerade dann mehr Geld, weil Sie pflegebedürftig sind ...

Die Inflations-Tabelle

Tabellen sind nicht jedermanns Sache. Trotzdem lade ich Sie ein, sich die folgende Tabelle einmal genau anzuschauen. Denn die Zahlen darin zeigen Ihnen, wie stark sich Ihre Rente schmälert –

selbst wenn es keine Rentenkürzungen geben sollte (was nicht sein kann).

Die Tabelle zeigt, wie viel 100 Euro noch wert sein werden, nachdem sie aufgrund der Inflation an Kaufkraft verloren haben. Angenommen, Sie sind heute 35 Jahre alt und gingen von einer Inflation von 3 Prozent pro Jahr aus: Wenn Sie in Rente gehen (in unserem Beispiel tun Sie dies mit 65), dann sind 100 Euro nur noch 40,10 Euro wert (40,1 Prozent). Das heißt: *Eine Rentenprognose von 1.500 Euro schrumpft zusammen auf einen realen Wert von 601,50 Euro.*

Und wenn Sie 75 sind, beträgt der Wert von 100 Euro nach heutiger Kaufkraft nur noch 29,57 Euro. Für unser Beispiel heißt das: Eine heutige Rente von 1.500 Euro ist dann nur noch knapp 450 Euro wert. Wie soll man mit 450 Euro im Monat leben? Das ist bittere Armut.

Überlegen Sie nun, was das für Ihre persönliche Rentenprognose bedeutet. Sie können es klar in der Tabelle, auf der nächsten Seite, ablesen.

Auswirkung der Inflation auf den Geldwert von 100 Euro

Diese Tabelle zeigt Ihnen, was 100 Euro in 1 bis 50 Jahren bei unterschiedlichen Inflationsraten (gemessen an der heutigen Kaufkraft) noch wert sind.

Inflationsrate in Prozent pro Jahr

Jahre	1,5 Prozent	2 Prozent	3 Prozent	4 Prozent	5 Prozent
1	98,50	98,00	97,00	96,00	95,00
2	97,02	96,04	94,09	92,16	90,25
3	95,57	94,12	91,27	88,47	85,74
4	94,13	92,24	88,53	84,93	81,45
5	92,72	90,39	85,87	81,54	77,38
6	91,33	88,58	83,30	78,28	73,51
7	89,96	86,81	80,80	75,14	69,83
8	88,61	85,08	78,37	72,14	66,34
9	87,28	83,37	76,02	69,25	63,02
10	85,97	81,71	73,74	66,48	59,87
11	84,68	80,07	71,53	63,82	56,88
12	83,41	78,47	69,38	61,27	54,04
13	82,16	76,90	67,30	58,82	51,33
14	80,93	75,36	65,28	56,47	48,77
15	79,72	73,86	63,33	54,21	46,33
16	78,52	72,38	61,43	52,04	44,01
17	77,34	70,93	59,58	49,96	41,81
18	76,18	69,51	57,80	47,96	39,72
19	75,04	68,12	56,06	46,04	37,74
20	73,91	66,76	54,38	44,20	35,85
21	72,80	65,43	52,75	42,43	34,06
22	71,71	64,12	51,17	40,73	32,35
23	70,64	62,83	49,63	39,11	30,74
24	69,58	61,58	48,14	37,54	29,20
25	68,53	60,35	46,70	36,04	27,74

26	67,51	59,14	45,30	34,60	26,35
27	66,49	57,96	43,94	33,21	25,03
28	65,50	56,80	42,62	31,89	23,78
29	64,51	55,66	41,34	30,61	22,59
30	63,55	54,55	40,10	29,39	21,46
31	62,59	53,46	38,90	28,21	20,39
32	61,65	52,39	37,73	27,08	19,37
33	60,73	51,34	36,60	26,00	18,40
34	59,82	50,31	35,50	24,96	17,48
35	58,92	49,31	34,44	23,96	16,61
36	58,04	48,32	33,40	23,00	15,78
37	57,17	47,35	32,40	22,08	14,99
38	56,31	46,41	31,43	21,20	14,24
39	55,46	45,48	30,49	20,35	13,53
40	54,63	44,57	29,57	19,54	12,85
41	53,81	43,68	28,68	18,76	12,21
42	53,01	42,81	27,82	18,00	11,60
43	52,21	41,95	26,99	17,28	11,02
44	51,43	41,11	26,18	16,59	10,47
45	50,66	40,29	25,39	15,93	9,94
46	49,90	39,48	24,63	15,29	9,45
47	49,15	38,69	23,89	14,68	8,97
48	48,41	37,92	23,18	14,09	8,53
49	47,68	37,16	22,48	13,53	8,10
50	46,97	36,42	21,81	12,99	7,69

Beispiel: Wie hoch ist die Kaufkraft einer möglichen Rente von
1.500 Euro in 35 Jahren bei einer Inflation von 3 Prozent pro Jahr?
Die Rechnung: 1.500 Euro × 34,44 Prozent = 516,60 Euro.

Verstehen Sie jetzt, warum mich die Informationspolitik der Deutschen Rentenversicherung so zornig macht? Sie wiegt Menschen in falscher Sicherheit.

Doch leider ist das noch nicht die ganze Unwahrheit einer Renteninformation. Nun folgt etwas, das mir immer wieder die Sprache verschlägt.

Die Rentenanpassung

Die Deutsche Rentenversicherung rechnet mit einer fiktiven Rentenanpassung. Das ist grundsätzlich nicht zu beanstanden. Denn der Generationenvertrag besagt: Die Rente soll sich genauso entwickeln wie die durchschnittlichen Gehälter. Wenn die Gehälter steigen, soll die Rente dementsprechend angepasst werden.

Nun sind die Gehälter seit 1995 aber kaum gestiegen. Und was von noch viel größerer Bedeutung ist: Es ist kein Geld vorhanden für Anpassungen. Bereits heute sind die Kassen leer; bereits heute muss der Staat die Kassen mit fast 30 Prozent bezuschussen. Dieses Geld hat er nicht; er leiht es sich und muss es zurückzahlen. Aber das Schlimmste ist: Die demografische Katastrophe kommt erst noch ...

All das weiß die Deutsche Rentenversicherung. Dennoch rechnet sie Ihnen frech vor, wie solche Anpassungen aussehen könnten. Hierzu entwickelt sie zwei Szenarien: Bei beiden wird natürlich die Inflation nicht berücksichtigt. Man sagt Ihnen, wie sich Ihre Rente bei einer jährlichen Erhöhung von 1,5 Prozent entwickeln würde; und wie bei einer jährlichen Erhöhung von 2,5 Prozent.

Vorsichtig ausgedrückt nenne ich das fahrlässig und irreführend. Denn immer wieder gab es Nullrunden. Das heißt, es erfolgte keinerlei Anpassung. Wie kann Ihnen die Deutsche Rentenversicherung dreist vorrechnen, was wäre, wenn es regelmäßige Erhöhungen geben würde?

Die drei Szenarien in der Praxis

Erinnern Sie sich, dass wir uns in diesem Kapitel drei mögliche Szenarien anschauen wollen? Einmal das der Leichtgläubigen, dann das der Realisten und schließlich das der Kenner.

Ich habe dafür ein *Beispiel aus der Praxis* ausgewählt: Frau U. hat eine Anfrage an die Deutsche Rentenversicherung gesandt. Sie wollte wissen, mit wie viel Rente sie einmal rechnen könnte. Schauen Sie sich die Antwort der Deutsche Rentenversicherung an – das Szenario für Leichtgläubige.

Das Renten-Szenario für Leichtgläubige

Frau U. verdient weit über der Beitragsbemessungsgrenze, also über demjenigen Betrag, auf den Rentenversicherungsbeiträge abgeführt werden müssen. Mit anderen Worten: Frau U. gehört zu den Besserverdienenden. Sie ist 38 Jahre alt und möchte wissen, wie viel Rente sie erwarten kann. In Ihrer Renteninformation erfährt sie: Bis jetzt hat sie 460,35 Euro Anwartschaft. Und wenn sie so weiterverdient, dann wird sie mit 65 Jahren, ohne Berücksichtigung von Rentenanpassungen, 1.885,73 Euro erhalten.

Weiter erfährt sie: Bei einer Anpassung von 1,5 Prozent erhält sie sogar 2.770 Euro und bei 2,5 Prozent ganze 3.580 Euro. Beruhigt lehnt sich Frau U. zurück und denkt: »Mir wird es im Alter richtig gut gehen.«

Das Renten-Szenario der Realisten

Sie ahnen es bereits: Ich musste Frau U. sagen, dass die Auskunft der Deutschen Rentenversicherung leider vollkommen wirklichkeitsfremd ist. Natürlich kann es im günstigsten Fall so kommen; aber ich kenne wirklich keinen Experten, der das ernstlich für möglich hält. Es müsste ein Wunder geschehen. Nun sollten wir

Wunder nicht ausschließen; aber es ist gefährlich, sie fest einzu-
planen. Besonders, wenn unser Staat sie bewirken soll.

Also haben wir uns angeschaut, wie ein Realist die Zahlen lesen
würde. Sie erinnern sich: Ein Realist rechnet die Inflation in die
Zahlen mit ein.

Genau das haben wir zusammen gemacht. Frau U. hat in der In-
flations-Tabelle nachgeschaut, wie viel ihre Rente von 1.885,73
Euro in 27 Jahren wert sein wird – gemessen an der heutigen
Kaufkraft. Dabei haben wir eine Inflation von 3 Prozent pro Jahr
unterstellt.

Die errechnete Rente von 1.885 Euro hätte in 27 Jahren (bis Frau
U. 65 Jahre alt ist) nur noch eine Kaufkraft von 828 Euro. Wenn
Frau U. 75 Jahre alt wäre, hätte die Rente nur noch eine Kaufkraft
von 610 Euro.

Damit würde Frau U. unter die Armutsgrenze fallen. Leider ist
das Szenario des Kenners noch dramatischer.

Das Renten-Szenario des Kenners

Erinnern Sie sich an die Sichtweise des Kenners? Er sieht nicht
nur die Inflation, sondern auch die demografischen Fakten (sowie die künftige Entwicklung der Arbeitslosenzahlen und der
Löhne). Darum rechnet er nicht nur mit der Inflation, sondern
darüber hinaus damit, dass die Renten gekürzt werden müssen.

Ich glaube, wir sind uns einig: Eine ständige positive Anpassung
ist mehr als unwahrscheinlich. Es ist einfach jetzt schon kein
Geld dafür da. Darum wurden von 2002 bis 2010 acht Nullrunden hintereinander beschlossen – bis 2010. Bald setzt zudem erst
der demografische Faktor ein. Von da ab sind Rentenanpassungen *nach unten* zu erwarten. Das heißt, die Rente wird jedes Jahr
um einen bestimmten Prozentsatz gekürzt.

Tatsächlich ist es bereits beschlossene Sache, die Rente um 30 Prozent zu kürzen. Im nächsten Kapitel werde ich das erklären.

Aber bleiben wir zunächst bei unserem Beispiel: Wie würde sich eine negative Anpassung von 1,5 Prozent pro Jahr auswirken? Das würde für Frau U. bedeuten, sie könnte mit 65 Jahren lediglich eine Rente von 549 Euro erwarten – nach heutiger Kaufkraft.

Nun liest sich das Beispiel ganz anders. Frau U. weiß, dass sie sparen muss. Mit 549 Euro könnte sie noch nicht einmal annähernd ihre Miete bezahlen ...

Leider sind wir noch nicht am Ende der schlechten Nachrichten angekommen. Wir müssen uns auch überlegen, wie es um die Rente von Frau U. bestellt ist, wenn sie 75 Jahre alt ist. Wenn die Inflation von 3 Prozent und die negative Rentenanpassung von 1,5 Prozent pro Jahr zusammen berücksichtigt werden, so ergibt sich sogar nur ein Betrag von 349,29 Euro.

Ich sage nicht: »So muss es kommen«, aber wir sollten es nicht ausschließen. Wie reagiert der Kenner? Er versteht, was ich im vorigen Kapitel geschrieben habe: Er weiß, dass er sich nicht auf die gesetzliche Schrumpf-Rente verlassen darf; und das hat er auch nie ernsthaft in Betracht gezogen. Er weiß, dass sein Weg zur finanziellen Freiheit ihn in eine ganz andere Richtung führt. *Er geht nicht davon aus, überhaupt etwas vom Staat zu bekommen.*

Damit ist klar, dass er allein für sein Einkommen verantwortlich ist. Er will so schnell wie möglich vermögend werden, nicht erst im Alter. Im zweiten Teil des Buches lesen Sie, wie der Kenner vorgeht, um Wohlstand aufzubauen.

Wer hat Recht?

Welches Szenario ist das richtige? Ich glaube, die Antwort kann heute niemand geben. Jedenfalls nicht mit 100-prozentiger Sicherheit. Darum müssen Sie sich auf alle drei Szenarien vorbereiten. Aber am wahrscheinlichsten ist doch das Szenario des Realisten, oder sogar das des Kenners – auch wenn die negativ sind.

Bin ich nun in das Lager der Pessimisten gewechselt oder droht vielen Menschen wirklich die Altersarmut? Sie haben sich selbst davon überzeugen können: Nach allem, was wir heute wissen, wird der Kenner oder der Realist recht behalten. Die Renten könnten tatsächlich auf ein Niveau sinken, das Armut bedeutet. Denn niemand kann uns verraten, woher das Geld kommen soll angesichts eines zu erwartenden Verhältnisses von 1:1 (ein Arbeitnehmer muss einen Rentner ernähren).

Ich kann Ihnen natürlich nicht mit Sicherheit sagen, wie die Zukunft aussehen wird. Es besteht die Chance, dass es allen Fakten zum Trotz anders, also viel besser kommt. Wir kennen die Zukunft nicht. Wir wissen nicht, was auf uns wartet: Möglich sind Katastrophen, Kriege, Seuchen, aber auch bahnbrechende Erfindungen, politische Veränderungen und vieles mehr. Solche Ereignisse werfen die sorgfältigsten Berechnungen über den Haufen.

Vielleicht werden die Menschen sich auch in den nächsten zwei Jahrzehnten grundlegend ändern. Vielleicht wird Brüderlichkeit, Achtsamkeit und Mitgefühl unser Miteinander bestimmen. Zeit wäre es dafür. So könnte geregelt werden, was Politiker und Systeme nicht vermögen. Wünschen würde ich es mir; aber wir sollten uns nicht darauf verlassen.

Andererseits ahnen wir wahrscheinlich nicht einmal, was ein Verhältnis von einem Arbeitnehmer zu einem Rentner volkswirtschaftlich wirklich bedeutet. Und wir können nur versuchen, uns auszumalen, wie es sein wird, wenn zum ersten Mal die Mehrheit unserer Bevölkerung alt sein wird. Wie werden die Jungen reagieren?

Nein, es spielt keine Rolle, wer Recht hat. Jedenfalls nicht in Bezug auf die Schritte, die Sie unternehmen müssen. Handeln müssen Sie auf jeden Fall. Wenn ich mir die heute bekannten demografischen Fakten anschaue, dann halte ich es für meine Pflicht zu warnen. Wenn sich nicht grundlegend etwas verändert, dann droht fast 50 Prozent aller Deutschen die Altersarmut.

Ja, und wenn die Leichtgläubigen recht behalten? Das wäre herrlich. Stellen Sie sich vor, es gäbe reichlich Rente, und Sie brauchten sie nicht ...

KAPITEL 6

Weniger als 50 Prozent vom Durchschnittsverdienst

*»Je mehr Dinge getan werden, die nicht getan werden dürfen,
desto mehr verarmt das Volk.«*

Laotse, chin. Philosoph (6. Jh. v. Chr.)

*

Grob vereinfacht stellt sich ein Missstand dar: Zunächst zahlt der durchschnittliche Arbeitnehmer ca. 30 Prozent Steuern. Das heißt, es sind nach dem Steuerabzug nur noch 70 Prozent des Einkommens vorhanden. Trotzdem fallen die Sozialabgaben auf die vollen 100 Prozent des Einkommens an. Eigentlich dürften die Sozialabgaben nur auf den Verdienst vor Steuern in Höhe von 70 Prozent erhoben werden. Ich wundere mich immer wieder, dass kaum jemand gegen diese Ungerechtigkeit angeht. Immerhin zahlen Sie dadurch im Schnitt 6 Prozent mehr.

Aber wie dem auch sei: Auf das volle Bruttogehalt zahlen Arbeitnehmer und Arbeitgeber zusammen ca. 40 Prozent in die Sozialversicherungen ein (jeder ca. 20 Prozent). Davon geht die Hälfte an die Rentenkasse. Sie haben also nur ca. die Hälfte eines Einkommens netto zur Verfügung. Doch der Staat kassiert weiter: Nicht nur, wenn Sie etwas kaufen ... Sie zahlen immer und immer wieder kräftig Steuern: Mineralölsteuer, Tabaksteuer, Mehrwertsteuer, Grunderwerbssteuer, Kfz-Steuer, Kapitalertragssteuer ... Darum ist die tatsächliche Steuerbelastung viel höher.

Experten schätzen, dass die wirkliche Abgabenleistung über 70 Prozent liegt. Ich erwähne das, um zu verdeutlichen: *Der Staat kann uns nicht mehr stärker belasten. Zumindest nicht viel stärker.* Vom durchschnittlichen Jahreseinkommen in Höhe von fast 30.000 Euro bleiben im Schnitt nur 15.000 Euro netto übrig (ohne die vielen anderen Steuerarten zu berücksichtigen). Die anderen 15.000 Euro hat sich der Staat mit seinen unterschiedlichen Institutionen genommen; davon muss er alles bezahlen: sich selbst, alle Beamten, die Infrastruktur, Straßen, öffentliche Einrichtungen, Sozialhilfe, die Arbeitslosen- (!), Kranken- und Pflegekosten etc, und bei einem zukünftigen Verhältnis von fast 1:1 muss er davon auch noch einen Rentner ein ganzes Jahr lang ernähren.

Jetzt fällt das Rechnen nicht schwer: Der Rentner wird von dem, was er bekommen kann, nicht leben können. Sie sehen auch, dass nicht mehr Geld vorhanden ist. Viel mehr, als es heute bereits der Fall ist, kann man vom Durchschnittsverdienst wirklich nicht wegnehmen. Und selbst wenn: Es wäre nur ein Tropfen auf dem heißen Stein.

Die Altersarmut beginnt oft weit vor dem 65. Lebensjahr

Sprechen wir über das Renteneintrittsalter.

Schauen Sie sich um: Wer hat wirklich einen sicheren Arbeitsplatz bis 65 oder gar bis 67? Wie hoch ist die Quote der über 60-Jährigen in Ihrer Firma? Wahrscheinlich nicht sehr hoch. Folglich geht es nicht allein darum, ob wir zwei Jahre später in Rente gehen. Das scheint angesichts der steigenden Lebenserwartung in einigen Berufen zumutbar. In anderen allerdings nicht. Vielmehr stellt sich in den Jahren über 60 bis zur Pensionierung die *Existenzfrage*. Wenn kaum eine Firma Menschen über 60 beschäftigen will, wo sollen sie dann arbeiten? Und wenn sie keine Arbeit finden und die Arbeitslosenunterstützung weiter abgebaut wird, wovon sollen sie dann leben? Die Antwort: Diese Menschen *müssen* Altersrente beantragen.

Viele alte Menschen werden in unserem System förmlich in den Vorruhestand *gezwungen*. Das wiederum bedeutet: Sie bekommen einen saftigen Abschlag von 3,6 Prozent für jedes Jahr vor dem 67. Lebensjahr.

Wenn jemand mit 60 keinen Job mehr findet und dann Rente beantragen muss, wird seine ohnehin karge Rente folglich um weitere 25 Prozent gekürzt. Das tatsächliche Renteneintrittsalter liegt allerdings weit unter diesen Werten: Der Deutsche geht heute durchschnittlich mit 60,8 Jahren in Rente. Natürlich hängt das auch mit Vorruhestandsregelungen zusammen. Oft genug aber hat der Arbeitnehmer kaum eine andere Wahl, weil ihm in seiner Firma die Pensionierung nahegelegt wird. Anschließend weiß er nicht, wo er in diesem Alter noch Arbeit finden soll. Die Zahlen sind ernüchternd: Von den 55- bis 64-Jährigen arbeiten nur 48 Prozent der Männer und sogar nur 30 Prozent der Frauen.

Fast noch erschreckender ist Folgendes: In 60 Prozent aller Unternehmen in Deutschland werden keine Arbeitnehmer mehr beschäftigt, die älter als 50 Jahre sind.

Die Rentenprognosen wurden bereits um 22 Prozent gesenkt

Am 8. März 2006 ging eine Nachricht durch die Medien: Die Prognosen von 1995 für das Jahr 2009 müssen heute bereits um 22 Prozent gekürzt werden. Was heißt das? Stellen Sie sich vor, Sie wären ein Durchschnittsverdiener; und Sie hätten 1995 bei der Bundesversicherungsanstalt für Angestellte BfA, dem Vorgänger der Deutschen Rentenversicherung, angefragt, mit wie viel Rente Sie 2009 rechnen können.

Die Antwort hätte gelautet: 1.510 Euro. Diese 1.510 Euro sind nun heute schon auf 1.180 Euro gesenkt worden. Sie müssen also *mit 330 Euro weniger auskommen* – fast 22 Prozent. Wie wollen Sie zurechtkommen, wenn Sie sich fest auf 1.510 Euro verlassen ha-

ben – und wenn Sie dementsprechend nicht anderweitig vorgesorgt haben?

Der Skandal

Ich halte das Ganze für einen beispiellosen Skandal. Dass Millionen Menschen nun von der Altersarmut bedroht sind, hätte
leicht verhindert werden können. Allerdings hätten die verantwortlichen Politiker ehrlich sein müssen. Aber wie es scheint, haben sie es vorgezogen, die Wahrheit zu verschleiern, um Wahlen
zu gewinnen. Um ihrer persönlichen Vorteile willen, haben sie
wissentlich in Kauf genommen, dass eine ganze Generation im
Alter verarmt.

Hat die Regierung gelernt? Nein. Im Gegenteil – die offizielle
Stellungnahme ist ebenso skandalös wie die Tatsache an sich: Sie
werden es kaum glauben, aber die Regierung wies vehement alle Vergleiche mit den Prognosen von 1995 zurück. *Wer sich auf
die Versprechen von 1995 berufe, starte eine »Verunsicherungskampa-
gne«.* Denn schließlich habe es seitdem zwei Rentenreformen gegeben. Also könne man alte Prognosen nicht heranziehen. Aha.
Dreister geht es ja gar nicht!

Dann würde ich gerne wissen, warum überhaupt noch Renten-
auskünfte erteilt werden. Die Deutsche Rentenversicherung weiß
sich tatsächlich in einem Dilemma. Aber sie hat nicht den Mut
oder die Macht, die Anfragen nach Rentenberechnungen ehrlich
zu beantworten. Sie müsste schreiben: Jede Auskunft wäre unseriös, weil zukünftige Rentenreformen zu erwarten sind, die alles
ändern werden.

Die beiden Rentenreformen kürzen Ihre Rentenansprüche übrigens insgesamt um ca. ein Drittel. Dafür wurden uns gute Gründe genannt: die hohe Arbeitslosigkeit, die Löhne hätten sich nicht
so entwickelt wie erwartet ... Mir wäre lieber, die Regierung würde
ehrlich sagen: »*Es geht nicht anders.* Wir haben einfach nicht ge-

nug Geld. Das ist uns schon seit Langem bekannt, aber wir wollten Sie, das Volk, nicht in Unruhe versetzen. Die Wahrheit ist: Es wird weitere Kürzungen geben, weil in Zukunft noch weniger Geld vorhanden sein wird.«

Vergessen wir nicht: Die politischen Entscheider sind nicht vom Rentensystem abhängig. Ob es ständig neue Kürzungen gibt oder ob das System schließlich ganz zusammenbricht, ... die Rente der Politiker ist sicher. Doch kann auch Ihre finanzielle Zukunft sicher sein – wenn Sie selbst dafür sorgen.

Frauen besonders benachteiligt

Der Vollständigkeit halber möchte ich darauf hinweisen, dass Frauen durchschnittlich viel schlechter dastehen werden als Männer. Sie haben noch viel weniger rentenversicherungsrechtliche Zeiten: Im Westen sind es im Schnitt nur 26 Jahre. Somit wird die Altersarmut vielfach weiblich sein. Das wiederum heißt: Besonders Frauen müssen vorsorgen.

Wir haben bisher noch nicht berücksichtigt, dass wir von unseren Renten zukünftig auch unsere Krankenversicherungsbeiträge ganz oder teilweise selbst zahlen müssen. Vor allem aber werden die Renten ab 2005 zunehmend besteuert.

Wie das genau aussieht, werden wir im zweiten Teil in Kapitel 12 besprechen. Hier soll uns zunächst ein grober Überblick genügen, zusammen mit dem klaren Hinweis: Wenn wir auf unsere staatliche Rente Einkommensteuer zahlen müssen, so bedeutet das auch wieder eine faktische Kürzung.

Mit wie viel Nettorente können Sie rechnen? Angenommen, Sie verdienen heute 3.000 Euro brutto, also ca. 1.700 Euro netto, dann können Sie die folgende Rente erwarten:

3.000 Euro Bruttoeinkommen	
Steuern und Sozialabgaben ↓	**= 1.700 Euro** Nettoeinkommen
ca. 25 Prozent (ursprünglich) ↓	**= 1.275 Euro** (75 Prozent vom Netto hatte der Staat ur- sprünglich als Rente versprochen)
Rentensenkungen (10 Prozent) ↓	**= 1.150 Euro** (Durch Rentenreformen ist das Rentenni- veau bereits um über 10 Prozent gesunken.)
Steuern und Kranken- versicherungsbeiträge ↓	**= 900 Euro** Tatsächlich maximal zu erwartende Rente: 1.150 Euro brutto abzüglich Steuern und Krankenversicherungsbeiträge = 900 Euro netto
Inflation	**≤ 600 Euro** Inflationsbereinigt werden diese 900 Euro aber nur 400 Euro bis 600 Euro wert sein (gemessen an der heutigen Kaufkraft, je nach Zahl der Jahre bis zum Renteneintritt)

Fazit

Statt 1.700 Euro netto wird der Durchschnittsverdiener nur ca. 400 Euro bis 600 Euro staatliche Rente haben – gemessen an der heutigen Kaufkraft. Das entspricht dem aktuellen Sozialhilfesatz.

Faktisch kommen unsere erzwungenen Zahlungen in die Rentenversicherung einer Enteignung gleich: Wir müssen für die jetzigen Alten aufkommen; viele haben daher nicht genügend Geld, um für sich selbst vorzusorgen.

Es ist unbestritten: Wir müssen gravierende Änderungen vornehmen. Die Richtung, die wir dabei einschlagen sollten, ist vorgegeben: Unsere Altersversorgung darf nicht allein von einem Umlageverfahren abhängen. Zumindest ein Teil sollte über Kapitaldeckung erreicht werden.

Wir haben gesehen, dass ein Umlageverfahren *zu stark* abhängig ist von drei Faktoren: *Lohnentwicklung, Arbeitslosigkeitsquote und Geburtenrate.* Diese drei Faktoren sind so schwer zu beeinflussen, dass niemand eine sichere Rente versprechen darf. Das wäre einfach unseriös. Das Kapitaldeckungsverfahren ist der Umlage in einigen Punkten überlegen. Denn die Gelder, die jeder für sich selbst spart, können sich über die Jahre vermehren. Zudem werden sie nicht gefährdet durch Geburtenrückgänge.

Natürlich fällt es ins Gewicht, wenn jemand arbeitslos wird oder sein Lohn stagniert. Er wird dann nicht so viel sparen können. In vielen Fällen aber kann ein Einzelner solche Zeiten auffangen und sie über die Jahre ausgleichen. Das gilt auch deshalb, weil er eine zusätzliche Motivation hat: Er spart für sich selbst und nicht für die anonyme Masse.

Insgesamt also ist die Kapitaldeckung für den Einzelnen von großem Vorteil. Aber ich würde nicht alleine auf sie bauen wollen. Denn wir dürfen die nicht im Stich lassen, die den Sozialstaat brauchen. Ein bestimmtes Maß an Umlage halte ich darum für erforderlich. Jedoch vermag ich nicht einzusehen, warum der Staat für *mehr* als eine minimale Grundversorgung zuständig sein sollte. Wie gut jemand leben will, ist Sache des Einzelnen, dessen freie Entscheidung. Es liegt in der Freiheit des Einzelnen, ob er gewisse Schritte einleitet und konsequent weiterführt. Warum sollte der Staat sich einmischen? Er darf und er kann es zukünftig nicht mehr.

Soziale Gerechtigkeit

Experten sagen: »Um eine insgesamt befriedigende Altersrente zu erhalten, muss der Einzelne ca. 500 Euro monatlich sparen.« Sofort treten die Verfechter sozialer Gerechtigkeit auf die Bühne und ereifern sich: »Geringverdiener können kaum sparen. Darum ist jedes Kapitaldeckungsverfahren schädlich für sozial Schwächere.« Meine Meinung dazu: Das ist natürlich so; wer wenig verdient, kann kaum sparen. Aber es ist nicht die Aufgabe der Gemeinschaft, dies auszugleichen. *Die Gemeinschaft soll ein Minimum sicherstellen, für ein Mehr ist der Einzelne verantwortlich.* Die Menschen sind nicht gleich, tun nicht Gleiches, wollen nicht Gleiches, strengen sich nicht gleichermaßen an. Darum werden sie auch unterschiedlich viel haben. Der Philosoph Friedrich Nietzsche sagte einst: »Die Lehre von der Gleichheit ist das Ende der Gerechtigkeit.«

Im Zeitalter einer globalen Wirtschaft ist es absolut unseriös, jedem ein gutes Einkommen garantieren zu wollen. Heute gibt es keine Gesellschaftsordnung, die jedes Lebensrisiko vollkommen ausschließen kann. Das kann im Übrigen auch nicht die Aufgabe eines Staates sein. Ein gewisses Risiko bleibt immer. Eine absolute Umlage würde bedeuten: Die Menschen, die vorsorgen, fangen all jene auf, die ihr Geld verjubeln. Warum sollten Menschen, die Unterschiedliches leisten, unterschiedlich sparen, unterschiedlich viel Geld ausgeben etc.. im Alter gleichgestellt werden?

Ich glaube zudem fest: Niemand muss langfristig auf einem bestimmten Einkommensniveau stehen bleiben. Jeder kann sich steigern; jeder kann seine finanzielle Lage zuerst leicht und langfristig stärker verbessern. Es widerstrebt mir einfach, wenn »Experten« sich zu Richtern über andere Menschen aufschwingen und behaupten: »Der oder die hat keine Chance.« Woher nehmen sie sich dieses Recht? So etwas ist in meinen Augen eine Ungeheuerlichkeit, denn jeder kann wachsen. Jeder kann Schritte unternehmen, sich zu verbessern. Ich habe es zu oft erlebt – unzählige Male. Immer wieder. Heute weiß ich: Jeder hat eine

Chance. Nicht jeder wird zum Multimillionär, aber jeder kann seine finanzielle Situation erheblich verbessern.

Darum lautet mein eindringlicher Rat an Sie: *Machen Sie sich von der Rente vollkommen unabhängig.* Versuchen Sie nicht einmal, nur die sogenannte Rentenlücke zu schließen, also die Lücke zwischen Ihrer gesetzlichen Rente und ihrem voraussichtlichen finanziellen Bedarf im Alter. Vergessen Sie die gesetzliche Rente vielmehr insgesamt. Nehmen Sie die beklagenswerten Entwicklungen, die ich bis hierher beschrieben habe, zum Anlass, um vollkommen eigenverantwortlich zu handeln. Streichen Sie alles aus Ihrem Gedächtnis, was mit der staatlichen Rente zusammenhängt: Geben Sie die Idee auf, dass andere für Sie sorgen müssen. Je eher Sie die alleinige Verantwortung für Ihre Finanzen übernehmen, umso besser geht es Ihnen. *Streben Sie nach Rendite und nicht nach Rente.* Erlauben Sie nicht, dass andere Ihnen zeitliche Vorgaben machen, ab wann Sie frühestens bzw. wann Sie spätestens aufhören müssen zu arbeiten. Schaffen Sie sich Arbeitsbedingungen, in denen Sie sich verwirklichen können. Geben Sie in Ihrem Denken den bloßen Überlebensstrategien und einem Minimumprinzip keinen Raum. Denn dabei handelt es sich um das genaue Gegenteil der Einstellung, die Ihnen finanzielle Freiheit ermöglicht. Trennen Sie passives Einkommen (also Einkommen, für das Sie nicht arbeiten müssen) und Pensionsalter voneinander. Das eine hat mit dem anderen nicht notwendiger Weise etwas zu tun. Sie leben würdevoller, wenn Sie arbeiten, ohne finanziell darauf angewiesen zu sein.

Glauben Sie dem US-amerikanischen Ökonomen Milton Friedman, der sagte: »Wer mehr Lebensstandard haben will, muss mehr arbeiten. Eine andere Lösung gibt es nicht.«

Wie dieses Buch entstanden ist

Ich weiß nicht, wie es Ihnen geht, während Sie über die bevorstehende Rentenkatastrophe lesen. Ich will Ihnen sagen, wie es in mir aussah: Zunächst habe ich eine Unmenge an Material gesammelt, es ausgewertet und – ich wurde zornig. Zornig auf die Politik, auf die Deutsche Rentenversicherung, auf unsere Gesellschaft. In diesem Gemütszustand wollte ich alle Fakten zu Papier bringen und daraus ein Buch machen: um die Menschen aufzuklären und wachzurütteln. Es wäre ein dunkles, pessimistisches Buch geworden; und es hätte mir nicht entsprochen.

Dann dachte ich über *Lösungen* für unser Land nach. Ich untersuchte, wie andere Nationen das Rentenproblem gelöst haben. Dabei stellte ich fest, dass es gangbare Wege gibt; aber ich traue es unseren Politikern im Moment nicht zu, diese Wege einzuschlagen. Die Lage scheint hoffnungslos. Hoffnungslos für die staatlichen Renten. Nicht aber hoffnungslos für Sie.

Erinnern Sie sich: Im Grunde genommen ist unser Rentensystem das krasse Gegenteil dessen, was ich unter finanzieller Freiheit verstehe. Es war ein schöner Traum einiger Sozialpolitiker: etwas für die Menschen zu leisten, das einige nicht bereit sind, für sich selbst zu leisten. Der Friedensnobelpreisträger 2006, Muhammad Yunus und Erfinder der Mikro-Kredite in Bangladesch, sagt: »Almosen nehmen den Menschen die Initiative und helfen, die Armut zu erhalten.« Die Wahrheit ist: *Niemand sollte für uns etwas tun, was wir selbst tun können. Die Idee einer umlagefinanzierten Rente war ein Traum und wir erleben gerade, wie dieser Traum platzt.*

Die Altersversorgung, die wir kennen, wird es nicht mehr geben. Und damit verschwindet das einlullende Mittelmaß, in dem heute viele Rentner leben können. In 20 oder 30 Jahren wird die Wirklichkeit anders aussehen: Dann gehören Sie zu den Armen oder zu den Wohlhabenden. Dazwischen wird nicht viel sein.

Der große Vorteil

Ich machte mich daran, in all dem *Vorteile* zu suchen. Diese Vorteile habe ich gefunden und beschrieben. Der größte lautet: *End-*

lich liegt die Verantwortung für unsere Finanzen wieder unmissver-ständlich bei uns selbst. Es liegt an uns, wie wir im Alter leben. Das ist jetzt klar. Es wird viele Schicksale geben, so viel steht fest. Der frühere SPD-Vizekanzler Franz Müntefering hat es so ausge-drückt: »Geringverdiener und Arbeitslose werden im Alter arm sein.« Dem müssen wir hinzufügen:

Es werden auch viele Menschen arm sein, die heute überhaupt nicht damit rechnen. Es geht nicht nur um uns. Es gibt viele Men-schen in unserem Land, die vom Staat allein nicht werden leben können. Wenn Sie helfen wollen – sich selbst und anderen – dann müssen Sie jetzt handeln.

Ich halte es für einen Vorteil, dass diese Dringlichkeit nun offen-kundig wird.

Die Angst vor Armut

In Zukunft wird es finanziell gesehen kaum ein Grau geben; nur Weiß oder Schwarz. Die Wahl lautet: Wohlstand oder Armut. Viel-leicht gibt diese ernste Wahrheit vielen Menschen den entschei-denden Anstoß zu handeln. Vielleicht erwachen viele jetzt aus ihrer Lethargie, weil der drohende Schmerz sie ängstigt. Dann hätten wir tatsächlich eine positive Seite des bevorstehenden Ren-tendebakels gefunden.

Seit Jahren bekomme ich Feedback zu meinen Büchern. Ich er-halte Briefe, und fast jede Woche kommen Menschen in mein Büro, die ihre finanzielle Freiheit erreicht haben oder die auf ei-nem sehr guten Weg dorthin unterwegs sind. Ich kann Ihnen gar nicht sagen, wie sehr ich mich über ihre Berichte freue.

Ich würde mir wünschen, diese Berichte könnten diejenigen hö-ren, die Wohlstand und finanzielle Freiheit für ein Privileg eini-ger weniger halten. Letztere würden sehen: Es ist möglich. Wenn Sie nur wollen. Wirklich wollen.

Beginnen Sie gleich mit dem zweiten Teil des Buches und sorgen Sie dafür, dass Sie so schnell wie möglich finanziell frei sind. Nur dann können Sie sagen: **»Finanzielle Freiheit – trotz Rente«** Ich habe den ersten Teil des Buches bewusst kurz gehalten. Wenn Sie das Thema vertiefen wollen, empfehle ich:

➤ Frank Schirrmacher – »Das Methusalem-Komplott«

➤ Bernd W. Klöckner und Werner Dütting –
»Die Rentenlüge 2.0«

➤ Herwig Birg – »Die demographische Zeitenwende«

Interessiert es Sie, wie wir das Rentenproblem lösen können

In der Erstfassung dieses Buches habe ich eine mögliche Lösung präsentiert. Diese Lösung können Sie jederzeit online lesen unter www.renteoderwohlstand.de. Sie sehen hier anhand von Beispielen aus vier anderen Ländern, wie es gehen könnte. Und ich stelle Ihnen mein »Sandwich-Modell« vor – als mögliche Lösung für Deutschland.

www.renteoderwohlstand.de/rentenproblem-loesen

Teil II

Die 7 Regeln für das Rendite-Zeitalter

»Wohlhabende Rentner leben ca. 5 Jahre länger als arme.«

Aus einer Studie des Max-Planck-Instituts

KAPITEL 7

Wie können wir in Würde alt sein?

»Das Alter wird nur dann Respekt finden,
wenn es sich seine Freiheit und die Kontrolle
über das eigene Leben bis zum letzten Atemzug bewahrt.«

Marcus Tullius Cicero,
röm. Schriftsteller und Philosoph (106–43 v. Chr.)

*

Wir erleben gerade, dass sich ein Teil der uns bekannten Welt ändert. Zumindest können wir die Vorboten sehen und erste Anzeichen erkennen: Die Geburtenrate sinkt, wir werden immer älter, die Rentenkassen können ihre Verpflichtungen immer weniger erfüllen. Mehr als eine kleine Minimalrente können wir in Zukunft vom Staat nicht erwarten. Verantwortung kann nicht länger delegiert werden, wir müssen uns wieder selbst verantwortlich zeigen für unsere Finanzen. Das System ändert sich: Es liegt (fast) allein an uns, wie gut es uns finanziell geht.

Es wird neue Regeln geben. Oder besser gesagt: Es gibt sie bereits; aber viele beachten sie nicht. Für unsere Altersversorgung heißt das: *Auf das Renten-Zeitalter folgt nun das Rendite-Zeitalter.* Wir werden im Alter nicht mehr vom Geld anderer Menschen leben können. Wollen wir es gut haben, müssen wir über eigenes Geld verfügen können. Aber allzu viele wollen im neuen System nach alten Regeln leben. Sie vertrauen weiterhin darauf, ausreichend Geld von anderen zu bekommen, vom Staat.

Immer wenn in der Vergangenheit eine neue Epoche begann, dann gab es Gewinner und Verlierer. Die Verlierer waren diejenigen, die sich genauso verhielten wie immer: Sie dachten weiterhin gleich, folgten ihren alten Gewohnheiten und sie verließen sich weiter auf die alten Regeln; meist war ihnen gar nicht richtig bewusst, dass ein neues Zeitalter begonnen hatte. Sie bemerkten gar nicht, dass sie bezogen auf die neuen Regeln Fehler machten. Es ist so, als ob Sie ein neues Spiel begonnen hätten, aber die alten Spielregeln benutzen. Auf diese Art und Weise können Sie nicht gewinnen. *Experten vermuten, dass fast jeder zweite Deutsche Altersarmut erleben wird.*

Ganz anders die Gewinner. Sie lernten schnell, auf eine neue Art zu denken. Dadurch erkannten sie bald die neuen Regeln und lebten danach. Ihnen boten sich deshalb besonders in Zeiten der Veränderung enorme Chancen. Diesmal wird es nicht anders sein.

Ein Experiment

Wissenschaftler setzten Mäuse in einen Käfig, in den zahlreiche Röhren mündeten. In nur eine Röhre legten sie Futter. Die hungrigen Mäuse verharrten nicht lange in dem Käfig, sondern begannen, die Röhren zu inspizieren. Sie suchten so lange, bis sie das Futter fanden.

Wenn sie am nächsten Tag wieder in den Käfig gesetzt wurden, so liefen sie sogleich in die Röhre, in der das Futter war. Nach einigen Tagen legten die Wissenschaftler das Futter in eine andere Röhre. Die Mäuse liefen zunächst zu der gewohnten Röhre. Als sie dort nichts fanden, suchten sie bald weiter. Sie schmollten nicht; sie demonstrierten nicht; sie klagten die Wissenschaftler nicht an. Sie suchten so lange, bis sie das Futter gefunden hatten.

Eigentlich sollten wir annehmen, Menschen seien schlauer als Mäuse. Wie aber reagieren Menschen, wenn ihnen bewusst wird, dass sie sich in einer Röhre ohne Futter befinden? Wenn sich die Regeln verändert haben? Wenn sie einen Fehler gemacht haben oder dabei sind, einen zu begehen? Wie reagieren wir auf Veränderungen? Es gibt im Wesentlichen vier mögliche menschliche Reaktionen:

> *Ignoranz.* Einige verleugnen den Fehler. Sie flüchten sich in eine Scheinwelt und behaupten: »Es ist alles in Ordnung. Nichts hat sich verändert.« In ihren Augen besteht daher keine Notwendigkeit zu handeln.

> *Entschuldigungen.* Andere rechtfertigen sich: »Ich hatte keine andere Wahl, ich konnte nicht anders.« Diese Menschen sehen sich als Opfer der Umstände, ihres Naturells oder ihrer Erfahrungen und glauben, nicht handeln zu können. Sie resignieren.

> *Anklage.* Eine dritte Gruppe beschuldigt andere: »Man hat mich reingelegt.« Oder sie tappen in die Gerechtigkeitsfalle und sagen: »Es ist einfach nicht gerecht.« Sie sehen sich als Opfer anderer und ergeben sich ebenfalls ihrem vermeintlichen Schicksal.

> *Lernen und Handeln.* Die letzte Gruppe lernt aus ihren Fehlern und will diese in Zukunft vermeiden. Sie fragt: »Wie löse ich das Problem?« Sie erkennt Veränderungen, sucht nach Lösungen und handelt. Nur diese Gruppe zählt zu den Gewinnern.

Das Problem heute ist: Viele sehen nicht, dass sie im Begriff sind, einen Fehler zu begehen. Sie können die Gefahr nicht sehen oder wollen diese nicht sehen. Allzu leicht glauben sie den Versprechungen von Politikern. Sie schauen auf die heutigen Rentner und sagen: »Es geht ihnen doch gut. Warum sollte es mir einmal schlechter ergehen?« Das ist einfach und bequem. Und wenn trotzdem etwas schiefgeht, so resignieren sie, klagen an oder bringen Entschuldigungen vor.

Der entscheidende Punkt ist: Wir müssen uns auf eine diffuse Gefahr vorbereiten. Eine Gefahr, deren ganzes Ausmaß heute noch nicht für jeden deutlich erkennbar ist. Wir können nur erste Anzeichen des Sturms erkennen, der vor uns liegt. Da fällt es schwer, sich den ganzen Sturm vorzustellen. Noch schwerer mag es fallen, nun plötzlich Teile seines Lebens umzustellen, um sich auf diesen Sturm vorzubereiten. Die Situation erinnert mich an die Geschichte von Noah und der Sintflut.

Treffen Sie unbeirrt Ihre Vorbereitungen

Noah lebte in einer wüstenähnlichen Gegend, in der es kaum regnete. Plötzlich hörte er eine Stimme, die sagte: »Noah, es wird eine Sintflut kommen. Baue darum ein großes Boot, das wird deine Rettung sein.«

Unter einer Sintflut konnte Noah sich nicht viel vorstellen. Er hatte noch nie etwas Ähnliches erlebt. Außerdem hatte er durchaus genug zu tun. Seine Tagesgeschäfte ließen ihm kaum Zeit für andere Dinge. Und nun begann er mit dieser gewaltigen Aufgabe. Ihm fehlte es auch an Wissen; er war schließlich kein Zimmermann, geschweige denn ein Bootsbauer.

Ich kann mir vorstellen, dass er sich die eine oder andere kritische Frage gestellt hat: Was, wenn das eine vollkommen überflüssige Vorsichtsmaßnahme ist? Warum ein Boot bauen, wenn Wasser keinerlei Bedrohung darstellt? Was würden die Nachbarn sagen? Er mag seine Zweifel gehabt haben, aber er vertraute auf die Stimme und begann, Bäume zu fällen und ein Boot zu bauen.

Können Sie sich vorstellen, was die Menschen über Noah dachten und sagten, als der mitten auf dem Land anfing, seine gewaltige Arche zu bauen? Es gab dort nicht einmal kleine Boote. Wofür auch? Schließlich waren dort keine Seen oder andere größere Gewässer. Und es regnete selten. Doch Noah arbeitete an einer riesigen Arche. Seine Nachbarn hielten ihn für verrückt. Aber er ließ sich nicht beirren.

Der Überlieferung nach kommt die Geschichte leider nicht zu einem Happy End. Zumindest nicht für die Mehrheit der Menschen. Denn nach Jahren fing es tatsächlich an, stark zu regnen; der Regen hörte lange Zeit nicht auf; das Wasser floss nicht mehr ab und überschwemmte alles; die Sintflut war Wirklichkeit geworden.

Alles änderte sich schlagartig: Die gewaltigen Wassermassen schufen eine vollkommen neue Situation. Unter den neuen Umständen konnte man ohne Boot nicht überleben. Noah und seine Familie konnten sich dank der Arche retten; alle anderen Menschen ertranken. Interessant ist, dass diese Geschichte – so oder so ähnlich – in den meisten Kulturen und Religionen erzählt wird. Was lernen wir daraus?

Keine Ausreden

Wenn wir unseren Politikern zuhören, wenn wir eine Prognose der Deutschen Rentenversicherung über unsere Rente lesen oder wenn wir uns die Situation der heutigen Rentner anschauen – immer kommen wir zu dem Ergebnis: So gefährlich kann es doch gar nicht sein, wie Einzelne es darstellen. Darum habe ich den ersten Teil dieses Buches geschrieben. Ich wollte klar auf die kommende Gefahr hinweisen. Sie wissen jetzt: Es wird ein neues System geben – und darin werden andere Regeln gelten und eine neue Art zu denken, wird nötig sein. Sie wissen: Die Rentenkatastrophe wird kommen.

Wie reagieren Sie? Ignorieren Sie die Gefahr? Gebrauchen Sie Ausreden? Klagen Sie die Verantwortlichen an? Resignieren Sie? Das kann ich mir nicht vorstellen. Was hätten Sie davon? Denn es geht um *Ihre* Zukunft. Um *Ihre* Lebensqualität. *Mit Ausreden könnten Sie Ihre Lebensqualität irgendwie rechtfertigen; aber Sie könnten sie nicht verbessern.*

Mein Coach liebte eine eindeutige Sprache; er sagte oft: »Ausreden sind Worte, die von dem Verlierer in uns kommen.« Eine wirkliche Persönlichkeit war in seinen Augen jemand, der sich selbst gegenüber ehrlich ist.

Er sagte auch: »*Ausreden sind Lügen, die wir uns selbst erzählen.*« Wer behauptet, nicht sparen zu können, ist nicht ganz ehrlich. Ehrlicher wäre es zu sagen: »Ich bin nicht bereit, auf gewisse Annehmlichkeiten zu verzichten.« Eine wahre Persönlichkeit missbraucht nicht die Fakten ihres Lebens als Entschuldigungen und Ausreden. *Ausreden halten uns arm.*

Wem wir die Schuld geben, geben wir die Macht. Es nützt uns nichts zu sagen: »Die Regierung ist schuld«. Armut ergibt sich, wenn Verantwortung abgelehnt wird. Zugegeben, von jetzt auf gleich anders zu denken und nach neuen Regeln zu leben, erfordert Mut. Aber Sie benötigen diesen Mut, er macht den ganzen Unterschied aus. In »Armut« stecken nicht umsonst die beiden Wörter: »arm« an »Mut«.

Der Doppeleffekt

Bevor wir zu den Regeln für das Rendite-Zeitalter kommen, erlauben Sie mir einen kurzen Exkurs. Überlegen Sie mit mir für einen Moment, wie es bei uns in 20 bis 30 Jahren aussehen wird. Es ist ein *doppelter Effekt*, der sich so dramatisch auswirken wird: Wir werden älter und *gleichzeitig* werden die nächsten Generationen kleiner. Diese beiden Phänomene potenzieren einander. Die Auswirkung dieser Entwicklung auf die Rentenkassen haben wir untersucht.

Aber wie wird es grundsätzlich um unsere Lebensqualität bestellt sein? Eines wird schnell klar: Unsere neu erlangte Langlebigkeit bringt nicht nur Vorteile mit sich. Sie stellt uns auch vor riesige Probleme. Darum leiden viele Menschen unter Gerontophobie, der Angst vor dem Altern. Aber das ist nicht die einzige Sorge.

Wir werden einen großen Teil der Bevölkerung ausmachen. Darum vergrößern sich diese Probleme noch erheblich. Bisher waren die Alten in der Geschichte der Menschheit eine Minorität; zukünftig prägen mehrheitlich die Alten das Bild unserer Gesellschaft. Demografisch wird es bei uns so aussehen wie in Teilen Floridas. Die Frage ist, ob die Jungen sich mit so vielen Alten wohlfühlen. Sicherlich werden sie uns nicht durchfüttern können und wahrscheinlich werden sie das auch nicht wollen. *Alles, was über eine Mindestversorgung hinausgehen soll, werden sie ablehnen.* Sie werden sich weigern, zu viel in ein gescheitertes System einzuzahlen. Denn sie werden am Beispiel unzähliger verarmter, alter Menschen jeden Tag vor Augen geführt bekommen, dass das Rentensystem nicht mehr funktioniert, dass sie für sich selbst sorgen müssen.

Der frühere F.A.Z.-Herausgeber Frank Schirrmacher malte ein mögliches düsteres Bild: Die Alten würden als störend, verbraucht, vergesslich denunziert. In den Augen der Jungen könne man bald die stumme Frage lesen: »Warum seid ihr nicht tot?« Die junge Generation wird sich seiner Meinung nach die Frage stellen: »Wollen wir die Alten noch mit Prothesen und Operationen am Leben halten?«

Unsere Verantwortung

Eine solch düstere Prognose teile ich nicht in vollem Umfang. Aber es ist nicht von der Hand zu weisen, dass diese Sorge zumindest teilweise zu Recht besteht. Ich bin Autoren und Wissenschaftlern dankbar, die eine mögliche Gefahr plastisch beschreiben. Denn nur eine Gefahr, die wir kennen, können wir bannen. Wir können nicht einfach alt werden wie die Generationen vor uns. Wir müssen uns auf das Alter *vorbereiten*. Und wir müssen uns auf die nachfolgende Generation vorbereiten. Wir dürfen vor allem nicht annehmen, dass sie eine Pflicht hätte, uns zu versorgen. Das liegt in *unserer eigenen* Verantwortung. Aber es geht noch weiter. Wir sollten überlegen, wie wir für die nachfolgende

Generation attraktiv sein können. Wie wir ihr einen Nutzen bieten können. Wir sollten Gründe finden, warum sie einen Vorteil in unserer Existenz sehen kann.

Wie sieht uns die nächste Generation?

Versuchen wir einmal, uns in die nachfolgende Generation hineinzuversetzen. Aus ihrer Sicht sind *wir* dafür verantwortlich, so wenig Kinder bekommen zu haben. Politisch betrachtet haben *wir* gewaltige Schulden gemacht, die andere nach uns übernehmen müssen.

Wir haben ein Rentensystem geschaffen, das nicht funktioniert; das war ein gewaltiger Fehler, den wir hätten erkennen müssen. Aber was noch viel schlimmer ist: Wir haben an diesem System festgehalten, als schon lange klar war, dass dies ein Fehler war. Gleichzeitig hat ein großer Teil von uns *nicht* vorgesorgt. Viele haben über ihre Verhältnisse gelebt und sich kaum Gedanken über ihre Zukunft gemacht. Vielleicht wird die nächste Generation uns deshalb nicht verurteilen; *aber wie können wir erwarten, dass sie für uns sorgt?* Sie müsste sich um sich selbst, um ihre Kinder *und* um uns kümmern. Können wir das erwarten?

Vor allem: Woher sollte ein solcher Altruismus kommen? Fürsorge lernen wir am besten innerhalb intakter Familien; und davon hat unsere Generation nicht sehr viele zu bieten. *Die Familie ist ein Trainingsgelände für Nächstenliebe.* Wer als Heranwachsender kaum Bindung und Familiensinn erfahren hat, der wird später Fürsorge nicht unbedingt als etwas Selbstverständliches ansehen. Im Gegenteil: *Ein solches Verhalten wird ihm noch nicht einmal in den Sinn kommen, denn er kennt es nicht.* Wer früh lernen musste, allein zurechtzukommen, wird wahrscheinlich das Gleiche auch von uns erwarten.

Zudem haben *wir* den Geburtenrückgang zu verantworten und damit die Stimmung, die eine überalterte Bevölkerung erzeugen kann. Die Wahrscheinlichkeit bleibt groß, dass wir unsere Nachkommen mit einer vierfachen Bürde belasten: mit einer ökonomischen, einer biologischen, einer sozialen und einer emotionalen Hypothek.

Ökonomisch aufgrund der immensen Schulden, die wir angehäuft haben und aufgrund der Tatsache, dass zu viele von uns nicht für sich selbst sorgen können; *biologisch* aufgrund der Geburtenrate und der erheblich längeren Lebensdauer; *sozial*, weil wir altbewährte Traditionen aufgeweicht haben und weil wir gleichzeitig auf die Hilfe der Jüngeren angewiesen sein werden – eine Hilfeleistung, auf die sie zu wenig vorbereitet wurden; und *emotional*, weil wir noch nicht gelernt haben, mit der veränderten Situation umzugehen.

Das Prinzip der Gegenleistung

Vielleicht täusche ich mich und die nächste Generation wird das gar nicht so empfinden; und vielleicht wird sie darüber hinaus viel hilfsbereiter sein, als wir es sind. Aber ich möchte mich nicht darauf verlassen. Wenn wir sichergehen wollen, bauen wir besser unsere finanzielle Arche.

Eines der elementarsten Gesetze lautet: *Es gibt nichts ohne Gegenleistung.* Wenn wir willkommene Mitglieder der Gesellschaft bleiben wollen, so müssen wir einige entscheidende Fragen klar und schlüssig beantworten: **Warum sollte man mit uns leben wollen? Was macht uns wertvoll? Was ist unser Vorteil?**

Klingt das unmenschlich und berechnend? Vielleicht. Aber es entspricht den Grundregeln jedes menschlichen Zusammenseins. Wer etwas erhalten will, muss zuvor geben. Wir können uns nicht vor einen leeren Ofen setzen und hoffen, dass er uns wärmt. Wenn wir Wärme wollen, müssen wir zuvor Holz beschaffen.

Ebenso müssen wir die oben genannten Fragen klar beantworten können. Jeder für sich und als Kollektiv. Wie Ihre persönliche Antwort aussehen wird, weiß ich nicht. Dazu müsste ich Ihren persönlichen Lebensentwurf und Ihre Stärken und Talente kennen. Aber ich kann Ihnen einen Vorschlag machen, wie die kollektive Antwort unserer Generation aussehen sollte. Wir sollten vor allem drei wichtige Vorteile vorweisen können:

1. Selbstvertrauen
2. Erfahrung
3. Geld

Unsere Vorteile

Stellen Sie sich vor, Sie wären 74 Jahre alt. Wie stünde es bei Ihnen um diese drei Werte Selbstvertrauen, Erfahrung und Geld? Alles beginnt mit Selbstvertrauen. *Wir dürfen uns nicht als Last empfinden, sondern als Bereicherung.* In einer Informationsgesellschaft sind unser Wissen und (hoffentlich) unsere Weisheit unverzichtbar. Immaterielle Werte wie Wissen sind heute oft WERTvoller als materielle. Und möglicherweise werden wir weise genug sein, um bedeutende Veränderungen durchzusetzen.

Allerdings wird uns unser Wissen nichts nützen, wenn wir kein Selbstvertrauen besitzen. Wir halten sonst nämlich selbst außergewöhnliche Informationen und Erkenntnisse für so wenig bedeutungsvoll, dass wir uns gar nicht trauen, sie anderen mitzuteilen. Oder wir halten unsere Persönlichkeit für so durchschnittlich und nichtssagend, dass wir schamhaft schweigen, selbst wenn wir etwas zu sagen hätten. Wir müssen uns unserer Stärken bewusst sein und dürfen nicht erwarten, dass andere sie entdecken; wir müssen lernen, sie zu präsentieren.

Mit einem gesunden Selbstbewusstsein können wir beschließen, dass wir mit 70 oder 75 Jahren noch nicht alt sind. Wir verengen einfach die Definition des Älteren. Wir können sagen: Alt bin ich frühestens mit 87 Jahren. Bei stark steigender Lebenserwartung können wir das problemlos tun.

Zudem können wir entscheiden, produktiv zu *bleiben*. Wir können uns die Voraussetzung schaffen, mit 60 oder 65 Jahren nicht zwangspensioniert zu werden. Vielleicht werden wir nicht ganz so schnell, so kreativ und nicht ganz so gesund sein wie viele Jüngere, aber wir besitzen Erfahrung, Wissen, Know-how etc. Darum können wir sehr leistungsfähig sein.

Vielleicht bekommen wir keinen »normalen« Job. Aber ist das nötig? Warum sollen wir nicht auf Erfolgsbasis arbeiten? Damit tragen wir das Risiko und zeigen, dass wir von uns überzeugt sind. Warum sollten sich andere nicht darauf einlassen?

Wenn wir eine neue Form zu denken annehmen und nach neuen Regeln leben, erkennen wir, dass wir Nutzen bringen können. Altern ist nämlich nur dann teuer und belastet andere nur dann, wenn wir unproduktiv sind. Wer aber einen Nutzen bringt, fühlt sich darüber hinaus erfüllt und sieht leichter einen Sinn in seiner Existenz.

Wenn wir über ausreichend Selbstvertrauen verfügen, können wir das Skript unserer Gesellschaft neu schreiben. Ich sehe darin eine einmalige Chance. Denn zum ersten Mal in der Geschichte der Menschheit werden nicht jugendlicher Ehrgeiz und Unbekümmertheit die Majorität haben, sondern Lebenserfahrung und hoffentlich Altersklugheit.

Überlegen Sie einmal, was unsere Generation alles verändert hat – zum Guten und zum weniger Guten. *Warum sollten wir nicht auch mit der bevorstehenden Situation fertig werden?* Und warum sollten wir nicht aus unseren Fehlern lernen können? Wir haben so viel verändert. Warum sollten wir nicht auch nachhaltige Verbesserungen bewirken? Wir haben die Erfahrung. Hoffentlich die eines erfüllten Lebens voller Niederlagen und Siege. Wir haben gelernt. Wenn wir diese Erfahrung einbringen, sind wir wertvoll.

Geld bedeutet Würde

Zur Würde eines jeden Menschen gehört ein gewisses Maß an Geld: Es ermöglicht Freiheit, Selbstvertrauen und Sicherheit. Je älter wir werden, umso wichtiger ist es, über Geld zu verfügen. Nicht, dass dies nicht auch in jungen Jahren von Vorteil wäre. Aber ab einem gewissen Alter ist es einfach schwieriger, ohne Geld würdevoll zu leben. Es ist zwar machbar, aber es ist eben schwieriger.

Bisher war es der Mehrheit der Rentner möglich, ohne eigenes Geld im Alter auszukommen. Zwar lebten sie nicht gerade in Saus und Braus, aber es war für viele ausreichend staatliche Rente vorhanden, um ein Mindestmaß an Würde zu haben. Schwierigkeiten hatte nur, wer lange arbeitslos war oder aus anderen Gründen nicht regelmäßig in die Rentenkasse eingezahlt hatte. Alle anderen lebten gut. Und es sei ihnen gegönnt.

In Zukunft wird alles anders sein. Ohne eigenes Geld wird es in einigen Jahren kaum Würde geben. Es wird selbst am »Selbstverständlichen« fehlen: *Die notwendige medizinische Betreuung wird nicht bezahlt werden können, angemessener Zahnersatz wird unerschwinglich sein, Prothesen und Pflege sind nicht im notwendigen Maße finanzierbar, Wohnen in geeigneter Umgebung ist nicht machbar* (und vieles davon wird erheblich teurer werden).

Mit anderen Worten: Nur mit eigenem Geld wird man ein vollwertiges Mitglied der Gesellschaft bleiben können. Das ist die neue Situation. Wir selbst haben diese Zukunft geschaffen. Und wir müssen in ihr leben, ob sie uns gefällt oder nicht. Dann wird Realität sein, was eigentlich selbstverständlich ist: Wir sollten niemandem fahrlässig oder schuldhaft finanziell auf der Tasche liegen.

Nicht jeder mag gesundheitlich oder emotional in der Lage sein, diese Regeln zu befolgen. Wer es nicht kann, für den müssen wir sorgen. Aber wer dazu in der Lage ist, der sollte diese Regeln einhalten. Wer jetzt wider besseres Wissen den Weg zu privatem Wohlstand und finanzieller Freiheit nicht geht, der handelt tatsächlich schuldhaft oder mindestens grob fahrlässig.

KAPITEL 8

Regel 1: Denke reich

»Unsere Denkweise ist ein Wald, den wir,
solange wir uns in ihm befinden, nicht zu erkennen vermögen.«

John O'Donohue

*

Die erste Regel ist gleich die wichtigste, denn sie zieht sich durch alle anderen Regeln hindurch. Ohne sie werden die anderen nicht den gewünschten Erfolg bringen. Darum wird diese Regel in jeder der anderen auftauchen. Sie lautet: *Denken Sie wie ein reicher Mensch!*

Das mag Ihnen seltsam vorkommen, aber schauen Sie sich ein Beispiel dazu an: Der ägyptische Staatschef und Friedensnobelpreisträger Anwar as-Sadat war sich sicher, niemals in seinem Leben einem Israeli die Hand zu reichen. Wenn er politische Reden hielt, rief er in die Menge: »Nie! Nie! Nie!«, und die Menschenmassen riefen zurück: »Nie! Nie! Nie!«

Aber er hat sein Denken geändert, eine Friedensinitiative begonnen und in Camp David den berühmten Friedensvertrag mit Israel unterzeichnet. Seiner Frau erklärte er den Sinneswandel mit bemerkenswerten Worten: *»Wer nicht imstande ist, sein Gedankengebäude zu verändern, wird niemals fähig sein, die Realität zu verändern, und daher niemals irgendeinen Fortschritt erreichen.«*

Alles hat seinen Ausgang und seinen Ursprung in unserem Denken. Wenn wir uns unserer Gedanken wirklich bewusst werden, erkennen wir, warum *unsere* Welt so und nicht anders aussieht. Es ist ein unglaublicher Moment, wenn wir begreifen, dass wir für unsere Gedanken verantwortlich sind. Uns geht dann nämlich auf, dass wir auch die Freiheit haben, *anders* zu denken.

Über Geld und Finanzen können Sie im Grunde genommen auf dreierlei Weise denken: wie ein Armer, wie ein Reicher und Sie können zwischen beiden einen Mittelweg wählen, dann denken Sie wie die Mittelschicht. Die Ergebnisse der unterschiedlichen Denkweisen sind leicht erklärt: Wer wie ein Armer denkt, bleibt arm, wer wie ein Reicher denkt, wird reich.

Die Mittelschicht muss sich entscheiden: Vieles, was sie auszeichnet, wird in Zukunft in Frage gestellt werden und anders sein. Wer trotzdem weiterhin wie die Mittelschicht denkt, droht zu verarmen. Roman Herzog, der Altbundespräsident, sagte: *»Die Voraussetzungen für Wohlstand und Zukunftschancen werden neu verteilt. Wer da nicht mitspielt, hat schon verloren.«*

Drei Schichten

Der große Armuts- und Reichtumsbericht der Bundesrepublik Deutschland von 2001 teilt unsere Bevölkerung in eben diese drei großen Schichten ein: Arme, Mittelstand und Reiche. Der Bericht legt die Kriterien eindeutig fest, ab welchem Einkommen bzw. Vermögen Sie zu welcher Schicht gehören.

Inzwischen untersuche ich seit fast 20 Jahren, wie die Menschen der drei Schichten *denken*. Mittlerweile kennen Sie vielleicht meine feste Überzeugung: Das Denken macht den Unterschied aus. *Alles* andere, unsere Handlungen, Fehler, Erfolge, eben alle Ergebnisse, die wir erzielen, unsere Lebensumstände, der Grad unserer Erfüllung und unseres Glücks, nimmt seinen Ursprung in unserem Denken.

Wenn dem so ist, dann ist die Strategie in Bezug auf Geld recht einfach: Wir müssten nur herausfinden, wie Arme denken. Und wenn Sie nicht arm sein wollen, dann ist klar: Genau so sollten Sie nicht denken. Wenn jemand reich werden will, so muss er denken wie ein Reicher.

Dann fragen wir uns, wie die Mittelschicht denkt. Und wenn Sie finanziell mehr erreichen wollen als diese Schicht, dann dürfen Sie nicht denken wie sie. Zudem gibt es gute Gründe, nicht so zu denken, denn Sie werden in diesem Kapitel sehen, dass die Mittelschicht in Gefahr ist zu verarmen.

Wissenschaftler sind sich einig: In Zukunft werden die Reichen reicher und die Armen relativ ärmer; viele Menschen der Mittelschicht werden entweder reich oder sie verarmen. Bevor wir uns die unterschiedlichen Denkweisen genauer anschauen, sollten wir festlegen, was hier mit »Denken« gemeint ist.

Einstellung, Gefühle und Entscheidungen

Mit »Denken« sind keinesfalls nur rationale Denkprozesse gemeint. Vielmehr bezieht sich diese Regel auf drei unterschiedliche Bereiche:

Ihre Einstellung, Ihre Gefühle und Ihre Entscheidungen. Ihre *Einstellung* zu Geld und Wohlstand wird von Ihren Werten und Glaubenssätzen bestimmt. Hier können Sie sich fragen, ob Sie mit Geld Ihre Bedürfnisse leichter erfüllen können als ohne Geld: *Wollen Sie wirklich erheblich mehr Geld?* Wären Sie bereit, den Preis dafür zu zahlen?

Ist es Ihrer Meinung nach gerecht und gut, sehr reich zu sein? Bleiben da nicht andere, wichtigere Dinge auf der Strecke? Sind Geldmenschen nicht sehr einseitige, limitierte Menschen?

Die Regel bezieht sich zweitens auch auf Ihre *Gefühle*: Fühlen Sie sich mit Geld wohl? Oder macht es Ihnen Angst? Wie viel Geld brauchen Sie, um glücklich zu sein? Mit wie viel fühlen Sie sich sicher? Ab welcher Menge steigen die Probleme und die Sorgen vor Verlust und Betrug? Die Angst vor Anfeindungen und Neid oder die Befürchtung, dem Ganzen nicht gewachsen zu sein? Die Befürchtung, dass nicht mehr Sie Besitzer Ihres Geldes sind, sondern dass Ihr Geld Sie besitzt?

Und drittens bezieht sich die Regel auf die *bewussten Entscheidungen und Strategien*, die Sie in Bezug auf Geld wählen. Haben Sie eine klare Strategie, an der Sie Ihre Entscheidungen ausrichten? Wie investieren Sie? Wer berät Sie dabei? Wie hoch sind Ihre jährlichen Renditen? Wie sieht Ihr Finanzplan aus? Haben Sie sich entschieden, Konsum-Schulden zu machen? Wie hoch ist Ihre Sparquote? Steigt Ihr Verdienst plangemäß, und haben Sie überhaupt einen Einkommensplan?

Ist Ihnen bewusst, dass Sie Ihre Entscheidungen nach Ihren Werten und Gefühlen ausrichten? *Was wir im Leben tun und haben, ist ein exakter Spiegel unserer inneren Welt, eine Reflexion.* Wir haben das, was wir wirklich haben wollen; wir besitzen das, von dem wir tief in uns denken, dass es gut für uns ist. Wie sieht es bei Ihnen aus? Haben Sie sich schon vor der Lektüre dieses Buches entschieden, eine klare Antwort auf diese Fragen zu suchen – oder zucken Sie jetzt mit den Schultern – so wie ich vor Jahren?

Mein Coach

Mit 26 Jahren war ich pleite und suchte mir einen Coach. Jemand, der mir den Umgang mit Geld beibringen sollte. Schließlich fand ich ihn nach monatelangem Suchen. Schon während unseres ersten Gesprächs stellte er mir einige unangenehme Fragen. Er sagte nicht ausdrücklich, dass er herausfinden wollte, wie ich im Hinblick auf Geld denke und fühle. Aber genau das konnte er aus meinen Antworten herauslesen.

Es waren fünf Fragen. Ich gebe sie hier wieder – wie auch meine Antworten. Vielleicht überlegen Sie, was Sie erwidern würden, und vor allem fragen Sie sich: Welche Einstellung zu Geld offenbart sich in Ihren Antworten? Welche Gefühle haben Sie? Und welche bewussten Entscheidungen haben Sie getroffen?

Fünf Fragen

Er fragte: »*Wenn Sie von jetzt ab keine Einkünfte mehr hätten, wie lange könnten Sie von Ihrem Gesparten leben?*«

Ich war ja pleite, hatte keinerlei Ersparnisse. Also antwortete ich: »Wollen Sie es in Minuten wissen oder in Stunden?« Mein Coach fand das nicht komisch. Er hatte in diesem Moment erfahren, dass ich mir bis dahin kaum Gedanken über Geld gemacht hatte. Ich lebte einfach in den Tag hinein.

Er stellte die zweite Frage: »*Haben Sie einen Finanzplan?*« Natürlich hatte ich keinen und teilte ihm das mit. Mein Coach widersprach: »Sie haben einen Plan, einen Armutsplan. Es bedarf schon einer bestimmten Vorgehensweise, um sich jeden Monat tiefer zu verschulden.« Diese Formulierung fand ich wenig schmeichelhaft, aber ich gab ihm insgeheim Recht. Heute weiß ich, dass jemand, der so »vorgeht« wie ich damals, Geld nicht würdigt. Und: Ich war tatsächlich einem zerstörerischen Plan gefolgt.

»*Wie viel sparen Sie?*«, lautete die dritte Frage. Damals hatte ich die feste Angewohnheit, immer etwas mehr auszugeben, als ich verdiente. Darum antwortete ich: »Wie soll ich sparen, wenn ich 110 Prozent benötige, um zurechtzukommen?« Mein Handeln zeugte von großer Ignoranz und erschreckender Dummheit. Mein Coach zögerte nicht, mir das mit sehr deutlichen und klar verständlichen Worten zu sagen. Das tat weh. Sehr weh. Aber eine Kritik, die wachrüttelt, halte ich auch heute noch für wesentlich hilfreicher als ein einschläferndes Lob.

Sofort folgte Frage vier: *»Wann können Sie von Ihrem Geld leben?«* Eine solche Möglichkeit hatte ich noch nicht einmal in Erwägung gezogen. Ich wollte viel verdienen und im Alter eine gute Rente bekommen. So hatte ich es von meiner Familie gelernt. Bis dahin hatte ich mir nie überlegt, dass ein Mensch erst dann finanziell frei ist, wenn er von der Rendite seines Geldes leben kann. Ich versuchte, ihm meinen Standpunkt zu erklären. Dadurch erfuhr mein Coach, dass ich die Denkweise der deutschen Mittelschicht übernommen hatte.

Er stellte die letzte Frage: *»Verdienen Sie, was Sie wert sind?«* Meine Antwort war schnell und entschieden: »Nein!« Inzwischen erwartete ich schon einen Widerspruch. Und der kam prompt: »Wenn Sie wirklich mehr wert wären, dann würden Sie auch mehr verdienen.« Ich hatte keine Ahnung, was die *wirklichen* Voraussetzungen für ein hohes Einkommen sind. Mein Selbstbewusstsein war aufgesetzt; in Wahrheit traute ich mir sehr wenig zu.

Zum Glück vertraute ich meinem Coach – und vier Jahre später war ich finanziell frei. Ich konnte von meinem Geld leben. Und ich war gerade 30 Jahre alt. Seitdem habe ich Tausenden geholfen, ebenfalls finanziell frei zu werden. Darum weiß ich: Was ich Ihnen hier erkläre, funktioniert auch bei Ihnen!

Gedanken werden Wirklichkeit

Also ist es mir damals ziemlich schnell gelungen, aus meinem Schuldenloch hinauszuklettern und finanzielle Freiheit zu erreichen. Dazu hat mein Coach erheblich beigetragen: Er lehrte mich, reich zu denken. Das war anfangs sehr schwierig. Wer will schon seine Denkweise – und damit seine Werte – in Frage stellen oder gar aufgeben?

Nein, das ist nicht leicht. Aber wenn wir mit den Umständen unseres Lebens nicht zufrieden sind, dann bleibt uns keine andere

Wahl. Diese Umstände sind das Resultat einer bestimmten Art zu denken; *wollen wir andere Umstände, müssen wir uns ändern; wenn wir uns ändern wollen, müssen wir lernen, anders zu denken.* Es gibt keinen anderen Weg. **Wirkliche Veränderung beginnt immer mit verändertem Denken.**

Natürlich können wir auch die Sehnsüchte in uns verleugnen und so tun, als wäre alles in Ordnung. Ratsam ist das natürlich nicht. Denn niemand wird auf Dauer glücklich, wenn er sich belügt und sein Sehnen unterdrückt. Nicht gelebte Sehnsüchte verwandeln sich in Frustrationen.

Wie sieht es bei Ihnen aus?

Darum ist es von großer Wichtigkeit, dass Sie zu sich selbst ehrlich sind: Bitte beantworten Sie die fünf Fragen für sich? Ich schlage vor, dass Sie es *schriftlich* machen. Dadurch bekommen die Antworten etwas Verbindliches und Ernsthaftes.

FRAGE 1
Wenn Sie von jetzt ab keine Einkünfte mehr hätten, wie lange könnten Sie von Ihrem Gesparten leben?

_____

_____

_____

FRAGE 2
Haben Sie einen Finanzplan?

_____

_____

_____

FRAGE 3
Wie viel sparen Sie?

_____

_____

_____

FRAGE 4

Wann können Sie von Ihrem Geld leben?

_____

_____

_____

FRAGE 5
Verdienen Sie, was Sie wert sind?

_____

_____

_____

Was haben aber die Antworten mit unserer ersten Regel »Denke dich reich« zu tun? Nun, wenn alles seinen Ursprung im Denken nimmt, dann muss Ihre finanzielle Situation durch Ihr Denken entstanden sein. Mit anderen Worten: *Ihre finanzielle Situation zeigt Ihnen, wie Sie wirklich denken.* Und wenn Sie daran etwas ändern wollen, so sollten Sie zuerst Ihr Denken hinterfragen und gegebenenfalls ändern.

Analysieren Sie also zunächst, welche Einstellung und Werte, welche Gefühle und Ängste und welche Entscheidungen und Strategien zu dieser Situation geführt haben. Das können Sie unmöglich im Kopf leisten.

Nehmen Sie sich nun bitte 30 Minuten Zeit und denken Sie schriftlich über die fünf Fragen nach.

ZU FRAGE 1

Welche Einstellung und Werte, welche Gefühle und Ängste, welche Entscheidungen und Strategien haben zu der finanziellen Situation geführt, in der Sie sich befinden?

ZU FRAGE 2

Welche Einstellung und Werte, welche Gefühle und Ängste, welche Entscheidungen und Strategien haben zu Ihrem Finanzplan geführt?

ZU FRAGE 3

Welche Einstellung und Werte, welche Gefühle und Ängste, welche Entscheidungen und Strategien haben zu Ihrem Sparverhalten / Ihrer Sparquote geführt?

ZU FRAGE 4

Welche Einstellung und Werte, welche Gefühle und Ängste, welche Entscheidungen und Strategien haben dazu geführt, wie Sie Reichtum definieren, Pläne für Ihre finanzielle Freiheit erstellen bzw. nicht erstellen?

ZU FRAGE 5

Welche Einstellung und Werte, welche Gefühle und
Ängste, welche Entscheidungen und Strategien haben
zu dem Verdienst geführt, den Sie zurzeit haben?

Bitte lesen Sie nicht einfach weiter – machen Sie diese Übung zuerst!

Ich hatte damals Fehler gemacht, aber war mir dessen nicht wirklich bewusst. Gut, das Ergebnis machte mich nachdenklich: Im Alter von 26 Jahren konnte ich mich vor Schulden kaum bewegen. *Aber die zahlreichen Fehler, die meine Situation verursachten, hatte ich nicht gesehen. Vor allem war mir nicht bewusst, dass meine desolate Lage nur eine Spiegelung meiner Einstellung war.* Ich dachte arm; also traf ich Entscheidungen wie ein Armer; als natürliche Folge war ich arm.

Nur wenn Sie *Ihre* Antworten aufgeschrieben haben, können Sie diese mit den drei unterschiedlichen Denkweisen vergleichen, die Sie in diesem Kapitel finden. Außerdem können Sie Ihre Notizen Stück für Stück mit den anderen Regeln abgleichen. Sie wissen dann beim Lesen noch genauer, was für Sie wichtig sein kann.

Drei unterschiedliche Denkweisen

Nun sollten wir eine Theorie nicht ungeprüft ablehnen oder annehmen. Darum schlage ich Ihnen vor: Lassen Sie uns gemeinsam das Denken der drei Schichten untersuchen. Wir beginnen damit in diesem Kapitel, setzen es aber bei jeder Regel fort. Natürlich werden sich dabei gewisse Verallgemeinerungen nicht vermeiden lassen. Die Realität ist immer komplexer als ein solches Drei-Schichten-Modell.

Aber gerade durch die relativ starre Einteilung werden die Unterschiede deutlich. Das ist wichtig, denn wenn wir Unterschiede erkennen, können wir etwas verändern. Kurz gesagt: Lernen bedeutet, zuerst Unterschiede zu erkennen und dann etwas anders (unterschiedlich) zu machen. Vergleichen Sie meine Erkenntnisse mit Ihren Beobachtungen.

Einkommen

Nehmen Sie zum Beispiel das *Einkommen*: Arme wollen möglichst kurzfristig einen möglichst hohen Stundenlohn; die Mittelschicht will mittelfristig ein hohes Jahreseinkommen erreichen; dafür nimmt sie lange Studien- und Ausbildungszeiten in Kauf.

Reiche streben nicht in erster Linie alleine einen hohen Verdienst an; sie wissen, dass es wichtiger ist, Vermögen zu bilden. Und vermögend werden wir nur durch das Geld, das wir behalten. Darum bauen sie eigene Firmen auf oder lassen sich mit Optionen bezahlen. Sie konzentrieren sich auf Werte, die man nicht leicht versilbern kann.

Versicherungen

Oder nehmen Sie die Einstellung zu *Versicherungen*: Arme versichern sich aus Angst vor Verlust; Reiche versichern sich, um Risiken zu verteilen, und der Prozentsatz ihres Geldes, den sie dafür verwenden, ist ungleich geringer. Einen weitaus größeren Teil ihres Geldes nutzen sie, um zu investieren.

Die Mittelschicht verwendet einen Großteil ihres Geldes für Versicherungen; nur einen relativ kleinen Betrag investiert sie und das oft mit viel weniger Plan und Strategie, als man angesichts der Intelligenz dieser Schicht vermuten könnte. So ist sie überversichert, aber unterinvestiert.

Autos

Wie sieht es mit *Autos* und ähnlichen Anschaffungen aus? Arme glauben oftmals, wenn sie ihr Traumauto kaufen könnten, wären sie glücklich und das Leben eine einzige Party. Viele erhoffen sich dadurch auch, attraktiver zu wirken.

Für eine erstaunlich hohe Zahl von Menschen in der Mittelschicht ist ein Auto ebenfalls sehr wichtig. Sie glauben, einen »statusgerechten« Wagen besitzen zu müssen, wollen erfolgreicher wirken, als sie sind. Nicht selten verwenden sie fast ein ganzes Jahresgehalt für die Anschaffung. Und weil sie so viel Bargeld oft gar nicht besitzen, leasen oder finanzieren sie. Dadurch wird das Auto noch teurer. Statt Geld zu sparen, zahlen sie hohe Raten.

Reiche geben erstaunlicherweise im Durchschnitt keine 8 Prozent ihres Jahreseinkommens für einen Pkw aus. Natürlich fahren viele von ihnen teure Autos, aber sie können es sich leisten. Sie versuchen also nicht, durch ein Auto einen Schein zu erwecken, der nicht der Realität entspricht.

Wie legt die Mittelschicht an?

Zu welcher Schicht gehören Sie – was Ihr Denken und Ihre bisherigen Entscheidungen angeht? Nehmen Sie den Umgang mit Risiken: Reiche gehen regelmäßig Risiken ein; sie behandeln sie als messbare Wahrscheinlichkeit und Sie wissen: Ohne Risiko gibt es keine Gewinne. Arme sehen im Risiko vor allem eine Verlustgefahr und haben Angst, betrogen zu werden.

Die Menschen der Mittelschicht sehen in Risiken beides: eine vage Chance und eine große Gefahr. Aber vor allem verstehen sie die Natur von Risiken nicht. Denn sie berechnen nicht die Wahrscheinlichkeit von Erfolg und Fehlschlag; für sie ist das eher Zufall. Zufälle sind nicht verlässlich und darum meiden sie alles, was in diese Richtung geht. Sind sie aber dann doch ein Risiko eingegangen und es geht schief, haben sie eine gute Ausrede: Der Zufall hat zugeschlagen.

Im Ergebnis trifft die Mittelschicht meist Bauchentscheidungen, wenn es um Geldanlagen geht. Ist die allgemeine Stimmung gut, kaufen die Angehörigen der Mittelschicht Aktien; ist sie schlecht, kaufen sie Anleihen. Natürlich haben sie somit fast alles falsch gemacht: Sie kaufen die Aktien zu teuer und Rentenpapiere mit langer Laufzeit in Niedrigzinsphasen. Durch derartige Misserfolge verlieren sie weiter an Mut. Sie meinen, nun etwas gelernt zu haben: »Ich werde nicht mehr so leichtsinnig sein.« In Wahrheit aber haben sie nun etwas mehr die Denkweise der Armen angenommen. Und damit haben sie sich weiter von den Reichen entfernt.

Wohlstand für jeden?

Erkennen Sie die unterschiedlichen Strategien? Ihnen liegen immer bestimmte Entscheidungen zugrunde. Die wiederum haben wir getroffen, je nachdem welche Einstellung und welches Gefühl wir im Hinblick auf Geld und Finanzen haben. Alles beginnt mit unserer Art zu denken.

Ich glaube an die Chance jedes Menschen in unserem Land, wohlhabend zu werden. Aber Wohlstand entsteht nicht von allein. Dafür müssen wir etwas tun und bereit sein, einen Preis zu zahlen.

Natürlich wird niemand reich, der einen schlecht bezahlten Job und relativ hohe Lebenshaltungskosten hat, sich verschuldet und sein Denken und seine Gewohnheiten nicht ändert. Diese Kombination kann nicht zu Wohlstand führen. Die Armutsformel lautet:

(Unregelmäßiger) niedriger Verdienst + hohe Ausgaben und Schulden = Armut

Um es ganz deutlich zu sagen: *Wer arm ist und weiterhin wie ein Armer denkt und handelt, der wird arm bleiben.* Unser Denken materialisiert sich. Immer. Darum ist es ziemlich aussichtslos, wenn jemand einige Schritte in die richtige Richtung macht, aber sein Denken nicht geändert hat.

Wir werden langfristig immer so viel Geld haben, wie es unserem Denken entspricht. Natürlich spielen hier viele Faktoren eine Rolle: Talente und Fähigkeiten, Wissen, Erfahrungen und Erlebnisse, Lebensumstände, Umfeld, familiäre Bedingungen und Gesundheit ...

Aber der Rahmen unserer Möglichkeiten ist viel größer, als die meisten vermuten. Jeder von uns kann viel mehr verändern, als er anfangs glaubt. Die Voraussetzungen sind aber immer die gleichen:

1. Wir müssen zuerst die Verantwortung für unsere Situation annehmen.
2. Dann sollten wir ehrlich feststellen, wo wir im Moment wirklich stehen.
3. Nun müssen wir unsere Ziele ermitteln.
4. Schließlich sollten wir lernen, so zu denken wie jemand, der diese Ziele bereits erreicht hat.
5. Taten folgen automatisch unseren Gedanken.
6. Wir lernen die richtigen Strategien und Erfolgssysteme.
7. Wir erhalten die gewünschten Ergebnisse.

Ich höre oft die Frage: »Wie soll denn jemand sparen, der wenig verdient?« Meine Antwort: Ich stimme zu, ein solcher Mensch kann tatsächlich kaum oder manchmal sogar überhaupt nicht sparen *außer er ändert seine Art zu denken.*

Erst durch veränderte Werte bekommen Gegebenheiten andere Bedeutungen; dann sieht er andere Möglichkeiten, trifft andere Entscheidungen, handelt anders und verändert seine Situation nach und nach. Die Änderung ist dann nicht nur möglich, sondern sogar unumgänglich. Dies habe ich bei mir selbst erlebt und unzählige Male bei anderen.

Ich weiß nicht, wo Sie stehen. Wichtig ist, dass Sie erkennen, wie Sie denken. Das ist zugegeben nicht einfach. Denn unsere Denkweise ist ein Wald, den wir, solange wir uns darin befinden, nicht zu erkennen vermögen, wie es der irische Schriftsteller John O'Donohue ausdrückte. Trotzdem kann es Ihnen gelingen, indem Sie herausfinden, welche der drei Gruppen Ihrem Verhalten am ehesten entspricht: In welcher Gruppe finden Sie sich momentan wieder? Welche Strategien haben Sie und welche Entscheidungen treffen Sie? Welche Art zu denken steht dahinter? Bringt diese Sie an Ihr Ziel?

Wie denken die Armen über ihre Rente?

Die *Armen* hoffen auf eine halbwegs gute Rente. Sie kennen die demografischen Fakten nicht im Detail; allenfalls verfügen sie über Halbwissen. Sie sind dem Staat ausgeliefert. Dabei freuen sie sich lange Zeit darauf, endlich pensioniert zu werden. Ihre Arbeit sehen sie meist als notwendiges Übel und sie denken oft über eine Vorruhestandsregelung nach.

Vielleicht leidet bei einigen die Arbeitsmoral darunter; jedenfalls helfen Firmen oft nach, diese Träume umzusetzen: Viele ältere Arbeitnehmer werden entlassen. Es ist nicht so, als hätten die Armen gar nicht daran gedacht vorzusorgen. Oftmals haben sie einen Bausparvertrag – aber mit viel zu hoher Vertragssumme; dazu haben sie ein bis zwei Lebensversicherungen abgeschlossen; die haben sie aber meist lange vor Ablauf gekündigt – mit hohen Verlusten.

So bleibt die staatliche Rente die einzige nennenswerte Einnahmequelle, auf die Arme im Hinblick auf ihr Alter hoffen. Sie hoffen deshalb, weil sie sich nicht ausreichend informieren. Im Grunde genommen ist der Denkfehler leicht ausgemacht: *Sie haben Verantwortung abgegeben und wollten sie an eine Institution delegieren.*

So etwas ist aber unmöglich. Personen können Verantwortung übernehmen, nicht aber staatliche Organe. Das Ergebnis dieser Denkweise kennen Sie bereits: Altersarmut ist fast unvermeidbar.

... und die Reichen?

Die *Reichen* vertrauen ausschließlich auf Kapitaldeckung. Sie lassen ihr Geld für sich arbeiten. **Vor allem aber widmen sie der Idee der Altersrente keinen Gedanken.** So schnell wie möglich wollen sie finanzielle Freiheit erreichen – nicht erst im Alter. Sie möchten grundsätzlich würdig leben, nicht lediglich überleben.

Geld bedeutet für sie unter anderem die Möglichkeit, einer Arbeit nachzugehen, die sie mögen und in der sie einen Sinn sehen. Sie wollen nicht abhängig sein – weder von einem bestimmten Job noch von einem Arbeitgeber und auch nicht von einem monatlichen Einkommen.

Eine Altersrente halten sie schon deshalb nicht für sinnvoll, weil sie gar nicht planen, mit dem Arbeiten aufzuhören. Warum auch? Ihre Arbeit macht ihnen schließlich meistens Spaß. Viele von ihnen arbeiten ihr ganzes Leben lang. Zwar treten sie irgendwann kürzer, aber sie hören nicht auf zu arbeiten. So sehen sie einen Sinn in ihrem Dasein und bleiben ein produktives Mitglied der Gesellschaft.

Jemand, der reich denkt, würde auch nicht auf die Idee kommen, die Verantwortung für seine Finanzen abzugeben. Er weiß: Es geht um ihn und um sein Leben. Warum sollte ein anderer dafür sorgen, wenn er es selbst tun kann?

Die Mittelschicht

Und die *Schicht in der Mitte?* Sie heißt so, weil sie sich nicht klar für eine Seite entschieden hat. Teilweise denken sie wie Reiche, oft wie Arme. In diesem Hin und Her vergeuden sie viel Energie.

In Bezug auf die Rente sieht das folgendermaßen aus: Sie lassen sich von der Deutschen Rentenversicherung eine Berechnung erstellen, was bedeutet, dass sie sich zumindest um ihre finanzielle Zukunft kümmern. Sie ahnen, dass die Zahlen darin nicht wirklich verlässlich sind, aber sie wollen sich auch nicht zu sehr beunruhigen lassen. Die Rente zu ignorieren, das wäre Dummheit und dumm wollen sie nicht sein. Aber sich *zu sehr* damit zu beschäftigen, das würde Lebensqualität rauben. Das wollen sie auch wiederum nicht; schließlich lebt man jetzt.

Also geht die *Mittel*schicht auch hier einen *Mittel*weg: Sie will die Lücke in der Mitte schließen. Diese Lücke errechnet sich aus dem heutigen Nettoeinkommen minus der zu erwartenden Rente. Als Rentenlücke errechnen sie den Betrag, der zum Leben fehlt, nachdem statt des Einkommens nur noch die Rente zur Verfügung steht. Lücken-Denken ist Mittelschicht-Denken.

Dieses Denken unterstellt, dass eine bestimmte staatliche Rente erwartet werden kann. Wie wir gesehen haben, ist das aber nicht der Fall. Ein weiteres Problem des Lücken-Denkens ist: *Das durchschnittliche Nettoeinkommen bildet automatisch eine gedankliche Obergrenze.* Die Angst, diesen Lebensstandard zu verlieren, ist größer als das Verlangen, die eigenen Möglichkeiten zu erkunden. **Viele Angehörige der Mittelschicht schließen also nie die Kluft, die zwischen der Wirklichkeit und ihren Möglichkeiten besteht, sie bleiben immer hinter dem zurück, was möglich wäre.**

Ihr Finanzplan ist schnell erklärt: die Lücke schließen. Ihr liebstes Anlageprodukt dafür ist neben Sparbuch und Rentenpapieren die kapitalbildende Lebensversicherung. Die erste schließen sie eher zufällig ab; die zweite und dritte nach mehr oder weniger sorgfältigem Vergleichen. Ansonsten zahlen sie ihr Eigenheim ab. Hin und wieder kaufen sie Aktienfonds – mit sehr mittelmäßigem Erfolg.

Der Gedanke, die Lücke schließen zu wollen, scheint dabei zwar wenig ambitioniert, aber gar nicht so dumm. Und doch tragen die Menschen des Mittelstandes zwei Probleme mit sich herum:

Erstens denken sie in vielerlei Hinsicht eher wie die Armen als wie die Reichen. *Darum stehen sie im Ergebnis auch den Armen finanziell näher.* Das gilt für ihr Einkommen, ihre Sparrate und auch für ihr Vermögen: Alle drei Parameter sind denen der Armen viel näher als denen der Reichen.

Dadurch vergeben sie zahlreiche Möglichkeiten – was ihnen allerdings nicht auffällt, weil dies ja ihrer Art zu denken entspricht. Das zweite Problem: Es wird in Zukunft kaum mehr die Mittelschicht geben, die wir heute kennen. Eine Zwei-Klassen-Gesellschaft entsteht: Es wird überwiegend nur noch Wohlhabende und Arme geben.

Mit anderen Worten: Wir müssen uns entscheiden. Für das eine oder das andere. Einen Mittelweg wird es für immer weniger Menschen geben.

Wollen wir arm sein oder reich? Wenn Sie sich für Wohlstand entscheiden, so – Sie wissen es bereits – fängt es damit an, wie ein Reicher zu denken.

Ist das überhaupt möglich?

Kann ein Mensch, der nicht wirklich viel Geld hat, denken wie ein Reicher? Fehlt ihm nicht ganz einfach die wichtigste Voraussetzung dazu: Vermögen?

Die Antwort ist nicht absolut; sie lautet nein und ja. Nein, weil tatsächlich niemand, solange er nicht selbst über viel Geld verfügt, erahnen kann, was in einem Reichen vorgeht. Ja, weil jeder lernen kann, so zu denken und zu handeln, wie es Menschen auf ihrem Weg taten, die später reich wurden.

Wissen Sie, wie die häufigsten beiden Ausreden von Menschen lauten, die nicht vermögend sind? Sie sagen: *»Das liegt mir nicht.«* Und: *»Das können nur ganz wenige.«* In beiden Fällen wird Verantwortung weggedrückt.

Erstens, indem man behauptet, nicht der Typ dafür zu sein. Das ist herrlich bequem, man folgt ja dann nur seiner Natur. Was für ein Unsinn. Mit der Geburt soll alles entschieden sein? Alle wissenschaftlichen Untersuchungen beweisen das Gegenteil. Und zweitens, indem man unterstellt, um Wohlstand aufzubauen, seien außergewöhnliche Talente notwendig.

Beides ist falsch. Niemand ist von Geburt an besser als andere dazu geeignet, mit Geld umzugehen. Das ist ausschließlich eine Sache des Trainings. Eine genetische Veranlagung dazu gibt es nicht. Und es erfordert keine außergewöhnlichen Fähigkeiten, vermögend zu werden. Es erfordert eine bestimmte Art zu denken; und diesem Denken folgen die richtigen Entscheidungen und die gewünschten Ergebnisse automatisch.

Mit anderen Worten: Jeder kann die folgenden Regeln umsetzen. Jeder kann den Weg zum Wohlstand gehen. Vorausgesetzt er traut sich, diesen Regeln entsprechend zu denken und zu handeln.

Ein letztes Wort, bevor Sie sich nun mit heiligem Ernst daran machen, die folgenden Regeln umzusetzen: Keine Regel ist absolut. Ausnahmen sind immer möglich, sie sind menschlich. Auch ein Reicher denkt nicht immer wie ein Reicher. Aber wenn Sie gewisse finanzielle Ziele erreichen wollen, dann sind Sie gut beraten, *eher* wie ein vermögender Mensch zu denken und zu handeln.

Wollen Sie den 1. Schritt vertiefen?

Schauen Sie sich gratis einen Vortrag von mir an zum Thema »Reich denken – so verändern Sie Ihre Glaubenssätze«.

www.renteoderwohlstand.de/reich-denken

Dieser Live-Vortrag ist aus unserem erfolgreichsten Seminar »DURCHBRUCH ZUM FINANZIELLEN ERFOLG«.

KAPITEL 9

Regel 2: Spare mit Spaß

»Die anderen wollen Ihr Geld.
Sie müssen Ihr Geld mehr haben wollen als die anderen.
Oder die anderen werden es bekommen.«

Suze Orman, US-amerikanische
Finanzberaterin und TV-Moderatorin

*

Auch zu diesem Kapitel habe ich ein Video für Sie aufgenommen.
Vielleicht schauen Sie es sich an, bevor Sie weiterlesen.
http://www.videocoaching.bodoschaefer.de/finanzentscheidungen/

Stellen Sie sich bitte zwei Fragen: Wie viel haben Sie während der vergangenen *fünf Jahre verdient?* Wahrscheinlich sind Sie in der Lage, diese Summe zumindest in etwa zu bestimmen. Und jetzt die zweite Frage: *Wie viel ist davon noch übrig?* Wenn Sie die zweite Zahl von der ersten abziehen, können Sie erkennen, wie hoch Ihre Ausgaben im Verhältnis zu Ihren Ersparnissen waren.

Sind Sie mit dem Betrag zufrieden? Die meisten Menschen verneinen diese Frage; sie meinen, sie sparen erheblich *zu wenig.* Sparen ist der Grundstein jedes Wohlstands: *Nicht was wir verdienen, macht uns reich, sondern was wir behalten.*

Es gibt keinen Weg zu finanzieller Freiheit, der nicht über das Sparen führt. Ganz gleich, ob Sie viel oder wenig verdienen, ob Sie gut anlegen oder eher schlecht – immer müssen Sie *zuerst* sparen, wenn Sie vermögend werden wollen.

Trotzdem sparen die meisten Menschen weniger, als sie gerne würden. Wie kommt das? In unzähligen Gesprächen habe ich immer wieder zwei Gründe dafür gefunden: Erstens mangelt es an wirklichem Verständnis. Und zweitens fehlt einfach ein klares System, das Sparen zu einer regelrechten Freude macht. Ich nenne es: »Der automatische Millionär«.

Denkfehler

Alles hat seinen Ursprung im Denken; beginnen wir also mit dem Verständnis, unserer Einstellung zu Geld und zum Sparen. Durch viele Coaching-Gespräche habe ich die Hauptgründe erfahren, warum ein Mensch nicht spart:

> ➤ Er liebt Dinge (Anschaffungen) mehr als das Geld.

> ➤ Er meint, er brauche ein höheres Einkommen, um sparen zu können.

> ➤ Er verwechselt Sparsamkeit mit Geiz.

> ➤ Er denkt, Sparen sei nur für seine Zukunft gut; heute bedeute es nur Verzicht und Einschränkung.

Die Bedeutung von Geld

Hierzu ein kleiner Test: Wenn Sie die drei Begriffe *Mensch, Dinge, Geld* nach ihrer Wichtigkeit ordnen sollten, welche Reihenfolge würden Sie wählen? Sie werden mir zustimmen, dass unstreitig der Mensch wichtiger ist als Geld oder Dinge; also kommt er auf Platz eins.

Erstaunlicherweise aber scheiden sich dann die Geister: Arme und die Mittelschicht setzen Dinge an die zweite Stelle, Reiche dagegen Geld. Darin liegt das ganze Malheur. Dieser scheinbar unbedeutende Unterschied führt zu vollkommen unterschiedlichen Ergebnissen: Der eine hat sein ganzes Leben lang finanzielle Schwierigkeiten, mal mehr, mal weniger; der andere kennt finanzielle Sorgen so gut wie gar nicht.

Als ich vor 20 Jahren von diesem Prinzip erfuhr, konnte ich es kaum glauben. Kann es wirklich einen solchen Unterschied ausmachen, ob jemand Geld oder Dinge höher einschätzt? Überlegen wir, was dahintersteht. Wer Dinge höher bewertet als Geld, dem ist Geld nur ein Mittel zum Zweck. Wer dagegen Geld höher einstuft, der hat eine ganz andere Beziehung zu Geld. *Ein solcher Mensch mag das Geld an sich, weil es für ihn Möglichkeiten und Freiheit bedeutet.*

Aber es geht weiter: Wer Geld höher bewertet, der scheut es, Geld auszugeben. **Er müsste es ja für etwas eintauschen, das ihm nicht so wichtig ist: für Dinge.** Im Ergebnis ist er sparsam. Wer dagegen Dinge höher bewertet, der kann diesen Tausch gar nicht schnell genug vornehmen. Denn Geld bedeutet ihm im Gegensatz zu Dingen nichts. Er sieht nicht die Freiheit, die Geld ermöglicht, sondern lediglich das Auto, die Reise, die Kleidung, den Schmuck ... also Dinge, die er dafür kaufen kann. Das Resultat: Er hat nie genug Geld, spart nicht und ist meist verschuldet.

Ein schwerer Irrtum

Mit 26 Jahren hatte ich einen sicheren Weg ins finanzielle Desaster gefunden: Jeden Monat gab ich etwas mehr aus, als ich verdiente. Natürlich fühlte ich mich dafür nicht verantwortlich; ich dachte tatsächlich, ich würde *zu wenig* verdienen; mit einem höheren Einkommen würde ich glänzend zurechtkommen.

Welch ein Unsinn. Ein besserer Verdienst kann nicht die Zauberlösung für das sein, was wir selbst nicht zustandebringen. *Es wird sich nichts ändern, wenn wir uns nicht ändern.* Wenn wir mehr Geld haben wollen, so müssen wir die Art und Weise verändern, wie wir mit Geld umgehen. *Für mehr Geld müssen wir uns qualifizieren;* und wir tun dies, indem wir lernen, mit dem Geld umzugehen, das wir jetzt zur Verfügung haben.

Damals kannte ich eine ganz einfache Wahrheit noch nicht: *Je mehr wir verdienen, desto mehr geben wir aus. Unsere Ausgaben wachsen immer mit dem Niveau unseres Einkommens* und bei vielen auch darüber hinaus. **Außer, wir geben dem Geld eine andere Bedeutung; eine höhere Bedeutung als den Dingen, die wir dafür kaufen können.** In dem Moment, in dem wir das tun, beginnen wir zu sparen. Das geschieht dann ohne Zwang und fast ohne Anstrengung. Aus einem tiefen Bedürfnis heraus.

Geiz oder Sparsamkeit?

Viele Menschen sparen nicht, weil sie Sparsamkeit mit Geiz gleichsetzen. Es ist wichtig, dass wir den Unterschied zwischen beidem verstehen. Zuerst zwei Beispiele für Geiz: Im Privathaus von John D. Rockefeller stand eine öffentliche Telefonzelle – damit Gäste nicht auf seine Kosten telefonieren. Er war zweifelsohne geizig.

Der damals reichste Mann der Welt führte eines Tages ein R-Gespräch von einer öffentlichen Telefonzelle, also ein Gespräch, dessen Kosten der Angerufene trägt. Am Ende des Gesprächs hätte er die eingeworfene Münze also wieder herausbekommen müssen. Als er sein Geldstück aber nicht wieder erhielt, wählte er unverzüglich die Vermittlung an. Der dortige Mitarbeiter fragte sofort nach Name und Adresse, um ihm das Geld zu erstatten.

Rockefeller antwortete: »Mein Name ist John D. Rocke ... Ach, vergessen Sie es, Sie würden mir sowieso nicht glauben.« Würde Sie der Verlust von 10 Cent so erregen, dass Sie Erstattung verlangen würden?

Eine weitere Geschichte handelt von zwei sehr reichen Ungarn, die beide im Ruf standen, sehr geizig zu sein. Man wusste nur nicht, wer von beiden geiziger war als der andere. Eines Tages saßen beide nebeneinander in einer Kirche, als der Kollektekorb herumgereicht wurde. Eine unangenehme Situation für einen geizigen Menschen. Der Erste holte umständlich die kleinste Münze aus seinem Geldbeutel und legte sie in den Korb.

Die Kirchengemeinde war nun gespannt, wie der andere Geizige das noch unterbieten konnte. Es gelang ihm tatsächlich. Er sagte: »Die Gabe war von uns beiden.«

Geiz missfällt mir. Wer mehr hat als andere, hat meines Erachtens eine Verantwortung für Arme. Darüber werden wir im letzten Kapitel nachdenken. Am Geiz ist nichts Positives. Ein geiziger Mensch ist vom Geld besessen. Er handelt ohne Sinn; er ist geizig um des Geizes willen. Der Geizige gehört dem Geld, statt dass das Geld ihm gehört. Der Geizige lebt ausschließlich für sich und seine Interessen. Alle sehr geizigen Menschen, die ich kennen lernte, waren einsame, unglückliche und verbitterte Einzelgänger. Dem Geizigen bringt Geld Unfreiheit.

Sparen ist etwas vollkommen anderes. Der Sparende demonstriert finanzielle Intelligenz; er sieht darin einen konkreten Sinn. Er will ein Ziel erreichen und Geld zu einer unterstützenden Kraft in seinem Leben machen. Dem Sparsamen ermöglicht Geld Freiheit; sein Geld gehört ihm.

Verzicht oder Freiheit?

Andere sparen nicht, weil sie meinen, Sparen bedeute Verzicht und mache unfrei. Das Gegenteil ist aber viel eher der Fall: *Unfrei ist, wer ständig zu viel Geld ausgeben muss.* Schon die alten Babylonier sagten: »Wir können uns nicht freie Menschen nennen, solange wir unsere Schwächen nicht zähmen können.«

Nein, zu viel Geld auszugeben, hat *nichts* mit Freiheit zu tun. Es handelt sich um eine Schwäche, ein unreifes, oft sogar zwanghaftes Verhalten, das Freiheit zerstört. Zudem ist es unwürdig und raubt Selbstbewusstsein. Ich werde nie vergessen, wie ich mit 26 Jahren bei einigen Freunden und Verwandten um Geld bettelte. Ein erniedrigendes Erlebnis.

Wer dagegen Geld hat, hat ein beträchtliches Maß an Freiheit. Der Schauspieler Sean Connery sagt dazu: »*Mit Geld in der Tasche kann man ›nein‹ sagen, wenn einem danach ist; man kann ›ja‹ sagen, wenn man ›ja‹ sagen will. Mit Geld kann man seinen Eltern einen sorgenfreien Lebensabend sichern. Mit Geld kann man seine Träume von Freiheit und Unabhängigkeit verwirklichen.*«

Damit sind wir bei einem der wichtigsten Punkte in Bezug auf Geld: Sie sollten nicht nur für Ihre *Zukunft* sparen. Sie können sich in finanzieller Hinsicht bereits *heute* kaum einen größeren Dienst erweisen, als sparsam zu sein. Wer spart, genießt sein ganzes Leben hindurch unschätzbare Vorteile. Nachfolgend habe ich einige aufgelistet, die sich jetzt bereits bemerkbar machen. Wer sparen kann, der ...

➤ ... hat mehr Selbstvertrauen. Wer sich den Umgang mit Geld zutraut, der vertraut sich auch in anderen Dingen.

➤ ... hat ein besseres Gefühl. Grundsätzlich ist das Leben angenehmer.

➤ ... kann viel mehr Möglichkeiten in Betracht ziehen. Gewisse Chancen bleiben einem Menschen ohne Geld verschlossen.

➤ ... ist kreditwürdig. Wer nichts hat, zahlt für seine Kredite erheblich mehr (wenn er den gewünschten Kredit überhaupt bekommt).

➤ ... kann bei Lohnverhandlungen viel entspannter sein. Er kann es sich auch leisten, sich zu wehren.

> ➤ ... kann es sich spätestens ab einer bestimmten Summe erlauben, ausschließlich an Dingen zu arbeiten, die ihm Spaß machen.

> ➤ ... fühlt sich frei, ist von niemandem abhängig.

> ➤ ... erhält mehr Respekt von anderen. Es ist eine einfache Wahrheit: Jemand, der gar nichts gespart hat, wird von vielen nicht richtig ernst genommen.

Viele denken, die Vorteile des Sparens zeigen sich erst im Rentenalter. Das ist vollkommen falsch. Auch würde mich das alleine nicht ganz so stark motivieren. Ich weiß ja nicht einmal, ob ich so alt werde. Aber die oben genannten acht Vorteile kann jeder nachvollziehen. *Gerade wenn Sie jetzt Ihr Leben genießen wollen, sollten Sie sparen.* Wer spart, hat viel mehr Lebensqualität – *jetzt!*

Neu ist der Zwang

Nun ist das Prinzip des Sparens mindestens so alt wie das Geld selbst. Wahrscheinlich sogar älter; wir kennen es aus der Landwirtschaft: Wenn ein Bauer nicht einen Teil seiner Ernte aufbewahrte (sparte), so hatte er nichts zum Säen.

Aber die Bedeutung hat sich geändert: Wer vor einigen Jahrzehnten nicht sparte, der konnte lediglich manche Dinge nicht erleben. Vieles blieb ihm verschlossen. Aber er musste nicht notwendig bittere Armut erleiden, denn die staatliche Rente war meist ausreichend. Wir haben gesehen, dass dies in Zukunft nicht mehr der Fall sein wird.

Wenn Sie zukünftig nicht arm sein wollen, *müssen* Sie sparen. Laut einer alten Geschichte hatte ein Pharao einen Traum, der ihn beunruhigte. Er sah zuerst sieben schöne, wohlgenährte Kühe aus dem Nil steigen. Ihnen folgten sieben hässliche Kühe. Sie waren dürr und derart abgemagert, dass man alle Knochen zählen konnte. Plötzlich stürzten sich die mageren auf die fetten Kühe und fraßen sie einfach auf. Trotzdem sahen sie danach noch genauso dürr aus.

Ein Mann namens Josef wurde zum Pharao gebracht, weil sich herumgesprochen hatte, dass er Träume deuten konnte. Er erklärte dem Herrscher: »Die sieben fetten Kühe bedeuten, dass es sieben Jahre lang reiche Ernten und für alle genug zu essen geben wird. Die sieben mageren Kühe kündigen eine siebenjährige Hungersnot an. Sie wird anschließend kommen und viel Leid über das Land bringen.« Der Pharao fragte beunruhigt: »Kann man denn nichts dagegen tun?« Josef antwortete: Du kannst es zwar nicht ändern, aber du kannst dich darauf vorbereiten. Ernenne einen Minister, der dafür sorgt, dass alle Leute in den guten Jahren 20 Prozent ihrer Ernte in Kornspeichern sammeln. Dann haben wir genug Vorräte für die schlechten Jahre und müssen nicht hungern.«

Dieser Plan wurde umgesetzt. Sieben Jahre lang fuhren die Ägypter eine reiche Ernte ein. Und keinem tat es weh, dass er 20 Prozent seiner Ernte abgeben musste (sparte). Als die mageren Jahre kamen, war für alle genug vorhanden.

Die mageren Jahre im Alter

Die Ägypter hatten somit ein einfaches Rezept angewandt, um für eventuelle magere Jahre vorzusorgen: Ein Finanzminister sammelte 20 Prozent der gesamten Ernte ein. Wir haben heute auch Finanzminister – und die sammeln von den meisten Verdienenden erheblich mehr ein als 20 Prozent.

Aber es gibt einen großen Unterschied: Die heutigen Finanzminister horten die eingenommen Steuern nicht; sie geben alles gleich wieder aus. Zusätzlich nehmen sie jedes Jahr ungeheure Schulden auf. Es bleibt nichts für die mageren Jahre übrig. Gar nichts. Außer einem riesigen Schuldenberg, für den wir Zinsen zahlen und den *wir* irgendwann zurückzahlen müssen.

Und wenn ich »wir« schreibe, dann meine ich auch »wir«. Oder glauben Sie, die Regierungsmitglieder würden diese Summen persönlich begleichen?

Es bleibt Ihnen also keine andere Wahl, als Ihr eigener Finanzminister zu werden und mindestens 10, 15 oder 20 Prozent zu sparen. Besser wäre es, wenn Sie dem Beispiel der Ägypter folgen würden und immer mindestens 20 Prozent sparen.

Mein Coach sagte dazu: »Die meisten Menschen leben so, als wenn niemals magere Jahre kommen könnten. Aber diese kommen ganz bestimmt. « Er war einer der Ersten, der erkannte, dass es eine Änderung im System geben würde.

Es beginnt oft lange vor der Rente

Aber meinem Coach ging es nicht nur um die Zeit nach 65. Er hatte genug erlebt, um zu wissen: *Auch zwischen unserem 20. und 65. Lebensjahr werden wir finanzielle Krisen erleben.* Wir können Probleme im Job oder mit der Gesundheit bekommen. Wir können Fehler machen oder betrogen werden. Das gilt zumindest für die meisten von uns. Und da macht es einen außerordentlichen Unterschied, wenn wir vorher gespart haben.

Heute gibt es kaum mehr Jobs mit Garantie auf eine lebenslange Beschäftigung. Darum erleben viele Menschen ihre »mageren sieben Jahre« schon lange vor dem Rentenbeginn. Und viele haben während der fetten Jahre über ihre Verhältnisse gelebt oder es versäumt zu sparen. Wenn sie heute schon nicht mit ihrem Geld auskommen – wie soll es dann im Alter aussehen?

Zwei Illusionen

Wir wissen doch, dass wir krank oder arbeitslos werden können. Warum sorgen so viele gar nicht oder nicht annähernd ausreichend vor? Die meisten von uns neigen dazu, zwei Illusionen zum Opfer zu fallen:

Erstens denken wir, wenn die Wirtschaft boomt, *es müsse immer so weitergehen.* Und wenn wir eine Zeit lang gut verdienen, halten wir dieses Einkommen für selbstverständlich; oder wir glauben sogar, bald noch mehr zu verdienen. Aber wie mein Coach immer wieder betonte: Oft kommen die mageren Kühe schneller, als man erwartet.

Der zweite Grund ist noch viel wichtiger: *Viele merken gar nicht, dass sie sich mitten in den fetten Jahren befinden.* Erst wenn die mageren Jahre kommen, sehen wir, wie gut es uns eigentlich gegangen ist. Viele Menschen glauben, dass die fetten Jahre erst noch kommen; also warten sie mit dem Sparen. Aber vieles weist darauf hin, dass wir *jetzt* gerade mitten in den fetten Jahren stecken. Das heißt, jetzt gilt es zu ernten und zu sparen.

Wenn ich das in einem Vortrag sage, höre ich manchmal: »Was, das sollen schon die *fetten* Jahre sein?« Nun, ich glaube: Ja! Einiges wird in Zukunft weniger leicht sein. Achten Sie auf die Tendenzen: Überall steigen die Kosten und Beiträge; gleichzeitig bekommen Sie z. B. von der Krankenversicherung immer weniger für Ihr Geld. Denken Sie an den ersten Teil des Buches ...

Wir erleben wahrscheinlich gerade fette Jahre. Jetzt sollten wir Rücklagen bilden. Leider folgen stattdessen viele dem Beispiel unserer Finanzminister: Sie haben nicht wirklich Ahnung von Geld; sie jammern und klagen; sie sparen nicht und machen obendrein Schulden. Wenn aber etwas geradewegs in die private Armut führt, dann sind es Konsum-Schulden.

Niemals Konsum-Schulden

Fast die Hälfte aller Haushalte in unserem Land ist verschuldet. Über drei Millionen von ihnen werden ihre Schulden nie zurückzahlen können. Schulden zu haben, scheint normal; Banken und andere Institute machen es uns leicht. Leider können Sie keinen größeren Fehler mit Geld machen. Dabei geht es mir nicht nur um die direkten Auswirkungen; vielmehr gefährden Sie auch Ihr gesundes Urteilsvermögen.

Ich selbst hatte mich damals sehr leichtsinnig verschuldet. Mit 26 Jahren konnte ich mich kaum bewegen; meine finanzielle Zukunft schien verbaut. Daher weiß ich um die Gefahr der Konsum-Schulden. Erlauben Sie mir darum im Folgenden einige sehr deutliche Worte. Vielleicht kennen Sie jemanden, der diese Worte lesen sollte.

Überlegen Sie einmal, was Schulden bedeuten: *Wer sich verschuldet, ist im wahrsten Sinne des Wortes weniger wert, als er hat.* Er fühlt, dass er eine Lüge lebt. Er präsentiert sich der Welt mit Dingen, als ob sie ihm gehören würden. *Auf diese Weise wollen viele für etwas Anerkennung erhalten, was sie selbst gar nicht sind.* Sie verstecken sich hinter äußeren Attributen, die ihnen nicht gehören.

Es scheint, als wollte unsere Generation alles sofort. Kaum jemand will warten. Viele wollen die Belohnung, bevor sie etwas dafür tun. Goethe sagte: »Zu viele wollen etwas sein. Nur wenige wollen etwas werden.«

Damals habe ich gelernt: Es macht keinen Spaß, heute und morgen das Geld verdienen zu müssen, das wir *gestern* schon ausgegeben haben. Wir arbeiten dann nur für die Vergangenheit. Wer dagegen keine Konsum-Schulden macht und stattdessen spart, der arbeitet für seine Ziele und seine Freiheit.

Darüber hinaus birgt es immer ein Risiko, Geld heute auszugeben, das wir erst morgen verdienen wollen – und aufgrund unserer Verpflichtungen verdienen müssen. Es macht unfrei. Es macht Angst. Viele können vor Sorgen nachts nicht schlafen, es belastet Beziehungen und beeinträchtigt die Gesundheit. Der Weg der Konsum-Schulden führt niemals zu Wohlstand; er führt in die Armut. Darum gilt: *Kaufen Sie nie, nie, nie, niemals irgendetwas auf Kredit* – außer Ihr Haus.

> ACHTUNG: Sollten Sie Schulden haben – so schauen Sie sich jetzt ein Video an. Ich zeige ganz klar, wie Sie Ihre Schulden am schnellsten loswerden können.
>
> www.videocoaching.bodoschaefer.de/schulden-loswerden

Die Wirklichkeit

Lassen Sie uns überlegen, wie viel wir sparen sollten. Bisher habe ich immer gesagt: »Beginnen Sie mit 10 Prozent.« Das reicht leider heute nicht mehr für jeden. Aufgrund der neuen Situation werden wir differenzieren müssen. Wenn Sie unter 30 sind, hat Ihr Geld viel Zeit sich zu vermehren. Dann genügen die genannten 10 Prozent nach wie vor. Aber wenn Sie zwischen 30 und 40 Jahre alt sind, so sollten es mindestens 20 Prozent sein. Und wenn Sie über 40 sind und bisher noch nicht viel zur Seite gelegt haben, so sollten Sie wenigstens 25 Prozent sparen.

Bitte bestimmen Sie jetzt, welchen Prozentsatz Sie zukünftig sparen sollten bzw. wollen. Der Einfachheit halber werde ich von jetzt ab immer von 25 Prozent sprechen.

Die meisten Menschen sparen zu wenig; nicht weil sie zu wenig verdienen, sondern weil ihr Lebensstandard zu hoch ist. Sie wohnen in schönen Heimen, fahren tolle Autos, sitzen auf teuren Sofas und Sesseln vor neuesten Flachfernsehern und High-End-Musikanlagen, kochen in hochmodernen Küchen. Und weil sie für all das hart arbeiten, buchen sie weite Reisen, um sich zu erholen ...

Dieser Lebensstil hat seinen Preis. Außer Bausparverträgen, einer kleinen Lebensversicherung und einem mageren Sparbuch haben sie nichts. Sie sind den beiden Illusionen zum Opfer gefallen: Sie glauben, es müsse immer so weitergehen und die fetten Jahre würden erst noch kommen. Oder sie denken gar nicht nach.

Die drei Schichten

Erinnern Sie sich an die drei Schichten und ihre jeweilige Art zu denken? Auch in Bezug auf das Sparen zeigen sich deutliche Unterschiede. Die *Reichen* geben dem Geld eine höhere Bedeutung als den Dingen. Darum sparen sie und machen keine Konsum-Schulden. Sie kaufen sich nichts, was sie sich nicht leisten können. Da sie keine Kredite aufnehmen, müssen sie keine Zinsen zahlen; im Gegenteil: Sie erhalten Renditen von ihren Anlagen.

Lassen Sie sich nicht täuschen durch Medienberichte von einigen wenigen Reichen, die in Saus und Braus leben. Erstens sind das im Verhältnis nur sehr wenige (unter 4 Prozent von allen!) und zweitens bilden diese wenigen nicht unbedingt die geistige Elite unter den Reichen. Es ist fraglich, ob sie als Vorbilder herangezogen werden sollten. Ich kenne kaum einen wirklich Reichen, der nicht 50 Prozent seiner Einnahmen sparen würde – und diese Menschen haben damit begonnen, lange bevor sie reich waren.

Die *Armen* sitzen in einem kleinen Hamsterrad. Sie kaufen vieles auf Kredit, selbst Flachfernseher, Möbel, Computer. Ihre Konsum-Schulden sind eigentlich überschaubar; aber weil sie so wenig verdienen, werden selbst diese überschaubaren Summen zu einem ernsten Problem. Sie müssen arbeiten, um Schulden abzubezahlen und »können« kaum sparen.

Die Menschen der Mittelschicht denken und handeln eher wie die Armen – sie machen oft kräftig Schulden und sparen einen viel zu kleinen Teil ihres Einkommens. Aber ihren Lebensstil gleichen sie den Reichen an; viele wollen vermögender scheinen, als sie sind. Darum kaufen sie sich Statussymbole.

Oft ist es ein Leben auf Pump. Weil sie dann kreditwürdiger sind, sitzen sie in einem größeren Hamsterrad mit höheren Verbindlichkeiten, für die sie Zinsen zahlen müssen. Die Idee, Rendite als ständige und sichere Einnahmequelle zu sehen, ist ihnen eher fremd.

Das Konten-Modell

Angenommen, Sie haben bisher weniger gespart, als Sie wollten. Viele hatten schlicht die Einsicht nicht – so wie ich früher. Aus diesem Grund habe ich in diesem Kapitel so ausführlich darüber gesprochen. Andere haben einfach nicht die nötige Disziplin. Darum erläutere ich jetzt ein System, das Ihnen die Disziplin abnimmt. Was ich jetzt sage, meine ich ganz ernst: Das System macht Sie automatisch reich. Ich nenne es den automatischen Millionär.

Es ist ganz einfach. Sie müssen nur einmal zur Bank gehen und das System einrichten. Das Konten-Modell ersetzt die Disziplin: Sie sparen automatisch.

Sie unterhalten wahrscheinlich ein Girokonto, auf dem Ihre Einnahmen *eingehen* und von dem alle Ausgaben, Daueraufträge für Versicherungen und Sparverträge *abgehen*. Viele wollen dann sparen, was am Monatsende noch übrig ist. Manchmal gelingt das, manchmal nicht. Vor allem mangelt es an Transparenz; eine ordentliche Finanzplanung ist so nur schwer möglich.

Außerdem ist es *psychologisch unklug*, von einem Konto gleichzeitig zu leben und davon zu sparen. Auf diese Weise bringt Sie jeder Euro gewissermaßen in einen Interessenkonflikt: Wenn Sie ihn ausgeben, haben Sie ihn nicht gespart; wenn Sie ihn aber sparen – dann haben Sie weniger Geld für Ihren Spaß. Wie Sie es auch machen, irgendwie scheint es nicht richtig befriedigend zu sein. Es fehlt eine klare Strategie.

Darum mein Vorschlag: Richten Sie ein Unterkonto zu Ihrem Girokonto ein. Nennen Sie es Ihr *Sparkonto*. Hierauf überweisen Sie per Dauerauftrag am Anfang des Monats 20 Prozent Ihres Nettoeinkommens. Mit dem verbleibenden Geld auf Ihrem Girokonto zahlen Sie alle anderen Kosten: Miete, Bäcker, Obsthändler, Friseur ... Wer bezahlt Sie? Niemand – wenn Sie es nicht selbst tun. *Mit den 20 Prozent bezahlen Sie sich selbst.* Dieses Geld ist das Fundament für Ihre finanzielle Freiheit. Alles andere sind nur Ausgaben.

Mit dem Geld des Sparkontos bauen Sie Ihre finanzielle Freiheit auf. Alles, was sich hier ansammelt, investieren Sie. Ihre eventuellen Sparpläne und Lebensversicherungsbeiträge sollten Sie zukünftig ebenfalls von diesem Konto abbuchen lassen. Sollten Sie eine Anlage wieder verkaufen, so vermischt sich das Geld nicht mit den Beträgen auf Ihrem Girokonto. Es fließt vielmehr auf Ihr Sparkonto und steht für neue Anlagen zur Verfügung.

Noch ein Wort zu den 80 Prozent, die auf Ihrem Girokonto verbleiben. Davon leben Sie. Versuchen Sie nicht, auch hiervon noch einen zusätzlichen Betrag zu sparen. Das ist nicht nötig und wäre Pfennigfuchserei. Wir sollten auch Spaß haben und uns etwas gönnen. Sie werden gleich sehen, wie Sie trotzdem mit der Zeit eine größere Summe sparen können.

Und wenn das Einkommen schwankt?

Das Kontenmodell gilt auch für Selbstständige; denn auch sie erhalten ein Gehalt. Der Unterschied besteht nur darin, dass sie ihr eigener Arbeitgeber sind. Auf keinen Fall dürfen Sie geschäftliche Gelder mit Ihren privaten vermischen. Sie sollten unbedingt beides gut sichtbar durch zwei separate Konten trennen.

Aber selbst wenn sie diese Trennung praktizieren, so haben doch viele Selbstständige und Freiberufler das Problem der schwankenden Einkünfte. Sie haben in einem Monat zu wenig, um alle privaten Kosten zu decken, und in anderen zu viel. In den schwachen Monaten können sie nicht sparen; und in den starken geben sie zu viel aus.

Ein Selbstständiger muss es darum schaffen, sich selbst gleichzeitig als Angestellter und als Chef bzw. Firma zu sehen. Nicht alles Geld Ihrer Firma gehört Ihnen auch privat. Am besten stellen Sie sich vor, Sie hätten die Rechtsform der GmbH gewählt. Dann wären Sie der Geschäftsführer und würden ein festes Gehalt beziehen. Gewinne der Firma könnten Sie nicht einfach entnehmen; zunächst würden sie der Firma gehören.

Es ist absolut notwendig, als Selbstständiger zu lernen, jeden Monat von einem *gleichbleibenden* Betrag zu leben. Dafür können Sie sorgen, selbst wenn Sie keine GmbH gegründet haben. Es ist ganz einfach: Von Ihrem Firmenkonto überweisen Sie (der Chef) sich (dem Angestellten) ein festes Gehalt auf Ihr Privatkonto. Nun können Sie ohne Probleme das oben beschriebene Konten-Modell umsetzen und monatlich einen gleichbleibenden Betrag sparen.

Schauen Sie hierzu ein Video, in dem ich das 3-Konten-Modell genau erkläre

http://www.videocoaching.bodoschaefer.de/finanzentscheidungen/

Brauchen und wollen

Tausende meiner Seminarbesucher haben dieses Kontenmodell eingerichtet. Es war regelmäßig der erste Schritt zum Wohlstand. Andere haben behauptet, nicht sparen zu können. In Gesprächen habe ich immer festgestellt, dass diese Menschen sich letztendlich selbst belogen haben. Sie sagten: »*Das brauche ich.*« In Wahrheit aber *wollten* sie es.

Wir dürfen niemals das, was wir wollen, verwechseln mit dem, was wir brauchen. Wir *brauchen* nicht wirklich viel. Die meisten *wollen* viel. Und das ist auch in Ordnung. Aber nur, wenn unsere Spar-Freude nicht darunter leidet. Wir dürfen uns nicht selbst belügen. Wir *können* sparen; wir können sehr viel sparen, weil wir viel weniger brauchen, als wir möglicherweise denken.

Wenn Sie ernsthaft sparen wollen, fragen Sie sich kritisch: »Brauche ich das wirklich?« »Ist das wirklich nötig?« Vielleicht ist es hilfreich, sich solche Fragen ein bis zwei Jahre zu stellen. Ich kenne keinen Fall, in dem es länger notwendig war. Nach diesem Zeitraum hat das neue Denken und Sparen regelmäßig zu beginnendem Wohlstand geführt.

Die wichtigste Regel von Sir John Templeton

Erinnern Sie sich an die Jahre 2002 und 2003? Die Aktienmärkte hatten neue Einbrüche erlebt. Niemand hatte vorhergesehen, dass die Kurse über 70 Prozent einbrechen könnten. Die bange Frage lautete: »Werden sich die Aktien jemals wieder erholen?« Die Angst machte sich breit, dass die Talfahrt über viele Jahre anhalten würde. Von einer Weltwirtschaftskrise war die Rede.

Da druckte eine große deutsche Wochen-Zeitung einen Auszug eines Interviews mit Sir John Templeton. Er wurde mit den Worten zitiert: »Wir würden uns in den nächsten Jahren freuen, wenn wir die heutigen Aktienstände noch hätten ...«

Ich kannte den Gründer der Templeton Fonds und verehre ihn sehr – und ich konnte mir eine solche Aussage von ihm nicht vorstellen. Also rief ich ihn an. Der große alte Mann der Aktienfonds lachte herzlich über das angebliche Zitat. Er hatte in den vergangenen Jahren nicht ein einziges Interview gegeben. Und schon gar nicht hatte er eine Prognose über die Aktienmärkte abgegeben. Ich war erleichtert, aber natürlich auch schockiert: Wie konnte eine renommierte Zeitung ein Interview erfinden?

Sehen Sie, wie leicht Panik entstehen und geschürt werden kann?

Ich bat Sir John um einen wichtigen Tipp in diesen unruhigen Börsenzeiten. Er gab mir eine Antwort, die ich in diesem Zusammenhang nun wirklich nicht erwartet hatte. Er sagte: »Sag deinen Lesern, es ist völlig egal, wie sich die Börsen in den nächsten Monaten entwickeln. Wer investiert ist, macht langfristig immer Gewinne. Aber sag ihnen etwas viel Wichtigeres: Sie sollen sparen, sparen, sparen.«

Dann fuhr er eindringlich fort: »Es gibt nur einen Grund, warum ich Milliardär bin und warum ich keine finanziellen Sorgen gehabt habe, seit ich Anfang zwanzig war: Weil ich immer von jedem Dollar 50 Prozent gespart habe. Das war anfangs hart. Ich hatte früh geheiratet und natürlich wollten wir uns Dinge anschaffen wie Möbel. *Aber meine Frau und ich haben die Entscheidung getroffen, immer 50 Prozent zu sparen. Die wichtigste Regel für jeden, der wohlhabend werden will, lautet: sparen, sparen, sparen.*«

Viele überschätzen sich

Ich habe viele Menschen beobachtet, die wohlhabend wurden; und ich habe viele scheitern sehen. Letztlich ist es immer die Fähigkeit zu sparen, die den Ausschlag gibt. Wer sparen kann, wird vermögend. Wer diese Disziplin nicht hat, wird sein Leben lang weit unter seinen Möglichkeiten bleiben, weil er immer wieder finanzielle Schwierigkeiten haben wird.

Wer nicht spart, vergeudet ständig Energie. Er muss andauernd improvisieren. Er muss Brände löschen. Ist der eine unter Kontrolle, bricht das Feuer an anderer Stelle wieder aus. Er gleicht einem Schwimmer, der gegen die Wellen ankämpft: ohne Übersicht, ohne Weitsicht. Ein Mensch, der spart, gleicht eher einem erfahrenen Surfer, der mit Übersicht auf eine Welle wartet, die ihn trägt. Er surft auf seinen Ersparnissen durch das Leben.

Viele scheitern, weil sie sich für schlau halten und den Preis für Wohlstand nicht zahlen wollen. Sie haben sich überschätzt; sie dachten, sie könnten entgegen den uralten Gesetzmäßigkeiten reich werden.

Die Denkfehler haben immer den gleichen Ausgangspunkt: Manche Menschen meinen, sehr bald so viel zu verdienen, dass sie heute nicht sparen müssen. Eines haben alle gemeinsam, die sich überschätzen: Sie alle denken, sie können einen neuen Weg finden. Aber den gibt es nicht.

Wer nicht spart, wird nichts haben. Selbst wenn er unverhofft etwas bekommt, wird er es verlieren. Denn er hat nicht gelernt, Geld festzuhalten.

50 Prozent der Gehaltserhöhung sparen

Wenn Sie 20 Prozent sparen, haben Sie den Grundstein gelegt. Solange Sie von diesem Prinzip nicht abweichen, werden Sie niemals finanzielle Probleme haben. Aber möglicherweise wollen Sie schnell vermögend werden. Dann müssen Sie sich eine weitere Frage stellen: **Wie können Sie mit der Zeit Ihr Sparvolumen erhöhen, ohne sich einzuschränken?**

Die Antwort ist ganz einfach: *Indem Sie mehr verdienen.* Die sechste Regel handelt davon, wie Ihnen das gelingen kann.

Allerdings ist ein höheres Einkommen alleine nicht der Weg zu Wohlstand. Vermögend macht Sie nur das Geld, das Sie behalten. Und hier bietet eine Gehaltserhöhung eine einmalige Chance: *Sie können mehr sparen, ohne sich einzuschränken.*

Aber wie sah es in der Vergangenheit aus, wenn Sie mehr Gehalt bekommen haben? Viele haben festgestellt: In dem Maße, in dem neues Geld zur Verfügung steht, entstehen auch neue Wünsche; die Ausgaben wachsen parallel zu dem Einkommen.

Diesen Teufelskreis können Sie leicht durchbrechen. Sparen Sie zukünftig einfach von jeder Gehaltserhöhung konsequent 50 Prozent. Auf diese Weise gewöhnen Sie sich eben nur an eine halbe Gehaltserhöhung.

Wenn Sie also bisher 2.000 Euro netto hatten, so besagt das Konten-Modell, dass Sie per Dauerauftrag jeden Monat 400 Euro (20 Prozent) auf Ihr Sparkonto überweisen. Wenn Sie nun eine Gehaltserhöhung von 600 Euro netto bekommen, so sparen Sie davon 300 Euro (50 Prozent). Sie erhöhen also Ihren Dauerauftrag auf 700 Euro (400 + 300 = 700).

Die Vorteile

Ihre monatliche Sparrate erhöht sich dadurch mit einem Schlag um 75 Prozent. Sie werden Ihre finanziellen Ziele nun viel schneller erreichen.

Sie sparen auf diese Weise völlig schmerzlos, denn Ihr Lebensstandard ist noch nicht parallel zu der Gehaltserhöhung gewachsen.

Wenn Sie Gehaltserhöhungen so behandeln, vergrößern Sie nicht Ihr Hamsterrad. In der Lohnsteigerung sehen Sie vielmehr einen ganz anderen Sinn; *mit jeder Lohnerhöhung gelangen Sie schneller zu finanzieller Freiheit.*

Sie sind stolz auf sich, denn Sie beweisen sich selbst, dass Sie gut mit Geld umgehen können. Ihr gesundes Selbstvertrauen wächst nicht nur in Bezug auf finanzielle Dinge. Es weitet sich auch auf andere Gebiete Ihres Lebens aus, zum Beispiel auf Ihren Job. Wenn Sie sich mehr zutrauen, werden Sie wertvoller.

Der letzte Vorteil ist erstaunlich und ich kann ihn nur schwer erklären. Aber ich habe immer wieder gesehen: **Wer von einer Gehaltserhöhung mindestens die Hälfte spart, bekommt viel**

schneller eine weitere. Vielleicht kommt Geld einfach gerne zu Personen, die es festhalten und gut behandeln. Es könnte auch zu einem großen Teil an gesteigertem Selbstvertrauen liegen; denn möglicherweise strahlen Sie auch eine neue Souveränität und Gelassenheit aus. Wahrscheinlich spielt alles zusammen eine Rolle.

Das Auto

Wofür geben Deutsche das meiste Geld aus? Für die Immobilie, die sie bewohnen, und für ihr Auto. Bei beidem handelt es sich nicht um eine Investition, sondern um Luxus. Sicherlich um einen Luxus, auf den die meisten von uns nicht verzichten wollen. Dennoch sollten wir dafür nicht zu viel Geld ausgeben, solange wir noch nicht finanziell frei sind. Denn wir könnten dann nicht mehr genug sparen.

Mein Coach kannte hier eine eiserne Regel. Sie lautet: »*Kaufen Sie kein Auto, das mehr kostet als Ihr doppeltes Monatsgehalt.*« Als ich das zum ersten Mal hörte, war meine spontane Antwort: »Das wäre aber ein kleines Auto.« Zum Glück hörte ich auf ihn, auch wenn es mir sehr schwerfiel.

Der Wagen, den ich mir dann zulegte, entsprach meinem Einkommen: Es war ein Ford Fiesta 1.0. Glauben Sie mir, es gab kaum eine bessere Motivation für meine finanziellen Ziele, als solch ein Auto zu fahren. Warum? Weil ich diesen Ford wirklich nicht mochte. Ich hasste ihn.

Aber ich hatte mit meinem Coach vereinbart, dass ich mir erst dann wieder einen schnelleren Wagen kaufen würde, wenn ich über eine bestimmte Summe Geld verfügen würde. Also sehnte ich diesen Tag herbei. Ich war 26 Jahre alt und rückschauend glaube ich, meine Motivation, endlich ein schönes Auto zu fahren, war viel größer als mein Wunsch nach Vermögen. Vielleicht sind Sie nicht ähnlich einfach strukturiert, wie ich es damals war. Aber überlegen Sie, was Sie wirklich motiviert ...

Die meisten Menschen arbeiten hauptsächlich für ihr Haus und ihr Auto. Oft wollen sie beides gar nicht in erster Linie für sich selbst; sie wollen vielmehr Eindruck auf andere machen – oft sogar auf Menschen, die ihnen nicht einmal wirklich wichtig sind. Ihnen ist der Schein von Wohlstand wichtiger als der Wohlstand selbst. Sie sind Haus-arm und Auto-arm.

Wer sich zu früh solche Dinge leistet, der kann zum einen nicht viel sparen. Dadurch bleibt er unfrei. Zum anderen aber nimmt er sich seine Belohnungen vorweg. Wo soll da der Anreiz und die Motivation zum Sparen sein, wenn wir bereits alles haben? Drittens müssen wir immer Folgendes einkalkulieren: unerwartete Umstände. Das Geld, mit dem Sie fest rechnen, kann unter Umständen ausbleiben. Wenn sicher geglaubtes Geld ausbleibt, aber hohe Raten bezahlt werden müssen, dann sind die Schwierigkeiten groß.

Mein Coach nannte noch zwei Tipps in Bezug auf Autos: Zahlen Sie jeden Autokauf in bar. Und erwerben Sie keinen Neuwagen, solange Sie nicht ein ansehnliches Vermögen haben. Kaufen Sie stattdessen Autos, die wenigstens die Hälfte ihres Neupreises verloren haben. Ein zwei bis drei Jahre altes Auto ist einem Neuwagen nicht unterlegen. Warum sollten Sie dafür das Doppelte bezahlen?

Rechnen Sie jeden Kaufpreis groß

Noch einen letzten Tipp, um unnötige Ausgaben zu vermeiden: *Rechnen Sie im Kopf jeden Kaufpreis groß*. Wenn Sie zum Beispiel ein Auto sehen, das 20.000 Euro kostet, so sagen Sie sich: »200.000 Euro bezahle ich für kein Auto.« Sie haben richtig gelesen, der Preis lautet tatsächlich 20.000 Euro. Wie komme ich auf das Zehnfache, also 200.000 Euro?

Ganz einfach. Wenn Sie auf das Auto verzichten und die 20.000 Euro stattdessen mit einer durchschnittlichen Rendite von 12 Prozent anlegen, so werden daraus in 20 Jahren ca. 200.000 Euro. Wenn Sie das Auto aber kaufen, so können diese 200.000 Euro nicht mehr entstehen und die bezahlten 20.000 Euro verlieren mit jedem Kilometer weiter an Wert.

Sie werden erleben, dass sich sparsame Menschen die Kaufsummen *großrechnen*. Sie sehen nicht nur den Geldbetrag heute, sondern sie überlegen, was aus der Summe in 10 oder 20 Jahren werden kann. Je größer Sie die Summe in Ihrem Kopf machen, umso größer wird die Hemmschwelle, das Geld auszugeben. Dieser simple Trick hat vielen Menschen dazu verholfen, mehr zu sparen und somit reich zu werden.

Arme rechnen Kaufpreise klein

Arme Menschen und die Mittelschicht neigen zum anderen Extrem: Sie rechnen sich glücklich, indem sie die Summe klein machen. So sprechen sie zu sich selbst nicht von einem Kaufpreis von 50.000 Euro, sondern von einer monatlichen Leasingrate von nur 783 Euro, und diese Rate können sie noch zu einem erheblichen Teil steuerlich absetzen.

Somit wird die Summe so »klein«, dass sie »unmöglich Nein sagen konnten«. Was für ein Unsinn! Wie traurig, wenn wir unsere Intelligenz dazu missbrauchen, dumme Handlungen zu rechtfertigen. **Zumal auch die kleingeredete monatliche Rate für das Auto oft viel höher ist als der Betrag, den die ganze Familie monatlich spart.** Das ist doch dumm!

Ich frage Sie: **Wie kann man jemanden ernst nehmen, der sagt, er wolle vermögend werden, der aber jeden Monat mehr für sein Auto zahlt, als er für seine finanzielle Zukunft auf die Seite legt?** Wir dürfen niemals zulassen, dass wir kein Geld übrig haben für unsere wirklich wichtigen Ziele – nur weil wir es für relativ unwichtige Dinge ausgegeben haben.

W. Clement Stone sagte: »Ein Mensch, der nicht sparen kann, hat es nicht verdient, vernünftig und intelligent genannt zu werden.« Wir können uns vieles schönreden, aber bei Zahlen geht das nicht. Kontostände sprechen eine klare Sprache. Bilden unsere maroden Finanzen aber ein ständiges Problem, so können wir kein Selbstvertrauen entwickeln.

Und wenn unser Selbstbewusstsein stagniert, so stagniert auch unser Einkommen. Darum sagte ich zuvor: Wenn wir deutlich mehr verdienen wollen, müssen wir uns dafür zuerst qualifizieren. Und wir qualifizieren uns dafür, indem wir lernen zu sparen. Wir müssen also Regel 2 meistern, bevor wir deutlich mehr verdienen.

Wenn wir kein Geld sparen, haben wir zudem nichts zum Anlegen. Wir haben auch nicht das Selbstbewusstsein, Finanzpläne zu erstellen; und wir können kaum etwas spenden.

Zusammenfassend können wir sagen: Wer denkt wie ein Reicher (Regel 1), der spart (Regel 2). Alle anderen Regeln bauen darauf auf. Wir müssen sparen.

KAPITEL 10

Regel 3: Die finanziellen Ziele bestimmen

*»Wenn wir die Fragen des Geldes lösen, ermöglicht uns das auch,
wieder mehr Zeit in unser Leben zu bringen.«*

Jacob Needleman

*

Glauben Sie nicht, dass jeder von uns das Recht hat, zu träumen
und die Träume auch umzusetzen? Natürlich gilt das auch für Ihre finanziellen Ziele. Vor Jahren sagte mein Coach zu mir: »Wenn
Sie einen genauen schriftlichen Plan erstellen, so haben Sie Ihr
Ziel bereits zu 50 Prozent erreicht.« Ich hatte meine Zweifel.
50 Prozent, das schien mir doch ziemlich dick aufgetragen.

Heute weiß ich, dass die Zahl wahrscheinlich noch zu niedrig
ist. Die meisten Menschen planen ihre Finanzen nie konkret
und werden nicht vermögend. Diejenigen, die sie planen, werden meist wohlhabend. Wenn da kein Zusammenhang besteht ...
Dazu gibt es eine Harvard-Studie, die weltbekannt geworden ist:
Alle Studenten, die ihr Studium 1953 beendeten, wurden gefragt,
ob sie klare Ziele hätten. Nur 3 Prozent hatten solche spezifischen
Ziele *schriftlich* niedergelegt und hatten zudem genau *geplant*, was
sie in ihrer Zukunft erreichen wollten.

Zwanzig Jahre später befragten die Forscher die einstigen Studenten erneut. Sie fanden heraus, dass die 3 Prozent, die ein Ziel
und einen Plan hatten, finanziell *mehr* erreicht hatten als der

Rest zusammengenommen. 3 Prozent hatten somit mehr als *das 32-Fache* der ehemaligen Studenten ohne Ziel und Plan erreicht. Sie schienen zudem glücklicher, gesünder und erfolgreicher zu sein als ihre Kommilitonen, die sich keine Ziele gesetzt hatten. Zielsetzung ist eine sehr wirksame Sache.

Die Gründe dafür sind vielseitig. Zum einen brauchen wir alle einen Grund dafür, morgens aufzustehen. Wir brauchen etwas, das uns antreibt. Etwas, für das sich die Anstrengungen lohnen. Und wir brauchen die Gewissheit, wann wir ein Ziel erreicht haben.

Am Ende des Kapitels schauen wir uns einige weitere Gründe für die Macht der Ziel-Planung an. Halten wir bis dahin fest: Um Ihre Träume Wirklichkeit werden zu lassen, müssen Sie diese zunächst genau identifizieren. Und Sie müssen wissen, was sie kosten würden.

Drei Schichten – drei Pläne

Wieder stelle ich eine unterschiedliche Denkweise bei den drei Schichten fest: Die meisten Armen berechnen niemals, was ihre Ziele kosten würden. Sie verlassen sich einfach auf die staatliche Rente. Die Angehörigen der Mittelschicht lassen sich die »Rentenlücke« ausrechnen – zwischen dem Einkommen, das sie gewohnt sind, und der zu erwartenden Rente. Und dann überlegen sie, wie sie diese Lücke schließen können.

Die Reichen erstellen konkrete Finanzpläne und rechnen aus, *was der Lebensstil kosten würde, den sie anstreben.* Der große Unterschied: **Die Armen delegieren das Planen an den Staat; die Reichen überlegen, wie viel sie *wollen*; die Mittelschicht plant, *nicht weniger zu bekommen*, als sie jetzt hat. Sie will ein Minimum und limitiert sich somit automatisch.**

Es scheint zwar für viele verständlich, ein Minimum anzustreben. Nur leider ist es in der Praxis sehr schwer zu erreichen. Im ersten Teil habe ich dargelegt, dass es leichter ist, finanzielle Freiheit zu erreichen als ein Existenzminimum. Sie können es immer wieder beobachten: *Wer aus Mangel an Selbstvertrauen ein kleines Ziel wählt, erhält oft weniger. Wer sich dagegen selbstbewusst ein großes Ziel setzt, übertrifft es meist sogar.*

Vielleicht ist das, was wir bekommen, eine logische Antwort auf unser Planen: Möglicherweise bekommen diejenigen, die freiwillig weniger planen, als sie könnten, im Ergebnis weniger, als sie wollen. Das Naturgesetz lautet: **Wer zu wenig will, bekommt noch weniger, als er will.**

Drei Pläne

In diesem Kapitel werden Sie genau ausrechnen, wieviel Sie brauchen, um eine Zeit lang zu überleben, was Sie langfristig mindestens brauchen und was Ihr erträumter Lebensstil kosten würde. Es handelt sich dabei um *drei* konkrete Pläne. Ganz einfache und doch wirkungsvolle Pläne, die aufeinander aufbauen. Hier der Überblick:

> ➤ **Finanzieller Schutz:** Sie ermitteln, wie viel Geld Sie brauchen, um sechs Monate lang all Ihre Kosten zu decken. Über diese Summe zu verfügen, ist der absolute Mindestplan.

> ➤ **Finanzielle Sicherheit:** Sie errechnen, wie viel Kapital Sie benötigen, um von den Renditen all Ihre Mindestkosten zu decken. Sie brauchen dann nie mehr zu arbeiten und sind unabhängig.

> ➤ **Finanzielle Freiheit:** Wie viel Geld müssen Sie besitzen, um aus den Renditen den Lebensstil Ihrer Träume zu finanzieren? Sie sind frei.

Warum sind drei Pläne notwendig? Viele Menschen verlieren den Mut, wenn sie sich sofort an schier unerreichbar hohe Ziele heranmachen sollten. Wer aber erste Zwischenziele erreicht, findet Mut und Selbstvertrauen für höhere Ziele. Außerdem müssen wir für jedes Ziel einen Preis zahlen. Und wir wissen nicht, ob wir den Preis tatsächlich zahlen wollen. Es ist darum gut, die Wahl zwischen unterschiedlichen Zielen zu haben; aber dafür müssen wir sie alle kennen.

Allerdings haben Sie eigentlich nur die Wahl zwischen dem zweiten und dem dritten Plan. Den ersten *müssen* Sie so bald wie möglich umsetzen – wenn Sie ihn nicht schon umgesetzt haben. Dann müssen Sie entscheiden, ob es Ihnen ausreicht, unabhängig zu sein (Plan 2), oder ob Sie frei sein wollen (Plan 3).

Der dritte Grund für drei Pläne lautet: Wir sollten unterschiedlich investieren, je nachdem, an welchem Plan wir arbeiten. Sie werden bei der vierten Regel sehen, die Anlage-Strategie kann nicht für jeden Plan gleich sein.

Finanzieller Schutz

Erinnern Sie sich an die erste Frage, die mein Coach mir damals stellte: »Wie lange könnten Sie von Ihrem Geld leben, wenn Sie keine Einkünfte mehr hätten?« Die Frage zielte auf den ersten Plan: einen *Schutz zur kurzfristigen Überbrückung von Notfällen*.

Angenommen, Sie verlieren aus irgendeinem Grund Ihr Einkommen, wie viel Geld würden Sie in einem solchen Notfall brauchen, um alle Kosten zu bezahlen? Natürlich würden Sie sich einschränken; aber einige Posten laufen auf jeden Fall weiter: Miete, Kreditraten, Versicherungen, essen müssen Sie auch ...

Wenn Sie den Plan genau erstellen wollen, so schauen Sie jetzt auf Ihre Kontenbelege als Gedankenstütze. Sie notieren alle unvermeidlichen Kosten. Wenn Sie diese Arbeit nicht leisten wollen, so *überschlagen* Sie wenigstens im Kopf, wie viel Sie pro Monat benötigen: _____ Euro

Erst wenn Sie genug Geld haben, um sechs Monate lang alle Rechnungen zu bezahlen, verfügen Sie über einen finanziellen Mindestschutz. Also müssen Sie den oben ermittelten Betrag mit 6 multiplizieren:

_____ Euro × 6 Monate = finanzieller Mindestschutz

Besitzen Sie bereits diesen Betrag? *Dann gratuliere ich Ihnen.* Sollte Ihnen etwas zustoßen, so können Sie sich in aller Ruhe erholen; sollten Sie Ihren Job verlieren, können Sie sich ganz gelassen umschauen.

Auch können Sie aus einer Position der Stärke heraus besser verhandeln. Sie müssen keine unwürdigen Angebote annehmen oder faule Kompromisse eingehen. Sind Sie ausgebrannt, können Sie sogar zunächst in Urlaub fahren und sich erholen. Und auch wenn nichts passiert, also kein Notfall eintritt, fühlen Sie sich geschützt. Jeder Mensch hat das Bedürfnis nach diesem Mindestschutz, glauben Sie nicht?

Falls Sie über diesen finanziellen Schutz *nicht* verfügen, so sollten Sie alles daransetzen, dieses Ziel so schnell wie möglich zu erreichen. Niemand ist sicher vor Krisen und Schicksalsschlägen. Sie zu durchleben, ist schwer genug; doch Sie haben es in der Hand zu vermeiden, dass dann auch noch finanzielle Schwierigkeiten hinzukommen. Sie sind es sich selbst, Ihrer Gesundheit, Ihrem emotionalen Wohlbefinden und Ihrer Familie schuldig, so schnell wie möglich diesen finanziellen Schutz zu besitzen. Bis wann werden Sie Ihren finanziellen Schutz aufbauen?

Wenig brauchen

Den ersten Schritt, den finanziellen Schutz, sollte ein Mensch so schnell wie möglich erreichen. Darum ist es wichtig, dieses Ziel möglichst klein zu machen. Das steht nicht im Widerspruch zu dem, was ich über finanzielle Freiheit sage. Wir müssen zwischen Fern- und Nahzielen unterscheiden: Fernziele sind tatsächlich realistischer, wenn wir sie groß wählen; Nahziele aber sollten wir *so schnell wie möglich* erreichen, deshalb sollten sie möglichst klein sein. Dafür gibt es vier Gründe. Ein Beispiel:

Peter Prasser verdient 2700 Euro netto, kann aufgrund seines Lebensstandards aber nur 120 Euro sparen. Das sind weniger als 4,5 Prozent. Überlegen Sie: Was bedeutet das für seinen finanziellen Schutz? Da er 2.580 Euro im Monat benötigt, braucht er 15.480 Euro, um diesen zu erreichen (2.580 Euro × 6). Da er aber nur 120 Euro sparen »kann«, würde er fast 11 Jahre benötigen, um dieses Ziel zu erreichen. Ich schreibe bewusst »würde«, denn wahrscheinlich wird der Prasser seinen finanziellen Schutz nie bekommen; er verliert lange vorher die Lust und gibt auf.

Ganz anders ein sparsamer Mensch: Auch er verdient 2.700 Euro netto, kann aber rund ein Drittel sparen, also 900 Euro. Das hat mehrere Vorteile: Erstens braucht er nur 10.800 Euro, um seinen finanziellen Schutz zu erreichen (1.800 Euro × 6). Das Ziel ist also kleiner und schon deshalb schneller zu erreichen. Zweitens erreicht er sein Ziel auch deshalb schneller, weil er mehr spart: nämlich *in einem einzigen Jahr.*

Sie sehen, wenn Sie sparsam sind, erreichen Sie Ihr Ziel schneller. Sie haben *vier Vorteile:*

1. Ihr Ziel ist kleiner. Darum können Sie es schneller erreichen.

2. Ihre Sparrate ist höher. *Durch diesen Doppeleffekt erreichen Sie Ihr Ziel meist zehn Mal so schnell!*

3. Ihr Ziel ist zum Greifen nahe; das motiviert; Sie halten durch.

4. Sie stärken durch den schnell erreichten Schutz Ihr Selbstvertrauen und glauben an höhere Ziele.

Machen Sie es dringlich

Sehen Sie erneut, wie wichtig das vorige Kapitel ist? Alles Vermögen, *wirklich jeder finanzielle Erfolg baut sich auf der Fähigkeit auf, sparen zu können.* Tappen Sie niemals in die »Was-könnten-die-anderen-denken?«-Falle. Ganz gleich, was die anderen denken, eines ist sicher: Es wird Ihr Wohlbefinden nicht wirklich beeinflussen. Aber eine gesunde finanzielle Basis wird sehr wohl einen Einfluss haben – und zwar auf fast alle Bereiche Ihres Lebens.

Was sollen Sie mit dem Geld für Ihren finanziellen Schutz tun? Investieren Sie es sicher und jederzeit verfügbar. Oder legen Sie das Geld einfach in Ihren Safe bzw. Ihr Bankfach. Vielleicht wenden Sie ein, dass man gerade mit wenig Geld hohe Risiken eingehen sollte, um es zu vermehren.

Davon möchte ich dringend abraten. Ihr wichtigstes Anliegen für Ihren finanziellen Schutz muss es sein, in Notfällen schnell darauf zugreifen zu können. Wer aber hohe Risiken eingeht, der muss sein Geld meist lange entbehren können und er kann es auch verlieren. Sie würden also Ihre Basis gefährden; damit wäre das Ziel des finanziellen Schutzes verfehlt.

Jeder Mensch sollte so schnell wie möglich die drei Pläne ausrechnen und sich dann sofort daranmachen, seinen finanziellen Schutz zu erreichen. Ich mache mir um denjenigen keine Sorgen, dem das innerhalb von zwei Jahren gelingt. Er muss sich dann nur sofort an den nächsten Plan machen und er darf seinen finanziellen Schutz nie anfassen. Außer in einem wirklichen Notfall – um Lohnausfälle zu kompensieren.

Was aber, wenn wirklich Ihr Einkommen ausbleibt und Sie Ihren finanziellen Schutz aufbrauchen müssen? Sie haben dann zwar eine Krisensituation überbrückt, aber Ihr Kapital ist weg. Die Antwort ist: Sie brauchen den zweiten Plan, der zu Wohlstand und Reichtum führt.

Äsops Fabel

Hierzu müssen wir festlegen: Was ist die Definition von Reichtum? Ein hoher Verdienst jedenfalls nicht. *Reichtum bedeutet, so viel Kapital zu besitzen, dass wir von den Zinsen leben können.* Solange jemand noch für sein Geld arbeiten *muss*, ist er nicht reich. Wir haben nur zwei Möglichkeiten: Entweder *sind* wir eine Geldmaschine, oder wir *haben* eine Geldmaschine.

Nach einer Fabel des altgriechischen Dichters Äsop ging ein Bauer eines Morgens in seinen Stall, um sich von seiner Gans das Frühstücksei zu holen. Zu seiner Überraschung lag ein goldenes Ei im Nest. Er ließ es vom örtlichen Goldschmied untersuchen und siehe da – es war aus purem Gold. Jeden Morgen fand der Bauer daraufhin ein neues goldenes Ei im Nest der Gans.

Bald wurde der Bauer gierig. Er haderte mit der Gans, weil sie nur ein einziges Ei pro Tag legte; und weil sie nicht mit ihm sprach, um ihm zu erklären, wie sie die goldenen Eier fabrizierte. Er steigerte sich dermaßen in seine Wut hinein, dass er ein großes Buschmesser nahm und die Gans in zwei Hälften hieb. In einer der Hälften fand er ein in der Entstehung begriffenes goldenes Ei. Von da ab bekam er keine goldenen Eier mehr ... Und die Moral von der Geschicht': Töte deine Gans nicht.

Die Gans in Äsops Fabel steht für unser Kapital, die goldenen Eier stehen für die Zinsen, die wir ernten. Sehen Sie an dieser Fabel, dass die staatliche Rente keinen Sinn machen kann? Da wird dem Bürger gesagt: »*Du brauchst keine Gans. Das schaffst du sowieso nicht. Vertrau lieber auf den Staat; der wird schon für dich sorgen*«. Aber wir dürfen die Verantwortung für unsere Finanzen nicht delegieren. Und schon gar nicht an jemanden, der die Gans schon köpft, während sie noch ein kleines Küken ist.

Reichtum bedeutet, dass wir eine Gans gezüchtet haben und von deren goldenen Eiern leben können. Dafür sind Sie alleine verantwortlich. Nicht einmal ein Prozent aller Deutschen haben eine

Ahnung davon, wie viel Geld sie benötigen würden, um von der Rendite dieses Geldes zu leben. Der zweite Plan zeigt Ihnen, wie groß Ihre persönliche Gans sein muss.

Finanzielle Sicherheit

Nehmen Sie den Betrag, den Sie eben überschlagen oder ausgerechnet haben. Dieser Betrag steht für die Größe der goldenen Eier, die Sie jeden Monat benötigen. Damit können Sie nun sehr leicht auch die Größe der Gans ermitteln. Denn Sie brauchen nur ausreichend Kapital, das Sie vernünftig anlegen. Mit ausreichend meine ich: Aus den Renditen dieses Kapitals müssen Sie in der Lage sein, alle Ihre monatlichen Mindestkosten zu bestreiten. Die Formel lautet:

_____ (monatlicher Betrag) × 150 = _____ (finanzielle Sicherheit)

Erinnern Sie sich an den sparsamen Menschen in unserem Beispiel? Er benötigt 1.800 Euro monatlich. 1.800 × 150 = 270.000 Euro.

Wenn er diese 270.000 Euro nun mit einer durchschnittlichen Rendite von 8 Prozent anlegt, so erhält er im Jahr 21.600 Euro Rendite. Das wiederum ergibt 1.800 Euro monatlich. Die 8 Prozent sind nicht zu hoch angesetzt; das werden Sie in Regel 4 sehen.

Rechnen Sie am besten sofort aus, wie groß Ihre Gans sein müsste. Dann wissen Sie, wie viel Kapital Sie benötigen, um von der Rendite leben zu können – ohne jemals auch nur einen Euro von der Summe nehmen zu müssen. Theoretisch bräuchten Sie nie mehr zu arbeiten.

Fazit: Wer eine Geld-Gans hat, braucht keine Rente!

Es macht Sinn

Können Sie sich vorstellen, wie entspannt Sie wären, wenn Sie bereits über diese Summe verfügen würden? Es ist lange nicht so schwer, diesen Betrag zu erreichen, wie es jetzt vielleicht scheinen mag.

Amateure konzentrieren sich auf das Jetzt und übersehen, dass sie einmal in der Zukunft leben werden, die sie heute bauen. Sie handeln wie kleine Kinder, die alles sofort haben wollen, was sie sehen. Und so müssen sie sich ihr ganzes Leben immer wieder mit den gleichen Problemen herumschlagen. Ich frage Sie: Wie kann man jemanden ernst nehmen, der behauptet, er werde große Ziele erreichen, aber noch nicht einmal sparen kann?

Es ist möglich

Als Profi handeln Sie ganz anders. Sie können sich gedulden; Sie opfern ihre großen Träume nicht, indem Sie kleine Träume umsetzen. Sie setzen Prioritäten. Wenn Sie Ihren Schutz innerhalb von maximal zwei Jahren erreichen und dann keine Fehler machen, dann geht es relativ schnell. Denn jetzt können mehrere Faktoren zu Ihren Gunsten zusammenspielen:

➤ Sie leben *sparsam*.

➤ Sie *verdienen mehr* und sparen dadurch bald erheblich mehr, obwohl Sie Ihren Lebensstandard erhöhen.

➤ Sie *legen klug an*, die Zeit hilft Ihnen dabei.

➤ Sie wissen, dass Sie *mit Geld umgehen können*.

➤ Sie haben *Spaß* daran gefunden; Sie fühlen sich mit Geld wohl.

Aus Erfahrung weiß ich: *Wenn jemand den finanziellen Schutz erreicht hat, so kann er die finanzielle Sicherheit bereits sehen und an sie glauben.* Er weiß sie zumindest mittelfristig in Reichweite. Was sollte auch schiefgehen?

Ein anderer wichtiger Grund, die finanzielle Sicherheit recht bald zu erreichen – und so lange eben sparsam zu leben – ist die Qualität Ihrer Arbeit. Viele Menschen arbeiten aus Mangel an Geld in einem Bereich oder unter Umständen, die ihnen keinen richtigen Spaß machen. Das ist tragisch. Denn richtig gut sind wir nur, wenn wir etwas tun, das wir lieben.

Es steckt sehr viel Potenzial in uns. Aber das weiß nur derjenige wirklich, der längere Zeit eine Tätigkeit ausübt – ohne ans Geld zu denken –, die ihm einfach Spaß macht und in der er einen Sinn sieht. Sehr oft liegt es hauptsächlich am Geld, dass Menschen sich nicht trauen, den entscheidenden Schritt zu tun: sich ausschließlich einer Aufgabe widmen, die ihnen wirklich *Spaß* macht.

Finanzielle Freiheit

Jeder, der seine finanzielle Sicherheit nicht erreicht, wird es im Alter sehr schwer haben. *Dieser Betrag ist langfristig ein absolutes Muss.*

Was kann danach kommen? Die Freiheit, sich Ihre Träume zu erfüllen. Erinnern Sie sich: **Die meisten Menschen erreichen ihre Träume vor allem deshalb nicht, weil sie nie überlegt haben, was diese Träume kosten würden und was sie dafür tun müssten.**

Das sollte Ihnen nicht so gehen. Lassen Sie uns also überlegen, wie viel Geld Sie monatlich benötigen, um finanziell frei zu sein. Der Betrag wird naturgemäß höher sein als der für Ihre Sicherheit. Er sollte alles berücksichtigen, was Sie sich für ein gutes Leben wünschen.

Dazu gehören unter anderem Ihre Hobbys, Reisen, Ratenzahlungen für Immobilien, Unterstützung von Bedürftigen. Möglicherweise wollen Sie auch Angestellte. Eines fällt nun weg: Sie *müssen* jetzt nicht mehr sparen. Aus guter Gewohnheit werden Sie es wahrscheinlich trotzdem weiter tun. Es muss ja nicht für Sie selbst sein.

Bitte rechnen Sie aus, wie viel Geld Sie monatlich benötigen würden, um frei zu sein, und notieren Sie den ermittelten Betrag. Dann wissen Sie, wie groß Ihre goldenen Eier sein müssen. Nun können Sie leicht die Größe der Gans ausrechnen, die diese Eier für alle Zeiten legt:

_____ (monatlicher Betrag) × 150 = _____ (finanzielle Freiheit)

Können Sie das schaffen?

Wissen Sie, was die meisten Menschen in meinen Seminaren sagten, nachdem sie zum ersten Mal in ihrem Leben ausgerechnet hatten, wie viel Kapital sie für ihre finanzielle Sicherheit und Freiheit benötigten – ohne die Inflation zu berücksichtigen? Sie meinten: »Ich hätte nie gedacht, dass so *wenig* nötig ist, um meine Träume zu leben.«

Trotzdem rate ich: Nehmen Sie sich nicht zu viel vor. Planen Sie nach dem finanziellen Schutz zuerst die finanzielle Sicherheit. Vielleicht brauchen Sie gar nicht mehr für ein glückliches Leben. Vielleicht werden Sie auch Ihr Leben lang irgendwelche Einkünfte erhalten und benötigen nur einen Teil Ihrer goldenen Eier. Bedenken Sie: Sie erstellen hier lediglich einen Plan für Ihre *Absicherung*.

Und noch etwas: Zwar bemühe ich mich, die sieben Regeln für Wohlstand rational zu schildern und zu begründen. Aber in Wahrheit ist der Aufbau von Wohlstand letztendlich *nicht* rational zu begründen. Denn wie sollte ich folgende Wahrheit erklären: *Jeder, der sich an die Regeln gehalten hat, ist vermögend geworden.*

Und er hat dabei seine Ziele *übertroffen*. Das ist rational beim besten Willen nicht verständlich.

Aber deshalb ist es trotzdem wahr. Und das gelingt trotz Inflation – vielleicht sogar *wegen* der Inflation. In Regel 4 sehen Sie, wie Sie die Inflation zu Ihrem Freund machen können.

Vielleicht ist ein Ziel nicht erreichbar, wenn jemand seine jetzige Situation hochrechnet. Aber wir sollten nicht unterschätzen, wie Situationen sich verändern, wenn unsere Art zu denken sich ändert.

Ihr größter Verbündeter

Zum Glück müssen Sie das alles nicht ausschließlich *bewusst* schaffen. Ihr größter Verbündeter ist Ihr Unterbewusstsein. Selbst mit modernster Forschung können wir auch noch nicht annähernd die Macht und die Funktionsweise unseres Unbewussten verstehen, geschweige denn erklären. Also will ich das auch gar nicht erst versuchen.

Aber wir können an den *Ergebnissen* sehen, dass diese Kräfte nicht unterschätzt werden dürfen. Vor einigen Jahren hatte ich ein altes Journal gefunden, das ich ab meinem 26. Lebensjahr anfertigte. Ich brauchte eine Vision, einen Traum, wie mein Leben aussehen würde, wenn ich endlich aus dem Schuldenloch heraus wäre. Dieses Journal nannte ich damals *Traum-Journal*, weil ich darin allerlei Bilder eingeklebt hatte: aus Magazinen, Bildbänden, Katalogen ... Es sollte meine Träume darstellen.

Hierbei ging es nicht nur um die Dinge, die ich besitzen wollte, sondern auch um das, was ich *tun* und *sein* wollte. Wobei die letzten Ziele schwerer in Bilder zu fassen sind, aber die Anstrengung lohnt sich schon deshalb, weil wir dann eine tiefere Erkenntnis über das erhalten, was uns wirklich wichtig ist. Ich legte sogar die für mich optimale Einteilung eines normalen Arbeitstages fest, das Personal, das mir das Leben erleichtern sollte etc.

So weit war das alles die Spinnerei eines verschuldeten jungen Mannes mit vielen Flausen im Kopf. Diese Bilder habe ich einige Jahre fast täglich angeschaut; doch dann hatte ich das Journal vollkommen vergessen. Wenn Sie dieses Journal sehen würden, ich glaube, Sie würden sich genauso erschrecken wie ich, als ich es wiederfand. Fast alles darin ist Realität geworden in meinem Leben. Weil ich kein Bild von einem Haus fand, wie ich es damals begehrte, hatte ich eine Zeichnung davon angefertigt. Heute wohne ich in genau diesem Haus.

Mein erster Rolls Royce hatte exakt die Farbe des Wagens auf dem Bild. Der zweite auch ... Einen Teil des Jahres lebte ich auf einer Insel, um Bücher zu schreiben, ich hatte mehrere Unternehmen, war als Referent gefragt, hatte zwei Weltbestseller geschrieben ...

Ich stellte etwas Wichtiges fest: Dinge und Lebensbereiche, die ich *nicht* geplant hatte, waren auch *nicht* Realität geworden. Ich glaube, das Universum funktioniert wie ein Versandhaus: Es schickt uns exakt die Dinge, die wir bestellen. Aber wir müssen sie bestellen und wir müssen eine *genaue* Bestellung abgeben. Wenn wir nur »etwas Schönes« haben wollen, so bekommen wir es nicht. Es wäre zu ungenau. Einen solchen Auftrag kann ein Versandhaus nicht ausführen.

Darum kann ich nur raten: Suchen Sie sich Ihre Ziele sorgfältig aus. Nehmen Sie sich Zeit dafür. Denn diese Ziele haben die Tendenz, sich zu verwirklichen. Ziele sind mächtig. Wenn wir sie in einem Traumalbum festhalten, genaue Pläne für ihre Umsetzung erstellen und sie oft visualisieren, drängen sie sich geradezu in unser Leben.

Ziel, Plan und Verpflichtung

Bedenken Sie: Auch der längste Weg beginnt mit dem ersten Schritt. Und der ist Ihr finanzieller Schutz. Dabei können wir einer Wahrheit nicht entkommen: *Unsere Fähigkeit zu sparen, steht in direkter Relation zu unserem finanziellen Erfolg.* Nur wer sparen will und kann, hat das Recht, sich Ziele zu setzen.

Als Nächstes legen Sie fest, innerhalb welches Zeitraums Sie Ihre Ziele erreichen wollen. Erst wenn Sie das getan haben, ist wirklich ein Plan entstanden. Notieren Sie ruhig im Buch das Datum, bis wann Sie die Pläne umgesetzt haben werden.

Was unterscheidet aber einen ernsthaften Zielplan von einem Wunsch? Woher wissen Sie, ob es Ihnen wirklich ernst ist? Die Antwort lautet: Wenn es Ihnen ernst ist, *verpflichten* Sie sich. Damit meine ich: Geben Sie sich selbst ein Versprechen. Meist haben wir nur dann die Disziplin, unsere Pläne auch wirklich umzusetzen.

Am Ende des Buches finden Sie einige Fragen. Indem Sie diese beantworten, haben Sie damit die Gelegenheit, sich zu verpflichten. Es wäre doch schade, wenn Sie das Buch lesen und keine wirklichen Veränderungen in Gang setzen. Es wäre schade um die Zeit. Um Ihre und um meine.

Drei Eimer

Am besten stellen Sie sich die drei Pläne als drei Eimer vor. Erst wenn Ihr erster Eimer (finanzieller Schutz) gefüllt ist, machen Sie sich daran, den zweiten zu füllen. Es gibt dabei nur *wenige* wirklich wichtige Empfehlungen. Sie sind *leicht verständlich.* Trotzdem ist es anfangs nicht immer einfach, sie auch einzuhalten; aber wir haben meines Erachtens keine Alternative. Diese Empfehlungen lauten:

1. Bestimmen Sie Ihre finanziellen Ziele schriftlich. Setzen Sie sich ein Datum: Wann fangen Sie an? Wann werden Sie Ihre Ziele erreicht haben?

2. Tun Sie alles, um Ihren Schutz *so schnell wie möglich* zu erreichen. Sparen Sie mit dem Konten-Modell. Sparen Sie außer-

dem 50 Prozent von jeder Gehaltserhöhung. Spekulieren Sie mit diesem Geld nicht. Es muss verfügbar sein.

3. *Bleiben Sie so lange sparsam,* bis Sie Ihr zweites Ziel, die finanzielle Sicherheit, erreicht haben. Gehen Sie auch mit dem großen Teil dieses Geldes kein Risiko ein. Investieren Sie das Geld wie in der vierten Regel beschrieben.

4. Erwerben Sie erst dann eine Immobilie, wenn Sie Ihre finanzielle Sicherheit haben. Kaufen Sie keinen Wagen, der mehr als Ihr doppeltes Monatseinkommen kostet.

Es liegt alleine an mir. Wer sonst sollte die Ziele für uns erreichen? Sie kennen den Weg, den Sie gehen müssen, den Preis, den Sie dafür zahlen, und die Belohnung, die auf Sie wartet. Sie haben es in der Hand, ob Sie zu dem von Ihnen festgelegten Datum Ihren finanziellen Schutz und Ihre finanzielle Sicherheit erreicht haben.

Ich glaube, dass Wohlstand unser Geburtsrecht ist, und ich wünsche Ihnen ein Leben in Würde. Dazu gehört mindestens finanzielle Sicherheit. Wenn Sie dieses Ziel *schneller* erreichen wollen, so müssen Sie Ihr Geld gut anlegen (Regel 4) und Ihr Einkommen steigern (Regel 6). Wollen Sie bei all dem glücklich und erfüllt sein, so handeln Sie nachhaltig (Regel 7).

KAPITEL 11

Regel 4: Investiere klug

»Während der Spieler auf lange Sicht immer verliert, gehört der Anleger, egal wann er in die Börse einsteigt, langfristig zu den Gewinnern.«

André Kostolany, Börsen-Guru und Finanzexperte (1906–1999)

*

Wenn Sie die ersten drei Regeln befolgt haben, sparen Sie nun einen festen Prozentsatz Ihres Einkommens und haben geplant, wie viel Geld Sie besitzen wollen. Nun stellen sich Ihnen neue Fragen:

> *Wie können Sie Ihr gespartes Geld am besten vermehren?*

> *Welche Fehler sollten Sie dabei vermeiden?*

> *In welche Produkte sollten Sie investieren?*

> *Wie können Sie die Förderungen unseres Staates nutzen?*

> *Wie viel Prozent Gewinn pro Jahr können Sie erwarten?*

> *Wie behalten Sie die Übersicht? ...*

Für viele ist diese Materie derart komplex und schwierig, dass sie letztendlich überhaupt nicht richtig investieren. Viele haben auch vor Jahren einmal einen teuren Fehler gemacht. Nun scheut das gebrannte Kind das Feuer. Ihr Verhalten erinnert mich an die Geschichte von Jim:

Ein Mann klopft an die Zimmertür seines Sohnes: »Jim, wach auf, du musst in die Schule.«

»Ich will nicht in die Schule gehen«, antwortet Jim. Der Vater fragt:

»Warum nicht?«

»Aus drei Gründen«, erklärt Jim. »Erstens ist die Schule so schwer, zweitens ärgern mich die Kinder und drittens will ich lieber andere Dinge tun.«

Der Vater erwidert: »Dann sag' ich dir drei Gründe, warum du in die Schule musst: Erstens ist es deine Pflicht, zweitens bist du 45 Jahre alt und drittens bist du der Klassenlehrer.«

Wer sein Geld mehrt, wird reich. **Wer die Gesetze der Geldvermehrung ignoriert, wird sein Geld wieder verlieren.** So einfach ist das. Es ist unverantwortlich, wenn wir die Kraft des Zinseszinses nicht nutzen. Wir arbeiten hart für unser Geld und wir sollten dafür sorgen, dass unser Geld auch hart für uns arbeitet.

Wunsch und Wirklichkeit

Wir *müssen* investieren. Uns bleibt keine andere Wahl. Wir können nicht so leben, als seien wir noch kleine Kinder. Nur wenn wir zwischen 5 und 8 Prozent Rendite pro Jahr erzielen, wird sich unser Geld nennenswert vermehren. Leider erhalten die meisten Deutschen durchschnittlich nicht einmal 2 Prozent jährlich. Diese erbärmliche Rendite müssen sie noch versteuern und zudem gilt es, die Inflation gegenzurechnen. Unterm Strich sparen sie sich auf diese Weise arm. Gemessen an der Kaufkraft *vermindert* sich ihr Geld.

Wie können intelligente Menschen so verfahren? Ihnen fehlt das *Wissen* und die *Zeit* und sie haben *Angst*, ihr Geld zu verlieren. Stattdessen bauen sie auf die falschen Anlagen. Die Antwort kennen Sie bereits aus der ersten Regel: Sie denken und fühlen wie die Mittelschicht und legen auch so an.

Die Angehörigen der Mittelschicht betrachten ihr Vermögen nicht als einen dienstbaren Geist, der ihnen helfen soll, sondern sie wollen es zeigen. Sie wollen leben wie die Reichen, aber sie handeln eher wie die Armen: Sie können sich nicht beherrschen und kaufen sich, was sie haben wollen.

Zu früh kaufen sie Immobilien, die von ihnen selbst genutzt werden und somit überhaupt keine Renditen bringen, sondern im Gegenteil nur Geld kosten. Zudem zeichnen sie Immobilienfonds, deren Rechnung sie nicht wirklich verstehen.

Dann sind sie unangenehm berührt, wenn diese Fonds in Zahlungsschwierigkeiten geraten. Schließlich hatten sie mit dem Geld fest gerechnet. Zudem haben sie ein bis zwei Lebensversicherungen. Das restliche Geld liegt auf Sparbüchern und Festgeldkonten. Ihr Anlage-Verhalten ist von Unwissenheit und einem übersteigerten Sicherheitsbedürfnis bestimmt.

Aktien und Aktienfonds besitzen nur 12 Prozent der Bevölkerung; unternehmerische Beteiligungen noch weniger. *Hier werden aber die Gewinne erzielt.*

Dabei ist es so einfach, es richtig zu machen. Die wesentlichen Dinge im Leben sind nach meinen Beobachtungen meist einfach. Wir müssen sie nur tun. Und das fällt den meisten Menschen schwer. Natürlich gibt es komplizierte Sachverhalte, aber wir brauchen sie eher selten.

Fundamentale Wahrheiten sind stets einfach und leicht verständlich. *Sie sind wahrscheinlich gerade deshalb so machtvoll, weil sie so einfach sind.* Es scheint mir manchmal so, als solle das Komplizierte oft nur davon ablenken, dass das notwendige Einfache nicht getan wird. Sie werden vermögend, wenn Sie die Regel 4 befolgen.

Zeit, Geldmenge und Rendite

Wie gesagt, es ist einfach. Im Ergebnis gibt es nämlich *nur drei Faktoren*, aus denen sich Ihr zukünftiges Vermögen errechnet: die Zeit, die Geldmenge und die Rendite. Leider nutzen die Armen und die Mittelschicht alle drei Faktoren nicht oder nicht ausreichend. Sie fangen *zu spät* an zu sparen (Zeit), sie investieren *zu wenig* (Geldmenge) und sie legen ihr Geld *falsch* an (Rendite). Das ist fatal, denn **nur die Antworten auf diese drei Fragen bestimmen, wie hoch Ihr Vermögen sein wird: Wie viel Zeit** hat Ihr Geld zur Verfügung, um sich zu vermehren? **Wie viel Geld** können Sie einsetzen? **Welche Renditen** erzielen Sie mit Ihrem Geld?

Zeit

Natürlich ist Ihnen bewusst, dass es gut ist, so früh wie möglich mit dem Sparen zu beginnen. Aber wenigen ist klar, *wie groß* der Verlust ist, wenn man es nicht tut. Andere wiederum sparen zwar, aber haben das Geld nicht sinnvoll investiert. Die Zeit kann aber nur für Sie arbeiten, wenn Sie frühzeitig investieren.

Wenn Sie ab Ihrem 30. Lebensjahr monatlich 200 Euro in Aktienfonds anlegen, und sich das Geld mit 12 Prozent pro Jahr vermehrt, so haben Sie mit 65 Jahren ca. 1.300.000 Euro. So viel Geld kann sich nur ansammeln, weil Sie 35 Jahre Zeit haben. Denn angelegt haben Sie nicht sehr viel: insgesamt nur 84.000 Euro (12 × 200 × 35 Jahre); Ihr Geld hat sich mehr als *verfünfzehnfacht.*

Sollten Sie dagegen erst mit 45 Jahren anfangen, so müssten Sie bereits 1.300 Euro monatlich sparen, wenn Sie das gleiche Ziel erreichen wollten. Ihr eigener Aufwand beläuft sich jetzt schon auf 312.000 Euro. Sie müssen also 228.000 Euro mehr aufbringen, um das gleiche Ergebnis zu erreichen. Was könnten Sie nicht alles mit dem Geld tun? Nun aber müssen Sie es sparen, nur weil Sie einige Jahre später angefangen haben ...

Wenn Sie erst mit 55 Jahren beginnen, so haben Sie nur noch zehn Jahre um die 1.300.000 Euro zu erreichen. Wollten Sie es dennoch schaffen, müssten Sie 5.600 Euro monatlich sparen. Um also nun noch auf 1.3 Millionen Euro zu kommen, müssen Sie 672.000 Euro selbst aufbringen. Das sind 588.000 Euro mehr als im ersten Beispiel.

Der häufigste Fehler der Mittelschicht: »Ich fange halt zwei Jahre später an...«. Dieser Fehler kostet sehr viel Geld! Stellen Sie sich vor, Sie besitzen 50.000 Euro, die Sie investieren wollen. Angenommen Sie wollen über das Geld in 35 Jahren verfügen. Wenn Sie auch nur ein Jahr mit der Anlage zögern, so erhalten Sie 282.850 Euro weniger (2.357.100 Euro statt 2.639.950 Euro).

Sie würden in diesem Beispiel jeden Tag, den Sie warten, 775 Euro verschenken. Sie sehen: **Bei Einmal-Anlagen kostet Sie jeder Tag und jeder Monat, in dem Sie nicht investieren, unglaublich viel Geld.** Vielleicht erhält das Sprichwort »*Zeit ist Geld*« nun für Sie eine neue Bedeutung. Es liegt auf der Hand, was zu tun ist: so früh wie möglich anfangen und so viel wie möglich anlegen. Investieren Sie bereits in jungen Jahren. Das mag anfangs etwas hart erscheinen. Aber Ihre Belohnung ist unfassbar gewaltig: lebenslanger Wohlstand.

Geldmenge

Auch die Wirkung des zweiten Faktors ist leicht einsichtig. Wenn Sie eine Rendite von 12 Prozent erzielen, so verdoppelt sich Ihr Geld alle 6 Jahre. Die Frage ist nur: *Wie viel Geld verdoppelt sich?* Selbst die höchste Rendite ist nutzlos, wenn Sie diese *mit null multiplizieren.* Und lediglich 500 Euro in 6 Jahren zu verdoppeln, löst auch keine wilden Glücksgefühle aus.

Nehmen wir einmal den Zeitraum zwischen dem 27. und dem 45. Lebensjahr aus Ihrem Leben heraus. In diesen 18 Jahren treffen die meisten von uns bereits viele Konsum-Entscheidungen. Für eine durchschnittliche Mittelstands-Familie gilt: Neben ihren Sparverträgen kann sie zusätzlich 200.000 Euro einsparen, wenn sie auf teure Neuwagen (und Zweitwagen) verzichtet und nicht zu früh ein Eigenheim kauft.

So gesehen sind 200.000 Euro gar nicht so viel Geld: 3 gute Autos (alle 6 Jahre eines), deren Inspektionen, Reifen und Reparaturen, 20 Prozent Anzahlung fürs Eigenheim, die passende Einrichtung dazu – und das Geld ist weg. Was weg ist, können wir nicht vermehren! Schon haben wir die Situation, dass wir *mit null multiplizieren.*

Jetzt stellen Sie sich jedoch vor, Sie hätten die 200.000 Euro nicht ausgegeben. Sie würden diese Summe vielmehr mit 45 Jahren anlegen. 100.000 sicher in Rentenversicherungen und 100.000 risikoreich in Aktienfonds. Schauen wir uns nur die 100.000 in Aktienfonds an. Mit ihnen erzielen Sie eine durchschnittliche Rendite von 12 Prozent pro Jahr. Dann hätten Sie mit 65 Jahren *1 Million.* Sie ahnen es schon: Würden Sie 200.000 Euro anlegen, kämen Sie sogar auf 2 Millionen.

Das bedeutet der Faktor Geldmenge. Wenn Sie zusätzlich den Faktor Zeit für sich arbeiten ließen, so werden Sie auf jeden Fall ziemlich wohlhabend sein. Sie hätten also zudem frühzeitig einige Sparverträge abgeschlossen (damit würden Sie in jedem Fall 2 bis 3 Millionen Euro haben). Plus die 200.000 mit 45 Jahren ...

Sie sehen erneut, wie wichtig die zweite Regel ist: sparen. Die hier beschriebene Regel 4 gründet darauf. Können Sie sich vorstellen, dass es alles andere als eine Einschränkung ist, wenn Sie zusehen können, wie sich Ihr Geld vermehrt? Zugegeben,

Sie hätten auf das eine oder andere verzichtet. **Aber wenn Sie reich denken, so kommt Ihnen das gar nicht wie ein Verzicht vor, weil Sie stattdessen so viel mehr erhalten.** Sie haben finanzielle Freiheit mit all ihren Vorteilen erlangt: zum Beispiel wirklich freie Berufswahl, freie Zeiteinteilung, die Möglichkeit, andere zu fördern ...

Und ab dem 45. Lebensjahr müssen Sie überhaupt nicht mehr sparen. Ihr Geld arbeitet jetzt für Sie. Sie können natürlich weiterhin sparen. Aber Sie müssen nicht. *Sie sind frei.*

Rendite

Die drei Faktoren verstärken einander. Reich durch Kapitalmehrung werden Sie, wenn Sie erstens *früh anfangen*, zweitens *größere Beträge investieren* und drittens damit *sehr gute Renditen erwirtschaften*. Was uns jetzt noch fehlt, sind die Renditen. Aber denken Sie daran, dass die anderen beiden Faktoren ebenso wichtig sind. Schauen wir uns zuerst an, wie sehr sich eine unterschiedliche Rendite im Ergebnis auswirkt. Sie werden schnell erkennen, dass Sie die Rendite nicht unterschätzen dürfen. Die Unterschiede sind dramatisch. Das wird bereits bei Sparplänen deutlich; aber bei Einmal-Anlagen ist es geradezu unglaublich.

Sparpläne

Zuerst ein *Sparplan*: Angenommen, Sie sparen 35 Jahre lang 300 Euro monatlich. Was kommt wohl dabei heraus, wenn Sie 2, 4, 8, 12 oder 15 Prozent erzielen würden? Also: 35 Jahre × 300 Euro =

> 2 Prozent (Sparbuch) : 182.568 Euro

> 4 Prozent (deutsche Lebensversicherung) : 275.033 Euro

> 8 Prozent (britische Lebensversicherung) : 692.752 Euro

> ➤ 12 Prozent (gut gemanagtes Depot) : 1.948.581 Euro

> ➤ 15 Prozent (aggressiver Depotanteil) : 4.458.193 Euro

Sie sehen den Unterschied. Menschen der Mittelschicht erzielen im Schnitt nicht ganz 3 Prozent. Wenn Otto Mittelmaß je 150 Euro monatlich auf sein Sparbuch anspart und 150 Euro in seine deutsche Lebensversicherung, so erhält er nach 35 Jahren 228.801 Euro. Wenn Sie nun die Inflation in die Rechnung miteinbeziehen, so stellen Sie fest: Otto Mittelmaß hat nach all den Jahren keinerlei Renditen erzielt. Null. Nichts.

Berücksichtigen Sie jetzt noch, dass sein Geld nicht nur durch die Inflation weniger wert wird, sondern er obendrein Steuern zahlen muss, so erhält er noch nicht einmal das heraus, was er eingezahlt hat. Selbst wenn er keinerlei Steuern zahlen müsste, würde es eng, wenn er von dem Geld leben wollte. Erhält er die gleiche Rendite von 3 Prozent – wie sie die Mittelschicht durchschnittlich erzielt – so bekommt er monatlich 572 Euro.

Das scheint immer noch einigermaßen viel. Aber vergessen Sie nicht die Inflation: Nach heutiger Kaufkraft entsprechen diese 572 Euro nur noch 197 Euro (34,44 Prozent bei 3 Prozent Inflation). *Das heißt, Sie brauchen in 35 Jahren 572 Euro, um sich davon die Dinge zu kaufen, die heute 197 Euro kosten.* Sie sehen: So bringt das nichts. Es lohnt sich nicht. Wir müssen ganz anders daran gehen. Wie die Reichen. Wir brauchen Millionen. Und wir können diese Millionen bekommen.

Auf der Website zu diesem Buch (www.renteoderwohlstand.de) finden Sie je eine Tabelle mit dem Zinseszins-Effekt bei monatlichen Sparplänen und bei Einmal-Anlagen (hier der direkte Link: www.renteoderwohlstand.de/zinseszinseffekt). Es kann Spaß machen, einmal die eine oder andere Rechnung anzustellen.

Einmal-Anlagen

Schauen wir uns nun ein Beispiel mit einer *Einmal-Anlage* an. Hier wirken sich die unterschiedlichen Renditen naturgemäß noch viel stärker aus, weil das Geld sofort vollständig investiert werden kann. Wenn Sie 80.000 Euro investieren, was kommt dann wohl nach 30 Jahren heraus, wenn Sie 2, 4, 8, 12 oder 15 Prozent erzielen würden?

➤ 2 Prozent: 144.909 Euro

➤ 4 Prozent: 259.472 Euro

➤ 8 Prozent: 805.013 Euro

➤ 12 Prozent: 2.396.794 Euro

➤ 15 Prozent: 5.296.942 Euro

Und so würden sich 200.000 Euro vermehren:

➤ 2 Prozent: 362.272 Euro

➤ 4 Prozent: 648.679 Euro

➤ 8 Prozent: 2.012.531 Euro

➤ 12 Prozent: 5.991.984 Euro

➤ 15 Prozent: 13.254.354 Euro

Das heißt, auf dem Sparbuch oder mit Festgeldanlagen wird sich Ihr Geld nicht einmal verdoppeln. Nach Abzug von Steuern und Inflation haben Sie dort einen großen Teil Ihres Geldes vernichtet. Die 36.227 Euro sind nach heutiger Kaufkraft gerade noch 14.527 Euro wert. Auf diese Weise *vernichten* Sie Ihr Geld. Zwar haben Sparbuch und Festgeld ihre Daseinsberechtigung – aber nur als Beimischung. Damit sind wir bei den einzelnen Anlage-Typen.

Die Anlage-Typen

Welche Anlageformen bringen Ihnen die genannten Prozentsätze? Zunächst brauchen wir eine übersichtliche Einteilung für alle Geldanlagen. Es gibt nur drei große Kategorien:

1. Geldwerte
2. Sachwerte
3. Wetten

Bei *Wetten* spielen Sie mit Ihrem Geld. Das dürfen Sie ruhig tun; aber bitte ausschließlich zu Ihrem Spaß und mit übrigem Geld, das Sie nicht (mehr) brauchen. Niemals jedoch sollten Sie spielen, um Ihre finanziellen Ziele zu erreichen. Zocken hat nichts mit Investieren zu tun.

Die Prinzipien dieser drei Kategorien widersprechen einander vollkommen. Selbst wenn Sie nur zum Spaß Wetten eingehen wollen, gilt: Tun Sie es nicht, solange Sie nicht ganz genau wissen, was Sie tun. Andernfalls können Sie Ihr Geld gleich verbrennen. Als Anlageform scheiden Wetten für jeden vernünftigen Menschen aus. Warren Buffett, der erfolgreichste Investor der Welt, nennt Wetten nicht umsonst die »größten finanziellen Massenvernichtungswaffen«.

Bei *Geldwert*-Anlagen legen Sie Ihr Geld in Geld an. Der Nachteil: Inflation und Steuer fressen nach den heutigen Steuergesetzen Ihre meist sehr mageren Gewinne auf. Aber diese Anlagen haben auch einen Vorteil: Sie sind verhältnismäßig sicher und darum können Sie darauf nicht verzichten.

Bei *Sachwert-Anlagen* tauschen Sie Ihr Geld in Sachwerte um – etwa in Immobilien, Unternehmensbeteiligungen und Aktien, also auch bei Aktienfonds. Sachwerte sind im Allgemeinen risikoreicher, erfordern mehr Wissen, aber sie können Ihnen auch deutlich höhere Renditen einbringen. **Warum sind Sachanlagen so viel profitabler?** Die Antwort: *Vor allem die Inflation macht den Unterschied aus.*

Wie wird die Inflation zu Ihrem Freund?

Vergessen Sie nie: Inflation *vernichtet* Ihr Geld; es wird immer weniger wert. Somit ist die Inflation der große Feind aller Geldwert-Anlagen. Wie aber verhält es sich mit den Sachwerten? Sie werden nicht hören, dass jemand sagt: »Mein Haus leidet unter der Inflation.« Vielmehr wird ein Hausbesitzer sagen: »Der Wert meines Hauses ist gestiegen.« Das Gleiche gilt für alle anderen Sachwerte, also auch Anteile von Unternehmen (Aktien und unternehmerische Beteiligungen).

Und genau das ist die gute Nachricht: *Durch die Inflation steigt der* **Wert Ihrer Sachwerte.** Und zwar langfristig meist in dem gleichen Maße wie die Inflation. Wenn Sie also in Sachwerte investieren, wird die Inflation zu Ihrem Freund. Das bedeutet aber auch: *Es bleibt Ihnen gar nichts anderes übrig, als zumindest einen guten Teil Ihres Geldes in Sachwerte zu investieren.*

Vielleicht fragen Sie: »Warum nur einen Teil? Wenn Inflation alles Geld vernichtet, das ich in Geldwert-Anlagen halte, warum dann nicht alles in Sachwert-Anlagen investieren?« Die Antwort möchte ich Ihnen anhand von einem Bild geben: dem einer Fußballmannschaft.

Der Boss einer Fußballmannschaft

Stellen Sie sich vor, Sie haben ein erstklassiges Fußballteam gekauft. Ihr ganzes Geld steckt darin. Nun sind Sie verantwortlicher Präsident Ihres eigenen Clubs, der Boss – aber Sie haben nicht genug Ahnung von Fußball und auch nicht die Zeit, um das Team zu trainieren. Wahrscheinlich haben Sie auch gar nicht die Lust, bei jedem Wetter mit den Jungs zu trainieren. An manchen Tagen ist es brütend heiß, an anderen bitterkalt. Was tun Sie? Sicherlich werden Sie nicht versuchen, abends nach Feierabend nebenher schnell das Nötige zu erlernen, um die Mannschaft zu führen.

Der Trainer

Wenn Sie klug sind, verpflichten Sie als Erstes einen Trainer. Jemand mit großer Erfahrung und mit genügend Zeit, um das Team wirklich zu betreuen. Jemand, der schon wichtige Spiele gewonnen und auch Krisen durchgestanden hat.

Sie sind der Boss Ihres Geldes. Aber wahrscheinlich haben Sie weder die Zeit noch die Erfahrung, sich ausreichend darum zu kümmern. Demnach brauchen Sie einen Berater. Einen wirklichen Kenner. Einen Profi, der mit Geld umgehen kann.

Der Trainer schaut sich zunächst die Mannschaft gründlich an. Dann trifft er erste Entscheidungen:

1. Wer wird verkauft?
2. Wer wird Teil seiner Mannschaft?
3. Welche neuen Spieler will er einkaufen?
4. Wessen Entwicklung wird er eine Zeit lang beobachten, um dann zu entscheiden?

Auch Ihr Berater sollte Ihre Anlagen zunächst analysieren und dann diese vier Entscheidungen treffen. Natürlich wird er dabei in Betracht ziehen, wie viel Geld Sie haben, welche Ziele Sie verfolgen und wie viel Risiko Sie eingehen wollen. Aber gewisse Grundsätze wird er nicht brechen. *Er weiß, dass eine Mannschaft aus unterschiedlichen Teilen bestehen muss.*

Die Mannschaft

Mit Ihrem Geld ist es wie beim Fußball: Die elf Spieler eines Teams haben sehr unterschiedliche Aufgaben. Es gibt einen Torwart und Verteidiger, die Tore verhindern sollen. Im Mittelfeld benötigen Sie Spieler, die nach hinten sichern und nach vorne Angriffe einleiten sollen. Schließlich hat jede Mannschaft einen bis drei Stürmer. Diese sollen die Mehrzahl der Tore schießen.

Ebenso sollte Ihr Geld auf unterschiedliche Produkt-Typen verteilt sein.

> **Verteidigung:** Sie brauchen Geldwert-Produkte, wie Tagesgeld und Rentenfonds (Torwart und Verteidiger). Diese Geldanlagen erwirtschaften zwar nur 2 bis 6 Prozent pro Jahr (je nach aktuellem Zinssatz), aber dafür sind sie *sicher* und *verfügbar*. Dieser Teil Ihres Geldes ist für Notlagen und schlechte Zeiten da, aber auch, um kurzfristig Chancen zu nutzen. *Wer diesen Mannschaftsteil nicht hat, wird irgendwann in große Liquiditätsprobleme geraten oder sogar alles verlieren.*

> **Mittelfeld:** Des Weiteren benötigen Sie breit gestreute Sachwert-Anlagen, die zwischen 6 und 8 Prozent pro Jahr erzielen, wie große internationale Aktienfonds, britische Lebensversicherungen, unternehmerische Beteiligungen oder Dachfonds. Diesen Teil sollten Sie mindestens 10 Jahre entbehren können.
>
> Diese Zeit benötigen diese Anlagen auch mindestens, um im Schnitt 6 bis 8 Prozent Rendite pro Jahr zu erzielen. Wenn Sie gut gewählt haben und einen guten Berater haben, können Sie ruhig schlafen – in dem Bewusstsein, dass Ihr Geld beobachtet wird und sich beständig vermehrt. Das Mittelfeld ist das Herzstück Ihres Portfolios, die zentrale Kraft für die Entwicklung Ihrer Rendite. *Wenn Sie kein Mittelfeld haben, werden Sie kein Vermögen aufbauen.*

> **Angriff:** Und schließlich fehlen noch die Stürmer: Branchenfonds oder regionale Fonds, die größere Gewinne von zum Teil deutlich über 12 Prozent pro Jahr erzielen können. In manchen Jahren machen Sie hiermit Verluste, in anderen sind Gewinne von 30 bis über 100 Prozent möglich.

Langfristig werden eben diese Produkte Ihre durchschnittliche Rendite um 2 bis 4 Prozent steigern. Dem steht natürlich ein gewisses Risiko gegenüber. Aber dieses Risiko ist überschaubar, wenn Sie diesen Teil Ihres Geld mindestens 10 bis 15 Jahre entbehren können und ein Experte die Anlagen regelmäßig beobachtet. Wenn Sie keinen Angriff haben, verschenken Sie viel Rendite. Ohne Tore kein Sieg. *Eine zweistellige*

Rendite werden Sie nur erzielen, wenn Sie auch einen Angriff haben. Die Frage ist dabei nicht, *ob* Sie alle drei Mannschaftsteile aufstellen wollen. Sie benötigen ganz sicher *alle drei*, wenn Sie gewinnen wollen, also wenn Sie eine gute Rendite erzielen wollen. Die Frage muss demnach lauten: *Wie teilen Sie Ihr Geld zwischen Verteidigung, Mittelfeld und Angriff auf?*

> Auf der Website www.renteoderwohlstand.de erhalten Sie kostenlos einen Test, mit dessen Hilfe Sie selbst ohne großen Aufwand bestimmen können, wie Sie Ihr Geld aufteilen sollten.

Mögliche Fehler

Hier möchte ich allerdings vor zwei Kardinalfehlern warnen.

Ein erfahrener Trainer weiß: *Noch nie hat eine Mannschaft gewonnen, die nicht aus diesen drei Teilen besteht*: Abwehr, Mittelfeld und Angriff. Das klingt so logisch, aber dennoch machen die meisten Menschen genau an diesem Punkt gravierende Fehler. Insbesondere begegne ich immer wieder zwei Fehlern:

1. *Ohne Strategie anlegen.* Das geschieht, wenn wir auf unsere Emotionen hören. Zum Beispiel Gier. Wenn sie herrscht, neigen wir dazu, zu große Risiken einzugehen. Oder Angst. Wenn wir ängstlich sind, werden wir zu sehr auf Sicherheit bedacht sein.

2. *Nicht streuen.* Stattdessen wird auf nur ein bis drei Produkte gesetzt. Diese Produkte wurden meist nicht bewusst ausgesucht, sondern man ist eher zufällig »darüber gestolpert«.

Da niemand die Zukunft kennt, ist dieses Vorgehen immer gefährlich.

Der erste Fehler: Die meisten »Anleger« zeichnen ohne Plan und Strategie einfach irgendwelche Produkte. Sie wissen nicht um die *drei* Teile, aus denen ihr Depot bestehen sollte. Dadurch entstehen Portfolios, die auf Dauer niemals eine solide Rendite erwirtschaften können.

Wenn ich Depots von Armen oder Menschen der Mittelschicht untersuche, erlebe ich oft, dass der Depotinhaber hauptsächlich oder sogar ausschließlich auf *einen einzigen* Mannschaftsteil gesetzt hat.

Das ist zwar verständlich, wenn ich die Persönlichkeit des Anlegers berücksichtige, aber dennoch ist es falsch und gefährlich. Dazu zwei typische Beispiele: Stellen Sie sich Bertram Bedächtig vor, einen neurotischen Sicherheitstyp. Er hat keinen Trainer (wem kann er schon vertrauen?); und er hat nur Torhüter aufgestellt. Eine solche Mannschaft würde aber immer verlieren. Geldwert-Produkte werden Ihr Geld vernichten – Steuern und Inflation sorgen dafür. Darum würde kein Mensch mit finanzieller Intelligenz nur Torhüter wählen.

Das andere Extrem, Thomas Tollkühn, würde am liebsten nur Mittelstürmer einsetzen. Er zeichnet überwiegend Einzelwerte und Fonds, die in den vergangenen ein bis drei Jahren gut gelaufen sind. Vorzugsweise auch solche, die einige hundert Prozent in zwölf Monaten erzielen könnten ...

Gerne hebelt er seine Chancen durch Optionen – allerdings hebelt er damit auch seine Risiken. Auch dieses »Produkte-Team« hätte mit absoluter Sicherheit langfristig niemals eine Chance. Ein solcher Anleger wird viel Geld verlieren. Experten sagen dazu: »Gier frisst Hirn.«

5 bis 8 Prozent pro Jahr als Richtgröße

Mein Rat: *Geben Sie sich mit 5 bis 8 Prozent durchschnittlich zufrieden.* Mehr ist zwar möglich, aber Sie müssten sehr viel mehr Zeit investieren; diesen Zeitaufwand können und wollen die wenigsten kontinuierlich und auf Dauer aufbringen. Und Sie müssten überproportional höhere Risiken eingehen. Risiken, die Anleger nicht überschauen können, wenn sie weniger als 15 Jahre Erfahrung haben. Ihre Anlagen werden nämlich nicht nur schöne Sommermonate erleben – es wird auch Börsenwinter geben. Dafür müssen Sie gerüstet sein. Wenn Sie Ihr Geld grob so aufteilen, wie oben beschrieben, werden Sie im Schnitt 5 bis 8 Prozent erzielen.

Der zweite Kardinalfehler lautet: *Wer ausschließlich auf 1 bis 2 Produkte setzt, schneidet im langfristigen Vergleich fast immer schlechter ab.* So wie im Fußball vor allem die Teamleistung zählt, so muss Ihr Portfolio stimmig sein. Das heißt: Die einzelnen Geldanlagen müssen zusammenpassen. Ein gut eingespieltes Team wird gegen eine Auswahl von »Superstars« gewinnen, wenn diese nicht zu einer Einheit geworden sind.

Was für Sie als Anleger zählt, ist die *durchschnittliche Rendite*, die Sie mit Ihrem Portfolio erzielen. Ihre Geldanlagen müssen gut zusammengestellt sein, damit Sie Ihre gewünschte Rendite erzielen. Dabei ist es wichtig, dass die einzelnen Produkte ihre spezielle Aufgabe erfüllen und sich ergänzen. Wenn Sie der Fußball-Strategie folgen und einen guten Berater haben, werden Sie dauerhaft 5 bis 8 Prozent erzielen.

Aktien

Ein Wort zu Aktien: Sie sind viel sicherer als ihr Ruf. Wenn Sie die angesprochenen 5 bis 8 Prozent erzielen wollen, *müssen* Sie in Sachwerte investieren – also Aktien bzw. Aktienfonds und unternehmerische Beteiligungen. Alleine der Gedanke an diese Produkte macht vielen Menschen Angst. Allerdings zu Unrecht. Erstens steht zunächst einmal fest: *Aktien haben Geldwerte (Sparbuch, festverzinsliche Wertpapiere ...) immer geschlagen.* Und sie *werden* Geld immer schlagen. Wenn sie so unsicher wären und wenn man mit ihnen unter dem Strich herbe Verluste erleiden würde, so wären diese Ergebnisse nicht zustandegekommen. Denn dann würden das Sparbuch oder festverzinsliche Wertpapiere die Nase vorn haben. In allen langfristigen Vergleichen aber lagen die Aktien vorne.

Zweitens: *Die Angst vor Aktien besteht nur in Deutschland.* Wenn Sie zu unseren unmittelbaren Nachbarn nach Holland, Frankreich, Luxemburg, England fahren, finden Sie einen vollkommen entspannten Umgang mit Aktien. **Wenn Aktien gefährlich wären, so wüssten auch andere Nationen davon.**

Drittens sind Aktien sicher, wenn Sie streuen und die Papiere mindestens 10 Jahre lang halten können. In jeder denkbaren 10-Jahres-Periode seit dem Zweiten Weltkrieg haben europäische und amerikanische Aktien einen guten Gewinn gemacht. Bei den 20-Jahres-Perioden waren es im Schnitt sogar immer zwischen 10 und 12 Prozent pro Jahr.

Viertens sollten wir uns bewusst machen, was Aktien eigentlich sind: *Sie bilden die Grundlage unseres Wirtschaftssystems.* **Wer nicht an Aktien glaubt, darf auch nicht an unsere Wirtschaft glauben.** Es wäre so, als würden Sie in einem Organismus Blut ablehnen. Aktien sind der Lebenssaft unserer Wirtschaft.

Und wer sich sorgt, dass unsere Ökonomie zusammenbrechen könnte, dem sei gesagt: In diesem Fall wäre es gleich, welche Anlage-Produkte Sie gewählt haben. Alle Anlagen (außer Gold), auch Immobilien, würden im Falle eines Zusammenbruchs so gut wie wertlos. Aber wenn es nicht zu diesem Super-GAU kommt, so werden Sie sich langfristig über eine Investition in Aktien freuen.

Sie müssen in Aktien investieren, denn diese sind das Flugzeug auf dem Weg zum Wohlstand. Aber Sie müssen das Flugzeug nicht selbst fliegen. Investieren Sie darum in Fonds (oder kaufen Sie ETFs, also börsengehandelte Index-Fonds). Dort erledigen Profis die Arbeit für Sie.

Möglicherweise meinen Sie, selbst erfolgreich investieren zu können. Aber das ist ein bisschen so, als würden Sie sich Ihre Zähne selbst ziehen. Vielleicht könnten Sie es, aber ein Profi macht es einfach besser. Der Manager eines Aktienfonds analysiert besser, streut auch viel breiter und beobachtet gründlicher, als Sie es könnten.

Wer streut, gewinnt

Viele Menschen streuen nicht genug. Vor allem aus Unwissenheit und Angst. Das ist **der zweite große Fehler.** Ich erlebe das leider immer wieder. Aber die Leute wissen es nicht besser oder sie legen ihr Geld lieber auf »sichere Weise« an.

Schauen wir uns darum ein Beispiel an: Frau Beständig investiert 45.000 Euro zu einem festen Zinssatz von 4 Prozent auf 30 Jahre. Sie erhält dann 145.953 Euro. (Hand aufs Herz – halten Sie das für viel Geld? Wahrscheinlich nicht.) Wer sich nicht auskennt und eher ängstlich ist, der kann leicht solche Fehler machen.

Es geht auch anders: Frau Beständig könnte das Geld in drei gleiche Teile aufteilen (also drei Mal 15.000 Euro). Sie würde der Fußball-Strategie folgen und zum Beispiel wie folgt anlegen:

➤ *Abwehr:* 15.000 Euro in Geldwert-Anlagen. Hier erzielt sie tatsächlich nur 4 Prozent. Das macht 48 651 Euro nach 30 Jahren.

➤ *Mittelfeld:* 15.000 Euro in Sachwert-Anlagen. Zum Beispiel je 5.000 Euro in eine unternehmerische Beteiligung, eine britische Rentenversicherung und einen internationalen Aktienfonds. Sie erzielt dabei mindestens 10 Prozent. Das ergibt nach 30 Jahren 261.741 Euro.

➤ *Angriff:* 15.000 Euro in Sachwerten mit höherem Risiko, zum Beispiel drei Branchen- und Regionen-Fonds mit je 5.000 Euro. Diese Fonds müssen gut beobachtet und gegebenenfalls mehrfach ausgetauscht werden. Bei einer Rendite von 15 Prozent ergibt das nach 30 Jahren 993 176 Euro.

Vergleichen Sie einmal die Ergebnisse: Im ersten Beispiel bekommt Frau Beständig lediglich ca. 146.000 Euro. Würde sie streuen, wären es *1,3 Millionen Euro* (1.303.568). Sie würde also fast 9-mal so viel Kapital erhalten.

Ein Sicherheitstyp wird jetzt einwenden: »Ja, Papier ist geduldig; aber wer weiß, ob das auch so kommt. Vielleicht verliert sie ja Geld.« Um zu zeigen, dass diese Angst vor Verlust eher unberechtigt ist, möchte ich einmal ein sehr unwahrscheinliches »schlimmes Szenario « kreieren.

Nehmen wir an, mit 4 der 6 Anlagen ihres Mittelfelds und Sturms würde Frau Beständig einen *Totalverlust* erleiden.

Ich kenne kein einziges Depot, in dem es vier Totalverluste gab. Aber unterstellen wir es trotzdem einmal: Im Mittelfeld würde also nur *eine* Anlage mit 10 Prozent »durchkommen «, und im Angriff ebenfalls nur *eine* mit 15 Prozent. Wie viel Geld hätte sie dann? Antwort: 461.954 Euro! (Abwehr nach wie vor 48.651 Euro; Mittelfeld 82.245 Euro; Angriff 331.058 Euro = 461.954 Euro)

Das ist *mehr als das Dreifache* der 146.000 Euro. *Und das, obwohl sie 4 von 6 Anlagen komplett verloren hätte* (und wenn Sie einen guten Berater haben, ist das unvorstellbar). Die Schlussfolgerung ist einfach: *Nichts ist risikoreicher, als jedes Risiko vermeiden zu wollen.* Sie kämen nie von der Stelle. Heute ist die (offizielle) Inflation nicht sehr hoch. Aber wir haben schon ganz andere Inflationsraten erlebt. Es ist keine zwei Jahrzehnte her, da konnten Sie zusehen, wie Ihr Geld vernichtet wurde. Bedenken Sie: Die wesentlich profitableren Anlagen sind keinesfalls unsicherer. Wir kennen uns nur zu wenig damit aus.

Streuen Sie dreifach

Wenn Sie *alle drei Mannschaftsteile* aufstellen, haben Sie bereits zum ersten Mal klug gestreut. Streuen Sie aber zweitens ab einem gewissen Vermögen *auch innerhalb* der einzelnen Mannschaftsteile, indem Sie verschiedene Produkte wählen. Sie streuen dann erneut, indem Sie *Produkte auswählen, die ihrerseits breit streuen.* Der Grundsatz zu streuen, setzt sich also fort.

Sie haben es eben an dem Beispiel gesehen, wie überlegen Ihre Rendite ist, wenn Sie streuen. Da wir die Zukunft nicht kennen, müssen wir *breit* streuen. Eine Studie hat ergeben: Es ist 20-mal wichtiger, bei der Vermögensanlage den richtigen Markt zu bestimmen (Asset Allocation), als innerhalb eines Marktes die besten Produkte zu wählen (z. B. durch einen Fondsvergleich).

Wie können wir aber sicherstellen, dass wir den »richtigen« Markt finden? Die Antwort lautet: Wir können es *nicht.* Niemandem gelingt das auf Dauer zuverlässig. Darum müssen wir unser Geld auf verschiedene Märkte verteilen. So erhöhen wir unsere Chancen, den Gewinner des nächsten Jahres zu treffen.

Zum dritten Mal streuen Sie, indem Sie *Produkte auswählen, die ebenfalls breit streuen.* Das tun zum Beispiel Aktienfonds und Dachfonds. Wenn Sie sich an die Grundsätze dieses Kapitels halten, können Sie nicht verlieren. Sie besiegen Ihre Gegner.

Das Spielfeld und die Gegner

Wer sind eigentlich Ihre Gegner? Es sind *nicht* die Kapitalmärkte. Auch nicht die Börsenkrisen, denn diese bieten fantastische Einstiegsmöglichkeiten. Es sind nicht einmal die Betrüger. Davon gibt es immer einige; es gibt immer Menschen, die schummeln und betrügen. Dagegen können wir wenig tun. Aber wenn Sie sich an die in diesem Kapitel beschriebenen Grundsätze halten, werden Ihnen die Schurken keinen großen Schaden zufügen können.

Die Märkte, die Börsen, ja die gesamte Weltwirtschaft bilden Ihr *Spielfeld*. Auf diesem Spielfeld wird es nie langweilig. ***Ihre Gegner heißen anders:*** Gier, Angst, Unwissenheit, Ungeduld, Ignoranz, Überheblichkeit, *übertriebene Vorsicht*. **Es sind Ihre Emotionen.** Erinnern Sie sich: Der erste wie auch der zweite Fehler haben ihren Ursprung darin, dass ein Anleger Bauchentscheidungen trifft – sich also auf sein Gefühl verlässt. Der Rat der Profis lautet: *Trennen Sie sich von Ihren Emotionen oder Ihre Emotionen trennen Sie von Ihrem Geld.*

Emotionen haben im Spiel des Geldanlegens nichts verloren. Wo immer sie herrschen, verlieren Sie Geld. Wer zum Beispiel aus Angst vor dem Gegner nicht spielt, hat schon verloren. Wer andererseits zu ungeduldig oder zu gierig ist, verliert oft alles. Der Ungeduldige steigt zu früh ein und aus. Wer überheblich ist, meint, die ewig gültigen Regeln träfen auf ihn nicht zu. Die Meister des Geldes sagen dazu: »Der große Fehler ist zu sagen: ›Diesmal ist alles anders.‹ Die Gesetzmäßigkeiten ändern sich nicht. Sie bleiben immer gültig.«

Staatliche Förderungen

Damit ist das Thema »Anlegen« aber noch nicht vollständig besprochen. Es fehlt noch die sogenannte Förderrente. Das sind alle Sparformen, deren Beiträge Sie weitgehend ohne Belastung durch Steuern und Sozialabgaben von Ihrem Bruttoeinkommen bezahlen können. Das »neue« Alterseinkünftegesetz macht es leichter als bisher, eine gewisse Basis aufzubauen. Was unter der Förderrente zu verstehen ist und wie sie Ihnen nützen kann, finden Sie auf www.renteoderwohlstand.de.

Zusammenfassung

Wenn Sie bisher noch nicht mit System investiert haben, ist dieses Kapitel nicht einfach für Sie. Lassen Sie uns darum die wichtigsten Lehren noch einmal zusammenfassen. An einigen Stellen habe ich einzelne Regeln hinzugefügt, die wir nicht besprochen haben. Ich glaube aber, sie sprechen für sich. Wenn Sie sich an diese Regeln halten, sollten Sie auch als sehr, sehr vorsichtiger Anleger 5 Prozent pro Jahr erzielen. Bei durchschnittlicher Risikobereitschaft erzielen Sie 8 Prozent. Ich habe es in den 27 Jahren, in denen ich investiere, immer wieder bestätigt bekommen.

Die wichtigsten Regeln im Überblick

1. Fangen Sie so früh wie möglich an. Investieren Sie so viel wie möglich. Bleiben Sie sparsam, bis Sie mindestens die finanzielle Sicherheit als Ziel erreicht haben.

2. Investieren Sie niemals geliehenes, sondern immer nur Ihr eigenes Geld.

3. Trennen Sie sich von Ihren Emotionen. Angst und Gier sind schlechte Ratgeber. Angst bringt Sie um die möglichen Renditen und Gier vernichtet Ihr Geld. Folgen Sie vielmehr einer erprobten Strategie (zum Beispiel der Fußball-Strategie).

4. Folgen Sie niemals der Masse. Wer tut, was alle tun, bekommt, was alle haben. Und das ist nicht viel.

5. Wechseln Sie Ihre Anlagen nicht zu oft (vermeiden Sie also ein Switchen). Es gilt: *Hin und her macht Taschen leer.* Vor allem aber bleiben Sie bei Ihrer Strategie. Ändern Sie Ihr Depot nicht, je nachdem, ob an der Börse gerade Sommer oder Winter herrscht. Eine Ausnahme bildet Ihr Angriff. Hier sind Veränderungen gefragt.

6. Bleiben Sie cool. Sehen Sie Ihre Investments als ein Spiel: Sie wollen es gewinnen, es soll Ihnen aber auch nicht die Laune verderben. Genießen Sie es. André Kostolany, der große Meister der Börse, riet: »*Kaufen Sie Aktien, nehmen Sie Schlaftabletten und schauen Sie die Papiere nicht mehr an. Nach vielen Jahren werden Sie sehen: Sie sind reich.*« An der Börse wechseln sich gute und schlechte Zeiten ab. Selbst ein Crash hat auch gute Seiten: Es bietet sich die Gelegenheit, unter Wert zu kaufen.

7. Sie brauchen einen langen Atem. Ihre Sachwerte sollten mindestens 10 Jahre für Sie arbeiten. Halten Sie darum immer Cashreserven für Notzeiten und um Chancen zu nutzen.

8. Streuen Sie: erstens auf die drei Mannschaftsteile (Verteidigung, Mittelfeld und Angriff). Zweitens: Wählen Sie pro Mannschaftsteil zwei bis drei Produkte. Drittens: Wählen Sie Produkte, die ihrerseits streuen. Mischen Sie börsenabhängige mit börsenunabhängigen Produkten. Aber übertreiben Sie nicht: Eine Mannschaft ist komplett mit elf Spielern und vier Reservespielern.

9. Besorgen Sie sich zuerst einen guten Berater. Holen Sie sich dazu Referenzen ein. Führen Sie ein intensives Gespräch: Können Sie dem Berater vertrauen?

10. Die größten Gewinne werden an den Märkten der Zukunft gemacht. Setzen Sie nicht blind auf die Gewinner der vergangenen Jahre.

11. Prüfen Sie, ob Sie staatliche Förderungen nutzen können. **www.renteoderwohlstand.de**

12. Wählen Sie nur Produkte, die Sie verstehen und mögen. Meiden Sie Produkte und Märkte, die Sie nicht beurteilen können. Sie müssen sich zudem mit Ihren Anlagen wohlfühlen können.

13. Kaufen Sie niemals ein Produkt, ohne schriftlich zu notieren, warum Sie dies tun und welche Rendite-Erwartungen Sie dabei hegen.

14. Meiden Sie Einzelwerte, es sei denn, Sie haben das Wissen, die Zeit, die Nerven, die Disziplin und den Spaß, diese Werte professionell zu verwalten. Setzen Sie auf jeden Fall einen Stop-Loss. Wer in Einzelwerte investiert, wird immer Schmerzensgeld zahlen. Meist kommen die Schmerzen vor dem Geld.

15. Lassen Sie Gewinne laufen. »Never change a winning horse.« Aber beobachten Sie diese Werte umso häufiger, je höher ihre Kurse steigen. Und verkaufen Sie gegebenenfalls nach und nach Teile dieser Anlage. So sichern Sie Ihre Gewinne.

16. Trennen Sie sich von Werten, die Sie nach heutigem Wissen nicht noch einmal kaufen würden. Warten Sie nicht, bis eine solche Anlage ihre anfänglichen Verluste wieder aufgeholt hat.

17. Zocken Sie niemals mit dem Geld, von dem Sie leben wollen.

18. Legen Sie eher langfristig an. Der Börsen-Guru und US-Milliardär Warren Buffett sagt gerne: »Mein liebster Anlagezeitraum lautet: ›für immer‹.«

19. Denken Sie nicht ständig an Ihr Depot. Sie lassen doch auch nicht wöchentlich Ihre Blutwerte kontrollieren. Belassen Sie es bei viertel- oder halbjährlichen Routinechecks – falls Sie einen guten Berater haben.

20. Erhalten Sie sich Ihre gute Laune und Dankbarkeit. Bedenken Sie, was für ein Privileg es ist, Ihr Geld für sich arbeiten zu lassen.

KAPITEL 12

Regel 5: Die Förderrente nutzen

»Gesetze sind wie Schmetterlinge –
etwas Schönes, ja Nützliches.
Doch wenn die Tiere in großen Schwärmen auftreten,
können sie ganze Kulturlandschaften kahlfressen.«

Horst Köhler, ehemaliger Bundespräsident

*

Die Information in diesem Kapitel ist so wichtig, dass es sich kaum jemand leisten kann, sie zu ignorieren. Denn es geht nicht nur darum, dass Sie ansonsten eine staatliche Förderung verpassen, also *sehr viel Geld verschenken*. Das alleine wäre schon traurig genug. Nein, hier geht es vor allem auch darum, zu verstehen, in welche Richtung sich unsere Gesellschaft, unser Staat und unsere Sozialsysteme entwickeln. Wenn Sie die Botschaft richtig deuten, so lesen Sie in den neuen Gesetzen eine Art Bankrotterklärung des alten staatlichen Rentensystems. Es wird klar: *Die Förderrenten wurden geschaffen, weil der deutschen Bevölkerung im Alter bittere Armut droht.*

Die gesetzlichen Grundlagen für diese Veränderung sind seit geraumer Zeit in Kraft; wir sprechen also nicht von möglichen zukünftigen Entwicklungen; die Gesetze gelten bereits *heute*. Wenn Sie zum Beispiel heute in Rente gehen, wird über die Hälfte Ihrer Rente versteuert. Rentner, die vor 2005 bereits in Rente waren, treffen die Veränderungen hingegen nicht.

Wenn ich mit Menschen spreche, erlebe ich immer wieder: Den meisten ist noch nicht annähernd bewusst, welche gewaltigen Veränderungen die neuen Gesetze wirklich bewirken. Sie verstehen die Zusammenhänge und auch die Folgen nicht, die sich aus den neuen Gesetzen ergeben.

Aber wir müssen das große Bild überblicken können: Der offizielle Anstoß für die Schaffung der Förderrenten ist die Tatsache, dass die Renten wie Einkommen versteuert werden. Die folgende kurze Begebenheit soll Ihnen den Zusammenhang verdeutlichen:

Die Bande

Stellen Sie sich vor, eines Abends klingelt eine Bande an Ihrer Haustür. Sie kündigt Ihnen an: »Sobald Sie in Rente gehen, werden wir jeden Monat wiederkommen und Ihnen ungefähr ein Drittel von all Ihren Einnahmen wegnehmen.« Sie sind erschrocken, denn Sie erkennen: Dann brauchen Sie im Alter ja viel mehr, als Sie bisher angenommen hatten.

Aber da redet der Finanzboss der Bande auch schon weiter: »Was wir Ihnen später wegnehmen, werden wir Ihnen vorher geben. Und zwar schenken wir Ihnen auf alles, was Sie sparen, ein Drittel obendrauf – und manchmal sogar erheblich mehr.« Nun sind Sie vielleicht etwas beruhigter. Zwar verstehen Sie nicht, warum die Bande Ihnen erst etwas gibt, nur um es Ihnen später wieder zu nehmen. Aber wer versteht schon, was in den Köpfen von Bandenmitgliedern vor sich geht? Doch zum Abschluss erklärt der Boss der Bande dann noch etwas ziemlich Unverständliches: »Wenn Sie nicht sparen, bekommen Sie die Geschenke nicht; und meine Bande wird trotzdem kommen und Ihnen ein Drittel von all Ihren Einnahmen wegnehmen. Eventuell auch mehr ...«

Die Erklärung

So weit die Geschichte. Sie sehen: Die ganze Aktion findet ihren Ausgangspunkt in der Tatsache, dass Sie im Alter als Rentner Steuern zahlen müssen. *Ihre Rente wird wie ein normales Einkommen behandelt und wird der Einkommenssteuer unterliegen.*

Niemand kann dabei eine verbindliche Auskunft geben, wie darüber hinaus Ihre Kapitaleinkünfte und Spekulationsgewinne versteuert werden. Dazu ändern sich insbesondere Steuergesetze zu schnell und willkürlich.

Aber klar ist, dass Ihre Renten besteuert werden. Und zwar wie ein normales Einkommen. Wir schauen uns gleich an, wie viel Sie zahlen werden müssen. Zuvor wollen wir schnell klären: Warum wird Ihre Rente eigentlich zukünftig besteuert?

Die Antwort: Ein Beamter hat vor dem Bundesverfassungsgericht geklagt, weil er auf seine gesamte Beamtenpension Steuern zahlen muss und normale Rentenempfänger erst ab einer gewissen Höhe. Das fand er ungerecht (eine Ungleichbehandlung, die gegen Art. 3 Abs. 1 Grundgesetz verstößt).

Das Gericht fand das auch; darum forderte es die Regierung auf, für Gleichheit zu sorgen. Diese beauftragte Professor Rürup mit dieser Aufgabe; er schuf mit seiner Kommission das sogenannte Alterseinkünftegesetz. Im Ergebnis hat der klagende Beamte nicht mehr Pension, aber er hat die fragwürdige Befriedigung, dass jetzt sowohl Pensionäre als auch Rentner gleichermaßen Steuern auf ihre Altersbezüge zahlen müssen.

Das Szenario erinnert an kleine Kinder im Sandkasten: Weil die Burg des einen Kindes eingestürzt ist, will es die Burgen aller anderen zerstören. Das ist so, als wenn Sie die Bande in unserem Beispiel fragen würden: »Warum nehmt Ihr mir eigentlich überhaupt etwas weg?«, und Sie als Antwort erhalten würden: »Na, wegen der sozialen Gerechtigkeit. Wir nehmen schließlich auch allen euren Nachbarn etwas weg.« Es ist schon faszinierend, auf welcher Basis das gewaltige Alterseinkünftegesetz steht ...

Kurz und knapp

Es ist wichtig zu verstehen: Das sogenannte Alterseinkünftegesetz behandelt nicht nur Förderungen, sondern vor allem zunächst die Tatsache, dass wir unsere Rente und rentenähnliche Einkünfte versteuern müssen. Man nennt das »nachgelagerte Besteuerung«.

Das bedeutet: **Sie können heute Beiträge von Ihrem Bruttoeinkommen zahlen, ohne dass vorher Steuern entnommen werden. Dafür zahlen Sie die Steuern hinterher** – bei der monatlichen Auszahlung der (staatlichen und auch privaten) Rente. *Der Staat nimmt so viel, wie er noch nie genommen hat; aber er fördert auch so sehr, wie er noch nie gefördert hat.*

Warum nur?

Jetzt könnten Sie in unserem Beispiel die Bande fragen: »Warum schenkt ihr mir denn heute etwas, nur um es mir morgen wieder wegzunehmen? Wäre es nicht einfacher, wenn ihr mir weder etwas schenkt noch etwas nehmt?« Die Antwort der Bande wäre wahrscheinlich: »Einfacher wäre es schon, aber dann hätte die Bande ja nicht genug Arbeit ...«

Allerdings ist das nur ein Teil der Antwort. Der andere ist viel wichtiger und geradezu revolutionär; er lautet:

➤ Die Regierung gibt zumindest indirekt zu, dass die staatliche Rente nicht reichen wird. Warum sonst sollte sie freiwillig auf Steuereinnahmen verzichten?

> Sie gibt auch zu, dass das Umlagesystem nicht für mehr taugt als für eine Minimum-Rente. Sie fördert darum das Kapitaldeckungsverfahren.

Sie will uns also motivieren, privat Geld anzusparen und dieses Geld arbeiten zu lassen. Sie fördert die Eigenverantwortung.

All das sollten wir honorieren. Denn damit sagt die Regierung so deutlich, wie wir es kaum erwarten konnten, wenn wir die Renteninformationen der Deutsche Rentenversicherung lesen: *Vielen Menschen droht im Alter bittere Armut, wenn sie nicht privat vorsorgen.* Sie wissen aus dem ersten Teil dieses Buches, dass die Regierung sich immer noch sehr schwertut mit klaren Eingeständnissen. Ihre Informationspolitik halte ich darum nach wie vor für verfehlt.

Warum kann sie nicht alte Fehler eingestehen und deutlichere Warnungen aussprechen? Eine klare Sprache sprechen die geschaffenen Gesetze: hier besonders die folgenden Förderrenten ...

Riester, Rürup und Direktversicherung

Der Gesetzgeber hat insgesamt drei Möglichkeiten geschaffen, damit die deutsche Bevölkerung im Alter nicht verarmt: die Riester-Rente, die Rürup-Rente und die Direktversicherung. (Die vermögenswirksamen Leistungen will ich hierbei ausklammern, weil sie lange bestehen, hinreichend bekannt sind und nur relativ kleine Summen aufbauen.)

Dabei haben Sie natürlich längst verstanden: **Der Gesetzgeber will hier keinesfalls den Luxus im Alter fördern – sondern er will Sie motivieren, durch Eigenleistung die Rente zu schaffen, die Ihnen ursprünglich einmal versprochen wurde.**

Die Regierung hat endlich offiziell zugegeben, dass die gesetzliche Rente gekürzt wurde. Sie sagt unmissverständlich: »Wir haben die *Riester-Rente* geschaffen, um die Kürzungen durch die Reformen der letzten Jahre aufzufangen.«

Indem die Regierung zusätzlich die *Rürup-Rente* einführte, sagte sie: »Das herkömmliche Rentensystem (Umlageverfahren) funktioniert *allein* nicht mehr. Sie müssen als Bürger selbst Kapital aufbauen und dieses für sich arbeiten lassen (Kapitaldeckungsverfahren). Dafür geben wir Ihnen einen steuerlichen Anreiz.«

Die Rürup-Rente ist eigentlich dazu gedacht, den Lebensstandard zu halten, den Sie während Ihrer Erwerbstätigkeit aufgebaut haben.

So jedenfalls verkauft uns die Regierung offiziell dieses Konstrukt. Die Wahrheit ist: *Die Rürup-Rente wird benötigt, um die zukünftig sinkenden Rentenzahlungen auszugleichen.*

Die *Direktversicherung* wiederum soll helfen, im Alter stärker die Lücke zu schließen, die auch bei einer Rente bestehen würde, wie sie ursprünglich einmal angedacht war. Denn auch bei den längst revidierten Versprechen bestand eine erhebliche Lücke zwischen Rente und durchschnittlichem Nettoeinkommen.

Natürlich kann eine solch enorme Lücke keine Direktversicherung allein füllen. Und bedenken Sie auch, dass Lückenfüllen kein Konzept ist, das dem der finanziellen Freiheit entspricht. Dazu gehört mehr: ein sorgfältig geplantes Konzept wie im vorigen Kapitel beschrieben.

Kurz und knapp

Die Renten sind bereits gesunken und werden weiter sinken. Zusätzlich werden sie besteuert und die Inflation sorgt dafür, dass das Geld weniger Kaufkraft hat. Damit die deutsche Bevölkerung nicht verarmt, wurde die Förderrente geschaffen: Mit der Riester-Rente sollten Sie nach dem Willen der Regierung die Rentenkürzungen ausgleichen, die bereits erfolgt sind. Mit der Rürup-Rente sollten Sie die künftigen Kürzungen auffangen. Mit Direktversicherung und zusätzlicher privater Vorsorge sollten Sie dann dafür sorgen, dass Sie Ihren Lebensstandard halten und frei sind.

Eine genaue Erklärung finden Sie unter www.renteoderwohlstand.de/foerderrente-nutzen und im Anhang (die Förderrente). Da die Gesetze sich ständig ändern, finden Sie die weitere Information aus diesem Kapitel online unter www.renteoderwohlstand.de/foerderrente-nutzen. Bitte lesen Sie diese Information unbedingt. Zwar ist einiges ziemlich »technisch«, das mag nicht jedem liegen. Dennoch sollten Sie sich die wichtigen Grundlagen anschauen. Mein Vorschlag: Wenn es zu zäh für Sie wird, überspringen Sie einfach den Text bis zum nächsten Kästchen »kurz und knapp«. So erhalten Sie auf jeden Fall zumindest die wichtigste Information.

Also gehen Sie jetzt gleich auf www.renteoderwohlstand.de/foerderrente-nutzen, Stichwort: die Förderrente nutzen.

Die drei Ebenen im Förderkonzept der Regierung

Die Regierung unterscheidet drei verschiedene Schichten, denen sie unterschiedliche Produkte für Ihre Altersversorgung zuordnet. Diese Unterteilung ist so weder sinnvoll noch einfach nachvollziehbar. Es ist ein bisschen wie mit der Anordnung der Buchstaben auf der Tastatur Ihres PCs: Logisch ist es nicht (warum kommt das S nach dem A und dann das D ...?), aber irgendeine Reihenfolge muss es ja geben. Wie dem auch sei: Sie sollten die drei Schichten kennen. Zum einen, um den Willen des Gesetzgebers richtig zu verstehen. Zum anderen kann eine Unterteilung durchaus nützlich sein. Ich schlage vor: Wir geben den drei Ebenen einen Namen und versehen sie mit einer Beschreibung, so verleihen wir ihnen einen Sinn.

Die erste Ebene: Armut

Die erste Schicht steht für Armut. Wer sich auf dieser Ebene befindet, wird buchstäblich knapp über der Hungergrenze leben – zumindest wird er sich von der kargen staatlichen Rente keinerlei Luxus erlauben können. Nach dem Willen der Regierung wird die erste Ebene aus der Kombination von gesetzlicher Rente *und* Rürup-Rente, auch Basisrente genannt, gebildet. Bitte überlegen Sie einen Moment, was es eigentlich bedeutet.

Das heißt doch: Selbst die unterste Ebene können Sie *alleine* mit der staatlichen Rente nicht erreichen. Oder anders gesagt: **Sie müssen Rürup nutzen, sonst liegen Sie möglicherweise noch unter der alleruntersten Ebene. Rürup wurde also geschaffen, um bittere Armut zu vermeiden.**

Zwar ist es für jeden höchst interessant, aber die größten Vorteile haben die Selbstständigen und die Besserverdienenden: Je mehr Sie sparen, umso mehr schenkt Ihnen die Bande. Und wer kann besonders viel sparen? Rürup bietet enorme Möglichkeiten: Immerhin können Ledige hier bis zu 20.000 Euro und Verheiratete bis zu 40.000 Euro pro Jahr anlegen – einen großen Teil davon steuerfrei. Jedenfalls sollten Sie die Möglichkeiten auf jeden Fall nutzen, die Rürup bietet. Denken Sie daran: Hier geht es darum, bittere Armut zu vermeiden. Ich weiß nicht, wo Sie finanziell stehen, aber es kann im Leben viel passieren. Deshalb ist es gut, sich eine sichere Basis zu schaffen, und dazu ist die Rürup-Rente gedacht. Darum sind Ihre Ersparnisse dort auch vor dem Zugriff anderer gesichert; sie sind sogar Hartz-IV-sicher.

Die zweite Ebene: Existenzminimum

Die zweite Schicht befindet sich über der Armut; sie steht für ein Existenzminimum. Hier ist zwar der Spielraum etwas größer, aber man ist immer noch weit von einer Existenz in Würde und Freiheit entfernt.

Diese zweite Schicht können Sie erreichen, wenn Sie mindestens ein, besser jedoch beide Produkte dieser Schicht nutzen. Es ist die *Direktversicherung* (ein Durchführungsweg der betrieblichen Altersversorgung) und die *Riester-Rente*, die der gesetzlichen Rente gleichgestellt werden sollte.

Riester-Renten können nur sozialversicherungspflichtige Arbeitnehmer, Beamte oder deren Ehegatten nutzen. Direktversicherungen nur Angestellte. Sollten Sie selbstständig oder freiberuflich tätig sein, stehen Ihnen diese Möglichkeiten nicht offen (eine Riester-Förderung erhalten Sie dann nur über einen sozialversicherungspflichtigen Ehepartner, der ebenfalls »riestert«).

Das bedeutet, Sie erhalten als Selbstständiger weniger Geschenke. Diese Tatsache sollten Sie auf jeden Fall ausgleichen, indem Sie mehr in einen Rürup-Vertrag investieren, denn nur dann erreichen Sie die Minimum-Ebene. Angestellte sollten möglichst eine Direktversicherung und eine Riester-Rente besparen.

Die dritte Ebene: Sicherheit und Freiheit

Und die dritte Ebene bedeutet schließlich finanzielle Sicherheit und Freiheit. Finanziell gesehen sprechen wir hier von steigendem Luxus. Diese Ziele erreichen Sie, indem Sie zusätzlich zu den Produkten der ersten und zweiten Schicht weitere Sparformen wählen. Welche können das sein? Es sind im Grunde genommen alle übrigen Kapitalanlagen wie private Rentenversicherungen, Sparpläne usw.

Wenn Sie Renten- oder Lebensversicherungen vor dem 31. Dezember 2004 abgeschlossen haben, können Sie die Beiträge steuerlich absetzen und die späteren Auszahlungen in der Regel steuerfrei erhalten. Bei Verträgen, die Sie nach diesem Datum abgeschlossen haben, sieht es anders aus: Die Beiträge, mit denen Sie diese ansparen, müssen Sie von Ihrem Netto-Einkommen zahlen, das heißt, Sie können nichts von der Steuer absetzen.

Trotzdem müssen Sie bei der Auszahlung Steuern zahlen: Wenn Sie sich den Betrag auf einmal auszahlen lassen, werden 50 Prozent vom Gewinn besteuert (falls der Vertrag mindestens 12 Jahre und mindestens bis zu Ihrem 60. Lebensjahr läuft – andernfalls werden 100 Prozent der Gewinne besteuert).

Wie sorgen Sie vor?

(Bitte lesen Sie die Abbildung von unten nach oben. So erkennen Sie, welche Schritte notwendig sind, um auch im Alter gut leben zu können.)

+ weiteres Fondsvermögen ↑ etc.	Luxus: finanzielle Freiheit	
+ Fondssparpläne + unternehmerische Beteiligungen ↑	**1700 Euro** Finanzielle Sicherheit (Sie erreichen nur dann Ihr Netto, das während des Arbeitslebens durchschnittlich zur Verfügung stand, wenn Sie zusätzlich in Fonds und Private Equity investieren und davon später monatlich 350 Euro netto entnehmen können.*	**3. Schicht** Finanzielle Sicherheit und Freiheit
+ Direktversicherungen ↑	**1350 Euro** (wenn die Rentenzahlung aus der Direktversicherung 250 Euro netto beträgt)*	**2. Schicht** Minimum-Ebene
+ Riester ↑	**1100 Euro** (wenn die Riester-Rente 200 Euro netto beträgt)*	
+ Rürup ↑	**900 Euro** (wenn die Rürup-Rente 300 Euro netto beträgt)*	**1. Schicht** Armutsebene
staatliche Rente	**600 Euro** (inflationsbereinigte staatliche Rente nach heutiger Kaufkraft)	

Im Falle von monatlichen Rentenzahlungen müssen Sie, je nach Alter, nur einen gewissen Teil versteuern. Bei Verträgen, die bis zu Ihrem 65. Lebensjahr laufen, sind es 18 Prozent (der steuerfreie Teil dieser monatlichen Rente beträgt also 82 Prozent). Dies ist wiederum relativ fair: Sie mussten die Beiträge von Ihrem Netto zahlen, also sind auch große Teile der Auszahlungen steuerfrei.

Bei der dritten Schicht geht es darum, endlich in wirklich würdige finanzielle Regionen zu gelangen. Aber es geht auch um Ihre Freiheit. Die Bedeutung der drei Ebenen ist in der Grafik dargestellt:

Fazit

Um auf Ihr altes Netto von 1.700 Euro zu kommen, müssten Sie alle drei Ebenen nutzen: Riester, Rürup, Direktversicherung (= Förderrente) und außerdem freie Produkte der dritten Ebene.

Mit der Förderrente alleine vermeiden Sie gerade einmal bittere Armut. Bitte bedenken Sie: Die Renten muten niedrig an, aber es handelt sich um **Netto**-Bezüge (auch inflationsbereinigt).

Kurz und knapp

Alle Ihre Renten-Einkommen werden besteuert. Damit Sie im Alter trotzdem über genügend Geld verfügen, sollten Sie mindestens 10 Prozent von Ihrem Bruttoeinkommen in staatlich geförderten Programmen sparen. Dazu haben Sie folgende Möglichkeiten:

Die **Rürup-Rente.** Wenn Sie selbstständig sind oder wenn Sie durchschnittlich bzw. überdurchschnittlich verdienen, ist es ein Muss für Sie. Denn die staatliche Förderung ist immens: Sie können die Beiträge hierfür zu einem guten Teil von der Steu-

---

er absetzen, müssen die Auszahlungen später aber versteuern (erste Schicht). Je mehr Sie verdienen, desto günstiger ist die Rürup-Rente für Sie.

Die **Riester-Rente** und die **Direktversicherung**. Angestellte sollten zunächst eine Direktversicherung abschließen – falls der Arbeitgeber dies zulässt – und sich dann ein Angebot für eine Riester-Rente ausrechnen lassen. (Das ist auch interessant für alle Geringverdiener, weil sie hohe staatliche Zulagen erhalten.)

Es spricht allerdings nichts dagegen, Rürup *und* Riester *und* eine Direktversicherung abzuschließen. Riester-Beiträge können Sie voll von der Steuer absetzen; später müssen Sie aber auch die Auszahlungen versteuern (zweite Ebene). Je weniger Sie verdienen, desto weniger kommen Sie an Riester vorbei.

Wenn Sie jedoch finanzielle Sicherheit und Freiheit erreichen wollen, müssen Sie zusätzlich noch einmal mindestens 10 Prozent von Ihrem Nettoeinkommen sparen. Diese Sparbeiträge können Sie zwar nicht von der Steuer absetzen, sie bilden aber später die Grundlage für Ihre Freiheit. Zudem sind Auszahlungen nur sehr gering besteuert.

Sie haben folgende Möglichkeiten:

Sie zeichnen eine **private Rentenversicherung** oder eine Kapitallebensversicherung. Die Beiträge müssen Sie zwar von Ihrem Netto bezahlen, aber dafür ist die Rentenzahlung zu 82 Prozent steuerfrei, wenn sie zu Ihrem 65. Lebensjahr beginnt und mindestens 12 Jahre gelaufen ist. Den *Luxusteil* Ihres Lebensstils sollten Sie mit anderen Anlagen aufbauen: **Aktienfonds und unternehmerische Beteiligungen.** Diese Anlagen unterliegen zwar der Kapitalertragssteuer. Aber es führt trotzdem kein Weg daran vorbei.

Was bedeuten die drei Ebenen für Sie?

Die Schlussfolgerung daraus ist nicht ganz so einfach, wie es scheint. Denn man könnte denken: Na, dann zeichne ich doch möglichst nur Produkte der ersten beiden Ebenen; schließlich sind die Beiträge dafür steuerfrei. So kommt doch viel mehr zusammen. Leider ist das nicht die ganze Wahrheit.

Meines Erachtens benötigen Sie für ein würdevolles Leben auf jeden Fall *auch* Produkte der dritten Ebene: Denn bis auf die Direktversicherung sind die Produkte der ersten beiden Ebene *reine Rentenverträge* und damit sehr unflexibel; Sie können sich zum Beispiel das Kapital nicht auf einmal auszahlen lassen. Nur bei der Riester-Rente können Sie bis zu 30 Prozent auf einmal erhalten. Grundsätzlich sind Sie also mit den Produkten der beiden ersten Ebenen zwar stark gefördert, aber eben auch ziemlich unfrei. Genau so wollte es die Regierung: *Sie kauft Ihnen Ihre Freiheit mit Geschenken ab.* Dieses Spiel sollten Sie bis zu einem gewissen Grad mitspielen – denn auf die Geschenke können Sie fast nicht verzichten.

Aber eben nur bis zu einem gewissen Grad: Sie sollten sich auf jeden Fall wenigstens einen guten Teil Ihrer Freiheit bewahren, indem Sie auch Produkte der dritten Ebene besparen. Außerdem sollten Sie sich einfach nicht mit Armut abfinden – und auch eine Minimum-Ebene nicht akzeptieren.

Ein Beispiel:

Sagen wir, Sie wollen im Alter 5.000 Euro monatlich (inflationsbereinigt) zum Leben haben. Dann erscheint es durchaus sinnvoll, wenn Sie bis zu 50 Prozent (bei relativ kleinem Vermögen) aus festen Rentenzahlungen beziehen (staatliche Rente, Rürup, Riester). Diese 2.500 Euro bilden dann den sicheren Teil Ihrer Einnahmen.

Aber mit den anderen 50 Prozent sollten Sie flexibel bleiben. Hier sollten Sie Gelder in Fonds und anderen Anlagen halten und Auszahlpläne installieren. Das hat zwei Vorteile: Erstens erzielen Sie mit diesen Anlagen höhere Renditen sogar viel höhere Renditen! Zweitens bewahren Sie sich auf diese Weise Ihre Freiheit.

In Kapitel 9 habe ich empfohlen, mindestens 20 Prozent zu sparen. Diese Zahl können wir nun konkretisieren: Sie sollten 10 Prozent von Ihrem *Brutto*einkommen sparen. Alles, was Sie in Rürup, Riester und eine Direktversicherung sparen, sollte zusammen mindestens 10 Prozent Ihres Bruttoverdienstes ausmachen.

Und dann noch einmal 10 Prozent von Ihrem *Netto*einkommen für Produkte der dritten Schicht. Das sollte jeder möglich machen! Das wird jeder möglich machen *müssen*, wenn er auch im Alter gut leben will. Die Sparformel lautet also:

10 Prozent vom Bruttoeinkommen und
10 Prozent vom Nettoeinkommen

Häufige Fehler

Zum Schluss dieses Kapitels noch ein wichtiger Hinweis: In Bezug auf die Förderrente erlebe ich immer wieder, dass vor allem drei Fehler begangen werden. Hier sind sie:

Kurz und knapp

Die drei häufigsten Fehler im Umgang mit der Förderrente:

- *Nichts machen.* Die meisten Menschen verschenken viel, viel Geld, weil sie sich mit der Materie nicht beschäftigen wollen. Das ist verständlich, weil die Produkte relativ schwer überschaubar sind. Aber trotzdem müssen Sie sich damit beschäftigen.

- *Riester und vor allem Rürup nicht genau berechnen lassen.* Die Berechnung ist so umfangreich, dass sie nur ein Profi vornehmen sollte. Dies gilt für jeden – besonders aber für Selbstständige und Freiberufler.

- *Nicht die optimalen Produkte wählen.* Es ist unglaublich, welche Unterschiede es bei den Produkten gibt:
  - Die Rentenleistung variiert um bis zu 50 Prozent.
  - Sollten Sie sterben, verfallen bei vielen Anbietern Ihre Ansprüche einfach komplett.
  - Die internen Kosten variieren um mehrere 100 (!) Prozent.

Fazit:
Lassen Sie sich beraten. Am besten sofort.

KAPITEL 13

Regel 6: Erhöhe dein Einkommen und arbeite lebenslang

»Bis ins hohe Alter an dem arbeiten zu können,
was einem Freude macht, ist eine Gnade,
von der Ruheständler keine Ahnung haben.«

George Bernard Shaw, irischer Schriftsteller (1856 1950)

*

Wenn wir Menschen über 65 Jahre beobachten, werden wir feststellen, dass es zwei Gruppen gibt. Die kleinere Gruppe arbeitet noch, die größere nicht. Das Erstaunliche ist dabei, dass gerade viele von denen noch arbeiten, die es sich leisten könnten, in ihrem Rentenalter nichts zu tun. Die zweite Gruppe arbeitet nicht mehr, obwohl sie mehrheitlich relativ wenig Geld zur Verfügung hat.

In den vergangenen 15 Jahren habe ich immer wieder untersucht, ob da ein Zusammenhang besteht: zwischen hohem Einkommen und Wohlstand einerseits und der Liebe zur Arbeit andererseits, die sich eben auch darin äußert, dass jemand *nicht* aufhört zu arbeiten. Und tatsächlich, ich fand heraus: Beides hat ein und dieselbe Ursache.

Wenn Sie sich mit Menschen unterhalten, die auch mit 65, 70 Jahren und mehr noch einer Beschäftigung nachgehen, finden Sie eine bestimmte Einstellung zur Arbeit (und zum Leben) vor.

Immer wieder habe ich folgende Gemeinsamkeiten gefunden: Sie empfinden ihre Tätigkeit nicht als Arbeit im Sinne eines notwendigen Übels, sondern als *sinnvolle* Tätigkeit und *Aufgabe*; sie sind meist *selbstständig* oder arbeiten zumindest sehr *eigenverantwortlich*; sie spüren das Verlangen, einen *Beitrag zu leisten,* sie wissen, dass sie *gebraucht werden*; und sie haben *Spaß* an der Tätigkeit und an den erzielten Ergebnissen.

Arbeit und Freizeit

Tatsächlich trennen sie meist nicht zwischen Arbeit und Freizeit, da sie für jede Aktivität *Begeisterung* empfinden. Sie suchen nicht vorrangig ihre Lebensfreude und ihre Freiheit außerhalb der Arbeit (Freizeit), sondern sie finden Spaß und Freiheit *in* der Arbeit. Geld ist bei ihnen *nicht* der primäre Grund, sich einzubringen.

Die Mehrheit der arbeitenden Bevölkerung sieht dagegen Arbeit als ein notwendiges Übel und freut sich auf die arbeitsfreie Zeit, wie etwa Feierabende Wochenenden und Urlaub. Einen Lebensentwurf, der auf dieser Aufteilung basiert, halte ich für stark beengend und limitierend.

Arbeit sollte viel mehr sein als das bloße Mittel zum Erwerb unseres Lebensunterhalts. Durch kaum etwas können wir uns derart ausdrücken; ein Mensch wird etwas durch sein Werk. Durch seine Tätigkeit erkennt er meist erst einen Sinn, seine Aufgabe und seine Einzigartigkeit. Wenn wir nur arbeiten, um Geld zu verdienen, berauben wir uns um einige der wichtigsten menschlichen Erfahrungsmöglichkeiten.

Es gibt einen weiteren Nachteil: Wer in seiner Arbeitszeit zumeist unzufrieden, lustlos oder gestresst ist, wird diese Unzufriedenheit auf sein Privatleben übertragen. Wer mit einem Fuß in einem Eimer mit kaltem Wasser steht und mit dem anderen in einem mit heißem Wasser, der wird sich im Durchschnitt nicht wohlfühlen.

Aus Freizeit wird Rentenalter

Wenn jemand bis zum Rentenalter strikt zwischen Arbeit und Freizeit unterschieden hat, dann ist es eine ganz natürliche Folge, dass er sein Leben auch zwischen Arbeitsphase und Rentenphase aufteilt. Was früher Urlaub, Feierabend und das Wochenende war, ist dann das Rentenalter.

Wie gesagt, viele Menschen, die nicht mehr arbeiten müssten, arbeiten, solange sie können. Für sie gehört sinnvolle Arbeit untrennbar zu einem erfüllten Leben dazu. **Es ist eben diese oben beschriebene Einstellung, die diesen Menschen ein erfülltes Leben und meist ein überdurchschnittliches Einkommen und mindestens finanzielle Sicherheit beschert hat.** Im zweiten Teil dieses Kapitels werde ich diese Einstellung in ihren einzelnen Bestandteilen darstellen. Und Sie werden sehen, woraus sich ein hohes Einkommen zusammensetzt. Überlegen wir aber zuerst, was dafür sprechen könnte, lebenslang zu arbeiten. Die Gründe werden uns dann im weiteren Verlauf des Kapitels als Bestandteile eines guten Verdienstes wieder begegnen.

Eine Altersgrenze ist ein Witz

Das sogenannte Rentenalter ist eine vollkommen willkürliche und unnatürliche Grenze. Sie hat keinen nachvollziehbaren Sinn. Außerdem ist sie äußerst schädlich; sie hat viele Menschen geradezu verkrüppelt. Wie kann sich die Politik erdreisten, den Bürgern zu sagen – und per Gesetz zu beschließen: »Du bist ab heute zu alt zum Arbeiten!«

Gleichzeitig wird diesem Menschen vermittelt: »Ab heute können wir dich nicht mehr gebrauchen; du kostest uns nur noch Geld!«

Auf diese Weise wird der Rentner gesellschaftlich unsichtbar gemacht. Natürlich wurde das Rentenalter als ein erstrebenswerter

Lebensabschnitt verkauft. Jetzt könne der gealterte Mensch die Belohnung für sein langes, mühsames Arbeitsleben erhalten; von nun an würden andere für ihn sorgen; er könne nunmehr sein Leben in Würde genießen. Es wurde auf diese Weise *eine fatale Begehrlichkeit* geschaffen: nichts zu tun; nicht mehr verantwortlich zu sein. Was als Segen verkauft wird, ist in Wahrheit ein *Fluch*.

Eine neue Definition

Warum planen wir willkürlich Unproduktivität ab dem 60., 65. oder 67. Lebensjahr? Altern ist unbefriedigend und volkswirtschaftlich gesehen teuer, wenn es gleichbedeutend ist damit, unproduktiv zu sein. Und vergessen wir nicht: Wir werden immer länger altern.

Sie wissen es längst: Ich schlage Ihnen mit diesem Buch vor, sich überhaupt nicht auf die Rente zu verlassen. Sie sollten dieses Konstrukt aus Ihren Gedanken verbannen. Aus dieser Forderung ergibt sich eine weitere: *Wenn Sie aber die Rente abschaffen, schaffen Sie auch das Rentenalter ab!*

Damit erweitert sich der Raum für ein erfülltes Leben. Arbeiten Sie darum lebenslang. Ansonsten wird unsere steigende Lebenserwartung für alle zu einer Bürde.

Lebenslang arbeiten

»Und wo finde ich einen Job, wenn ich älter werde?«, könnten Sie fragen. Die Antwort: *Sie finden wahrscheinlich keinen.* Schon heute vergeben 60 Prozent aller Unternehmen in Deutschland keinen Job an Menschen über 50 Jahre. Schon gar nicht an 65- oder gar 70-Jährige. Der Grund: Mit fortschreitendem Alter ist die Wahrscheinlichkeit höher, plötzlich zu erkranken oder zu sterben. Es mag makaber klingen, aber so etwas stört nun einmal die Arbeitsabläufe. Das will sich eine Firma nicht leisten.

Aber auch aus Sicht des Arbeitenden ist ein normaler Job mit Anwesenheitspflicht im höheren Alter nicht unbedingt angenehm. Ich selbst würde mich mit fortschreitendem Alter *nicht* täglich unter den Druck setzen wollen, zu einer bestimmten Uhrzeit arbeiten zu müssen. Ich möchte weitgehend nichts tun dürfen, wenn mir danach ist; und ich möchte arbeiten können, wann und solange ich es will. Das geht in einem Job nicht. Aber es funktioniert als Berater, Schriftsteller, Selbstständiger, Buchhalter, Künstler, um nur einige Beispiele zu nennen. **Es ist immer dann möglich, wenn Sie sich für Ihre erbrachten *Ergebnisse* bezahlen lassen und nicht für Ihre *Anwesenheit*.**

Ergebnisse werden übrigens drei- bis fünfmal so gut vergütet wie gekaufte Zeit. Ein Job ist tatsächlich schwer zu finden; aber Arbeit gibt es immer. Besonders für den, der die folgenden 5 Bausteine für erfüllende Arbeit kennt. Dazu kommt noch etwas: Seit 2015 ist Arbeitslosigkeit nicht mehr unser Hauptproblem; wir haben stattdessen neue Probleme: Altersarmut und Arbeitskräftemangel. Beides ist eklatant. Menschen werden bis ins hohe Alter hinein arbeiten müssen – und Firmen werden aufgrund des Mangels an Arbeitskräften Arbeitsmöglichkeiten anbieten. Wenn wir aber erst ab dem 60. Lebensjahr oder noch später anfangen, uns darüber Gedanken zu machen, wird es schwer werden. Manche beginnen erst nachzudenken, wenn sie arbeitslos geworden sind. Besser wäre es, sich auf das lebenslange Arbeiten beizeiten vorzubereiten. So gibt es zwei Gründe, sich mit den fünf Bausteinen für ein hohes Einkommen in diesem Kapitel zu beschäftigen: Zum einen, um den eigenen Verdienst zu steigern, und zum anderen, um die Voraussetzungen zu schaffen, lebenslang arbeiten zu können.

Die Voraussetzung für ein höheres Einkommen

Die Höhe unseres Einkommens richtet sich genau nach dem Wert, den wir in den Wirtschaftsmarkt einbringen. Dieser Markt liebt oder hasst uns nicht; er bezahlt uns nach unserem Wert. Dabei geht es nicht um unseren Wert als Mensch, Partner, Elternteil, Freund. Hier geht es ausschließlich um unseren wirtschaftlichen Wert. Die Schlussfolgerung aus dieser Tatsache ist einfach: *Jeder bekommt, was er verdient.*

Manche Menschen kennen diesen Grundsatz nicht; sie behaupten, viel mehr wert zu sein, als sie verdienen. Wir sollten ihnen sagen: »*Wenn Sie mehr wert wären, dann hätten Sie auch mehr.* Sie können aber Ihren Wert jederzeit erhöhen.«

Menschen, die meinen, »viel mehr wert zu sein«, geben den Umständen die Schuld an ihrem »zu niedrigen« Verdienst. Sie sehen sich zum Beispiel als Opfer bestimmter Firmenstrukturen oder der Willkür ihres Chefs.

Wer die Gesetze der Wirtschaft kennt, wird solchen Menschen sagen: »Sie sind nicht vom Glück verlassen, man hat sich auch nicht gegen Sie verschworen. Sie *allein* bestimmen, wie viel Sie im Einkommens-Spiel verdienen. Dazu müssen Sie aber die Spielregeln kennen; Sie müssen die Gesetze des Marktes kennen. Würden andere über die Höhe Ihres Verdienstes bestimmen, so hätten diese Menschen Macht über Ihr Leben.«

Was aber ist mit Personen, die tatsächlich »Glück hatten« – zum Beispiel, weil sie protegiert wurden? Nun, Glück ist bei näherer Betrachtung nichts weiter als die Kombination aus harter Arbeit und dem geschickten Nutzen einer Gelegenheit. Gelegenheiten haben viele, doch nur wenige nutzen sie. Im Folgenden werden Sie sehen, warum das so ist.

Auch fürs »Glückhaben« zahlen wir einen Preis. Diesen Preis aber sehen die anderen nicht; sie sehen nur das begehrenswerte Ergebnis. Der Golfer Bernhard Langer wurde einmal auf sein »Glück« angesprochen, als er einen fast unmöglichen Ball schlug – aus der Astgabel eines Baumes heraus ins Putting Green. Er antwortete: »Ich habe beobachtet: Je härter ich trainiere, desto mehr Glück habe ich.«

Einkommen ist das Ergebnis unseres Denkens. Wer sich zum Beispiel als Opfer sieht, der wird gar nicht erst darüber nachdenken, wie er mehr verdienen kann. Warum auch? Er glaubt ja nicht, dass er die Macht hat, etwas zu verändern. Warum es dann überhaupt versuchen? So hadert er mit seinem Schicksal, das ihm kein »Glück« beschert hat. Die Wahrheit ist: Unser Einkommen *können* wir innerhalb von recht kurzer Zeit erhöhen. Wir zahlen dafür einen Preis, aber wir können es. Und wir tun es, indem wir die Bestandteile trainieren, aus denen sich ein hohes Einkommen ergibt.

Einkommen besteht aus fünf Bausteinen

Will ein Sportler seine Leistung verbessern, so zerlegt er seine Sportart in einzelne Bausteine (Schnellkraft, Sprungstärke, Muskelmasse, Kondition, Stil, Konzentrationsfähigkeit ...). Dann analysiert er jeden Bereich gesondert und erstellt anschließend ein Trainingsprogramm. So trainiert er jeden Bereich für sich. Dasselbe können wir mit Ihrem Verdienst machen. Er setzt sich immer aus den gleichen 5 Bausteinen zusammen. Geben Sie sich für jeden der im Folgenden beschriebenen 5 Bausteine Punkte zwischen 1 (darin bin ich ganz schlecht) und 10 (darin bin ich Weltklasse).**Verantwortungsbewusstsein:** Wem das Bewusstsein für Verantwortung fehlt, der wird niemals dauerhaft viel verdienen. Er wird sich *nicht bemühen* und *nicht nach Gelegenheiten Ausschau halten.* Er sieht sich als Opfer; und Opfer agieren nicht, sie warten ab und reagieren. So aber geht es beruflich nicht voran. Stimmen Sie dem zu? Sind Sie sich voll und ganz der Tatsache bewusst, dass Sie allein bestimmen, wie viel Sie verdienen? Spüren Sie, dass Sie selbst der Designer Ihres Lebens sind? Dass Ihnen niemand eine Gehaltserhöhung gibt, sondern dass Sie sich eine solche verdienen? Suchen Sie manchmal Entschuldigungen oder übernehmen Sie immer volle Verantwortung – vor allem für Ihre Situation und Ihre Reaktionen?

Für mein Verantwortungsbewusstsein gebe ich mir _____ Punkte

Selbstwert: Dies ist der *gewichtigste Baustein* unseres Einkommens. *Ihr Einkommen steht in direktem Verhältnis zu Ihrem Selbstwert.* Wer sich nicht als wertvoll und mächtig erlebt, der wird viele Gelegenheiten gar nicht als solche erkennen. Und selbst wenn er sie erkennt, sieht er sich außerstande, sie zu nutzen. Wenn wir nicht an unseren Wert glauben, wie können wir dann erwarten, dass es andere tun? Wie hoch ist Ihr Selbstvertrauen? Glauben Sie, dass Sie absolut einzigartig sind? Mögen Sie sich selbst von ganzem Herzen? Kennen Sie Ihre Stärken und trainieren Sie diese kontinuierlich? Wissen Sie um Ihre Schwächen, verurteilen Sie sich nicht dafür, sondern suchen Sie nach Lösungen bzw. arbeiten auf einem Gebiet, wo diese Schwächen nicht stören? Vertrauen Sie sich selbst? Glauben Sie fest an Ihre Zukunft? Können Sie sich verkaufen – also Ihren Wert anderen vermitteln? Können Sie Ihre Interessen klug vertreten und für Ihre Sache kämpfen? Sind Sie es wert? Verwechseln Sie hierbei Selbstwert nicht mit Arroganz oder Einbildung. Selbstwert ist das *fundierte* Wissen um eigenes Können und eine gewachsene Persönlichkeit. Es beruht auf Fakten: den Erfolgen Ihrer Vergangenheit. Bitte geben Sie sich selbst eine Note – für Selbstwert gibt es als einzigen Bestandteil 100 Punkte.

Für meinen Selbstwert gebe ich mir _____ Punkte

(Achtung: Hier sind bis zu 100 Punkte möglich.
1 = sehr niedrig; 100 = Sie bersten vor Selbstvertrauen)

Leidenschaft: Wenn Sie etwas mit Leidenschaft tun, entfalten Sie *ungeahnte Kräfte,* Sie sind *kreativer, fokussierter* und *erzielen bessere Ergebnisse.* Leidenschaft steckt an; andere helfen Ihnen gerne. Wer wirklich leidenschaftlich ist, dem ist die Bezahlung nicht das Wichtigste. Erstaunlicherweise führt dennoch gerade eine solche Leidenschaft zu höchsten Einkommen. Wie leidenschaftlich Sie in Ihrem Beruf sind, erkennen Sie daran, wie viel Mühe Sie sich geben und wie viel Disziplin Sie entwickeln. Geben Sie 100 Prozent? Tun Sie, was Sie lieben? Lieben Sie, was Sie tun – zumindest zu 90 Prozent Ihres beruflichen Alltags? Haben Sie oft wirklichen Spaß im Beruf? Freuen Sie sich wieder auf Ihre Arbeit, wenn Sie einige Tage verreist sind? Sehen Sie in Ihrer Tätigkeit einen Sinn? Spüren Sie, dass nichts Sie aufhalten kann? Wissen Sie von sich, dass Sie jedes Problem meistern können? Erreichen Sie Ihre wichtigen Ziele auf jeden Fall? Schenkt Ihre Leidenschaft Ihnen viel Energie? Erleben Sie das häufig? Verschmelzen Sie so mit Ihrer Tätigkeit, dass Sie die Zeit vergessen und das Ergebnis unwichtig ist, weil Sie eins werden mit Ihrem Tun?

Für meine Leidenschaft gebe ich mir _____ Punkte

Positionierung: Wer tut, was viele tun, ist so wertvoll wie Sand in der Wüste. Wenn Sie gefragt sein wollen, müssen Sie *anders* sein. Und Sie müssen klar kommunizieren, welchen *einzigartigen Nutzen* jemand bei Ihnen erhält. Es geht hier nicht um Qualität – die setzt man heute voraus! Es geht um Unterscheidungsmerkmale. Die entscheidende Frage lautet: *Was bekommt man bei bzw. von Ihnen, das man nirgendwo sonst bekommen kann?* Was macht Sie anders? Was sind Ihre speziellen Vorteile? Können *Sie* Ihre Tätigkeit und Ihr Alleinstellungsmerkmal in einem Satz beschreiben? Sorgen Sie dafür, dass *andere* das, was Sie vollkommen anders macht, erkennen und in wenigen Worten zusammenfassen können? Wissen Sie, wer das sucht, was Sie anzubieten haben (Zielgruppe)? Haben Sie ein bestimmtes Produkt, eine Eigenart, ein Talent, mit dem Sie auf sich aufmerksam machen (Speerspitze)? Sind Sie kreativ; haben Sie Ideen? Wie viele Stunden arbeiten Sie wöchentlich an Ihrer Positionierung?

Für meine Positionierung gebe ich mir _____ Punkte

Konstant lernen und wachsen (kluw): In dem Maße, in dem wir dazulernen, wird sich unsere *Qualität* verbessern und auch unsere Fähigkeit, uns auf die *wichtigen Dinge zu konzentrieren*. Es geht hier also nicht nur um Fachwissen, sondern ebenso um unser Wachstum als Persönlichkeit. Wie viel Zeit nutzen Sie pro Woche, um zu lernen? Wissen Sie, welche Stärken Sie ausbauen sollten? Trainieren Sie diese beständig? Geben Sie in Ihrem Beruf wirklich Ihr Bestes? Lesen Sie jeden Monat einige Fachbücher?

Führen Sie Journale – zum Beispiel über Ihre Erkenntnisse und Erfolge? Besuchen Sie Seminare? Treffen Sie sich regelmäßig mit Menschen, die beruflich das erreicht haben, was Sie anstreben? Haben Sie einen Coach, von dem Sie wirklich lernen können?

Für mein kluw gebe ich mir _____ *Punkte*

Um Ihre Gesamtpunktzahl zu errechnen, müssen Sie nur die erreichten Punkte miteinander multiplizieren. Zum Beispiel: Verantwortungsbewusstsein 5 Punkte, Selbstwert 8 Punkte, Leidenschaft 6 Punkte, Positionierung 4 Punkte und 5 Punkte für Ihr kluw. Das ergibt 4800 Punkte. Ich habe oft erlebt, dass die Punktzahl dem tatsächlichen Verdienst in Euro erstaunlich nahe kommt. Ahnen Sie, welches Potenzial sich aus dieser Betrachtung ergibt? Stellen Sie sich vor, Sie würden innerhalb von drei bis fünf Jahren jeden Baustein nur um einen Punkt verbessern und Ihren Selbstwert um 12 Punkte (in unserem Beispiel also dann auf 20 Punkte). Sie hätten dann 25.200 Punkte bzw. Euro Monatsverdienst ($6 \times 5 \times 7 \times 20 \times 6 = 25.200$).

Wahrscheinlich haben Sie jetzt einige Wachstumsbereiche klar erkannt. Aber es geht bei Weitem nicht nur um einen wachsenden Verdienst. Je mehr wir diese Bausteine verbessern, umso mehr Erfüllung finden wir. Und umso weniger kann man uns unsere Arbeit nehmen – auch nicht im Rentenalter.

Erfolge stellen sich ein …

Sie werden dabei (vielleicht erstaunt) feststellen, dass keiner der Bestandteile des Einkommens vordergründig etwas mit Geld zu tun hat. Ein hohes Einkommen ist zumindest materiell gesehen ein Erfolg. Und Erfolge folgen nach. Sie sind das, was aus einer bestimmten Einstellung und bestimmten Aktivitäten »erfolgt«.

Sie sind umso erfolgreicher, je mehr Sie all diese Dinge um ihrer selbst willen tun – und nicht ständig mit einem Auge auf die Belohnung in Euro schauen. Dieses eher peinliche ständige Schielen auf mehr Geld führt nicht zu Lebensfreude und Erfüllung, und auch nicht zu einem wirklich hohen Einkommen.

Der Überblick über die 5 Bestandteile ist leicht:

Erstens müssen wir verinnerlichen, dass wir alleine verantwortlich sind, und entsprechend handeln. Wir müssen begreifen: Es liegt an uns allein.

Zweitens müssen wir unseren Selbstwert ständig steigern, damit wir uns trauen, Ziele zu setzen und an sie zu glauben.

Drittens sollten wir herausfinden, was wir lieben – für alles andere ist unser Leben zu kurz. Leidenschaft verleiht Flügel und verändert die Natur der Arbeit.

Viertens sollten wir anschließend (!) überlegen, wie wir mit unserer Leidenschaft gut Geld verdienen – indem wir uns positionieren.

Und **fünftens** müssen wir konstant lernen und wachsen, um unsere Qualität zu verbessern, als Mensch zu wachsen und unsere Arbeitsmethodik zu optimieren.

Wenn wir alle 5 Bausteine des Einkommens möglichst schnell verbessern wollen, so schauen wir nach einem *Coach*. Das ist ein erfahrener und erfolgreicher Mensch, der uns hilft – ähnlich wie ein Trainer einem Sportler. Ich persönlich habe alles meinen beiden Coachs zu verdanken.

Wie können Sie die einzelnen Bausteine erweitern und verbessern?

Einige Anregungen haben Sie sicherlich bereits aus den Fragen entnommen. Zudem finden Sie eine ausführlichere Erklärung unter www.renteoderwohlstand.de, Stichwort: 5 Bausteine für ein hohes Einkommen

Üben

Überlegen Sie einmal, warum manche Sportler und Sänger so viel verdienen. Einige mögen gewisse Talente haben – andere haben sich ihre Fähigkeiten eher antrainiert. Bei allen können wir feststellen, **dass sie viel mehr üben als performen. Sie verbringen viel mehr Zeit im Training als im Wettkampf.** Fußballer trainieren die ganze Woche über, um dann samstags 90 Minuten zu spielen. Bei allen Spitzensportlern ist das Verhältnis ähnlich. Ihr Job besteht zu einem großen Teil aus Training. Nur wer dauerhaft gezielt übt, wird wirklich Spitzenleistung vollbringen.

Wer hingegen den Baustein »kluw« nicht verinnerlicht hat, der arbeitet viel mehr, als er übt. Das Problem dabei: Wie soll er sich unter diesen Umständen gezielt verbessern? Natürlich wird ihm das im Rahmen seiner Tätigkeit gelingen; aber niemals so, wie wenn er viel üben würde (möglichst unter Anleitung eines Coachs.) Er wird nie absolute Spitzenleistung vollbringen. Und nur diese wird überragend bezahlt.

Immer wieder habe ich erlebt: Die Menschen, die dieses Prinzip verstanden haben, sind nicht so oft bei der Arbeit anzutreffen. Aber sie verdienen viel mehr, als die, die ständig arbeiten ... Beobachten Sie Menschen mit sehr hohem Einkommen. Sie werden die gleichen Feststellungen machen: *Diese Personen üben viel.*

Und alle entwickeln bewusst oder unbewusst die beschriebenen 5 Bausteine. Sie tun Dinge, die nicht sofort und auch nicht direkt Geld bringen. Das Geld folgt dieser Vorbereitung, diesem Üben nach. Fragen Sie sich: Wie ist *Ihre* Arbeitszeit aufgeteilt? Zu welchem Teil Ihres Jobs performen Sie und zu welchem Teil üben Sie?

Der fünfte Baustein: Entwickeln Sie ständig die ersten 4 Bausteine weiter

Wir können uns niemals zurücklehnen und aufhören zu lernen und zu wachsen. Eine Persönlichkeit ist wie der Mond: Sie wird größer oder kleiner. Es gibt keinen Stillstand. Wer stillstehen will, wird buchstäblich kleiner.

Unsere Fähigkeit und Bereitschaft, Verantwortung zu übernehmen, muss ständig größer werden. Sonst werden Veränderungen, Herausforderungen und Probleme uns ängstigen. Unser Wirkungsgrad nimmt zu oder ab; er bleibt niemals konstant. Wir werden also machtvoller oder hilfloser.

Ebenso sollte unser Selbstvertrauen wachsen, sonst trauen wir uns neue, größere Aufgaben nicht zu. Auch erkennen wir viele Möglichkeiten nur durch die Brille eines wachsenden Selbstbewusstseins.

Unsere Leidenschaft muss immer wieder entfacht werden, sonst verschwindet das Feuer aus unserem Leben. Wir können andere nur dann von unseren Ideen begeistern, wenn wir selber brennen. Und unsere Positionierung sollten wir verbessern, solange wir arbeiten – also lebenslang. Sonst verdienen wir nicht annähernd so viel, wie es für uns möglich ist.

So lernen und wachsen Sie konstant:

1. Lesen Sie regelmäßig Fachbücher und Biografien von erfolgreichen Menschen.

2. Führen Sie Journale. Notieren Sie z. B. in drei verschiedenen Büchern Ihre Erfolge, Erkenntnisse und Ideen.

3. Besuchen Sie Seminare und Vorträge.

4. Treffen Sie sich regelmäßig mit Menschen, die beruflich das erreicht haben, was Sie anstreben. Halten Sie Ausschau nach einem Mentor oder Coach.

5. Handeln Sie. Geben Sie in Ihrem Beruf und beim Aufbau der 4 Bausteine wirklich Ihr Bestes. Üben Sie regelmäßig.

Was ist Ursache, was ist Folge?

Was war zuerst da: das Huhn oder das Ei? Viele denken: Na, wenn ich erst mal viel verdiene, dann kann ich die ersten 5 Regeln viel leichter umsetzen: Ich kann dann einfacher reich denken und leichter sparen, es macht dann mehr Sinn zu planen, ich habe erst dann Geld, um zu investieren, und kann dann besser die Förderungen des Staates nutzen. Wohlhabende Menschen wissen dagegen: *Es ist genau anders herum.* Erst wenn wir die ersten 5 Regeln befolgen, qualifizieren wir uns für einen höheren Verdienst, der uns wohlhabend macht. Ein hohes Einkommen ist eine Form von Erfolg; und Erfolge folgen nach. Hier bedeutet das: Ein großer Verdienst folgt dem guten Geld-Management. Zumindest ein Verdienst, der bei uns bleibt.

Unterschätzen Sie niemals, welchen Einfluss ein gutes Geld-Management auf die anderen Bereiche Ihres Lebens hat. Geld kann eine unterstützende oder eine hemmende Kraft sein. Dies gilt für jeden Bereich unseres Lebens – zumindest indirekt: Wir können selbst die größten Freuden auf Dauer nicht unbeschwert genießen, wenn uns Geldsorgen drücken. Besonders auf Ihren Job und Ihr Einkommen wirkt sich ein kluges Geld-Management aus. Lassen Sie mich das erklären, indem wir kurz die ersten 5 Regeln wiederholen:

Wenn wir **reich denken** lernen, dann leben wir automatisch die 5 Bausteine für ein hohes Einkommen. Denn die 5 Bausteine *sind* gleichzeitig der Inhalt dieses Denkens. Solange wir nicht reich denken, halten wir diese Bausteine eher für unrealistisch.

Wenn wir nicht **sparen**, sabotieren wir unser Selbstbewusstsein. Kontostände sprechen eine klare Sprache: Sind sie schlecht, fällt es zumindest schwerer, sich als erfolgreichen Menschen zu sehen. Sie erinnern sich: Das Selbstvertrauen ist der wichtigste Baustein eines hohen Einkommens. Wer spart, erhält mit jedem Kontoauszug eine Dokumentation seines Erfolges.

Wer lernt, seine finanziellen Ziele zu **planen**, der glaubt auch daran, dass er seine berufliche Zukunft planen kann. Wer nach und nach seine Planung umsetzt, der wird auch die 4 Bausteine mit System und Plan ausbauen. Dadurch wird ihm vieles gelingen. Er weiß dann aus Erfahrung um die Sogwirkung von Zielen, wenn sie in wirkungsvolle Pläne umgewandelt worden sind. Wer gelernt hat, klug zu **investieren**, der ist wirklich frei. Denn nun ist er nicht auf einen bestimmten Kunden oder Arbeitgeber angewiesen. Diese Freiheit macht sich bald in jedem Moment des beruflichen Schaffens bemerkbar: »Ich muss nicht mehr. Ich will. Aber nicht um jeden Preis.« Es fällt nicht schwer einzusehen, dass aus einer solchen Position der Stärke heraus ein hohes Einkommen leichter zu verhandeln ist. Auch die Klugheit, welche sich in der Fähigkeit zeigt, die **staatlichen Förderungen** zu nutzen, ist eine wichtige Eigenschaft. Wir sollten es uns im Leben nicht schwerer machen als notwendig. Dazu gehört, dass wir das Rad nicht neu erfinden müssen. Und dazu gehört auch, die Möglichkeiten zu nutzen, die sich uns bieten. Auch wenn es Arbeit kostet, auch wenn es etwas schwierig scheint.

Dolores McNamara

»Ist ein hohes Einkommen so wichtig?« Wahrscheinlich haben Sie schon von Lotto-Millionären gehört, die mit dem Gewinn we-

niger glücklich waren als vorher. Die Irin Dolores McNamara hat den größten europäischen Jackpot aller Zeiten geknackt: 115 Millionen Euro. Ziemlich viel Geld. Wenn Geld glücklich macht, so sollte viel Geld sehr glücklich machen.

Aber Frau McNamara wurde nicht glücklich. Bereits nach kurzer Zeit waren ihre Sorgen größer als die Freude. Sie traute sich auch erst gar nicht, ihrem Mann von dem Gewinn zu berichten, denn er war erst vor Kurzem am Herzen operiert worden. Sie hatte Angst, eine reiche Witwe zu sein.

Sie fühlte sich bald verfolgt. Jeder ihrer Schritte wurde von der sensationsgierigen Öffentlichkeit beobachtet und kommentiert. Zeitungen lästerten über ihre 25-Euro-Tasche. Sie sollte doch jetzt mehr Stil zeigen. Bei einer teuren Tasche hätten sie geschrieben: »Jetzt flippt sie aus. So viel Geld für eine Tasche.« Sie war jetzt so reich wie Prominente. Also wurde sie auch wie ein Promi beobachtet. Jeden Tag konnte sie Dinge über sich in der Zeitung lesen. Vieles war unwahr. Sie erhielt viele Ratschläge, um die sie gar nicht gebeten hatte. So riet ihr ein katholischer Priester, das Geld zu spenden. Sie ahnen schon wem – der katholischen Kirche.

Zudem erhielt sie Kisten von Bettelbriefen – jeden Tag. Das belastete sie. Wer noch keine Bettelbriefe gelesen hat, wird das vielleicht nicht richtig nachvollziehen können. Aber es kann tatsächlich bedrücken; der Ton der Briefe zermürbt leicht. Man muss erst lernen, sich vor der Not anderer nicht zu verschließen, aber gleichzeitig Abstand zu halten.

Alte Freunde wollten nichts mehr mit ihr zu tun haben. Sie gehörte jetzt »woanders hin«. Sie war nicht mehr eine von ihnen. Sie zog weg – es war eine Flucht. In eine reiche Gegend. Dort akzeptierte man die glückliche Gewinnerin »ohne Stil« auch nicht. Eine Fließband-Arbeiterin mit 115 Millionen. Sie passt hier nicht hin, flüsterte man. Gut, dass sie weggezogen ist, sagte man in ihrem Dorf. Sie war heimatlos. Sie resümierte: Sehr gerne würde sie in ihr altes Leben zurückkehren.

Geld und Glück

Einerseits stimmt es, was ein amerikanischer Industrieller treffend formulierte:»Denke immer daran: Geld ist nicht alles. Aber denke auch daran, zunächst viel davon zu verdienen, ehe du so einen Blödsinn denkst.«

Andererseits wissen wir: Geld und ein hohes Einkommen machen *nicht* glücklich. Unsere Persönlichkeit entscheidet über unser Glück, nicht die Menge unserer Euros. Geld ist eher eine Belastung, wenn die Persönlichkeit nicht mit dem Wohlstand mitwächst. Darum ist es unsinnig, sich einfach ein höheres Einkommen zu wünschen und zu glauben, damit hätten viele Sorgen ein Ende.

Ich glaube nicht daran, sich mit aller Macht mehr Geld zu verschaffen. Ich glaube vielmehr an Naturgesetze: Geld folgt dem nach, der bestimmte Gesetze einhält. Es folgt vor allem ohne große Anstrengung und auf natürliche Weise. Geld wird der natürliche und selbstverständliche Begleiter jedes Menschen, der konstant lernt und wächst und der nach den sieben Regeln des Wohlstands lebt. So wie das höhere Einkommen sich automatisch aus der Umsetzung der ersten 5 Regeln ergibt.

Um mit Geld glücklich zu sein, sind aber nicht nur diese Regeln Voraussetzung. Am wichtigsten ist die siebte Regel: Genießen. Erst sie verleiht einem Menschen mit Geld die tiefe Dimension des Glücks. Erst die siebte Regel macht wirklich frei.

KAPITEL 14

Regel 7: Genießen

»Wie du am Ende deines Lebens wünschst,
gelebt zu haben,
so kannst du jetzt schon leben.«

Marc Aurel, römischer Kaiser (121 180 n. Chr.)

*

Kennen Sie dieses Gefühl: Sie jagen mit aller Macht einem Ziel nach, und wenn Sie es erreicht haben, fühlen Sie sich *nicht* glücklich? Und je mehr Ihnen bewusst wird, in welche Falle Sie getappt sind, umso mehr kommen Sie sich wie ein Narr vor. Ich jedenfalls kam mir von Zeit zu Zeit vor wie jener Gelehrte, der zu einem Meister ging, weil er auf eine Offenbarung hoffte:

Der Meister sagte: »Geh hinaus in den Regen. Bleibe dort draußen einfach lange stehen. Das wird dir eine unvergessliche Erfahrung bescheren. «

Am nächsten Tag kam der Gelehrte und berichtete: »Ich folgte deinem Rat. Bald floss mir das Wasser den Nacken hinab und ich wurde klatschnass. Nichts weiter geschah. Ich fühlte mich wie ein vollkommener Narr.«

Darauf antwortete der Meister: »Findest du nicht, dass das eine ganz wichtige Offenbarung ist?« Ich hatte mit 26 Jahren gehofft, mit Geld glücklicher zu sein. Anfang 30 war ich finanziell frei.

Was ich herausfand: Geld an sich macht nicht glücklich. *Was wir mit unserem Geld tun, entscheidet über unser Glück.*

Nachhaltigkeit

Ich erkannte: *Nachhaltigkeit* ist viel mehr als Umweltschutz. Es ist eine Philosophie der Verantwortlichkeit. Sie will uns Freiheit lassen, aber sie sagt auch: *Zerstöre mit deiner Freiheit nicht die Möglichkeiten anderer Menschen. Heute nicht und auch in Zukunft nicht.* Diese Philosophie sagt auch: Wenn du mehr auf andere achtest, bist du selbst auch glücklicher. Und nur dann bist du wirklich frei. Das war seit Langem auch meine Meinung. Mir war schlicht nicht wirklich bewusst, dass sich Achtsamkeit und Nachhaltigkeit sehr ähnlich sind. Wer wirklich achtsam lebt, lebt auch nachhaltig. Es ist wichtig, dass sich jeder Mensch mit diesem Thema auseinandersetzt und seine Position findet. Auch in Bezug auf sein Geld. Schauen wir uns an, woher das Wort kommt und was es bedeutet. Viele kennen die Bedeutung nicht; und diejenigen, die glauben, sie zu kennen, meinen, es handelte sich um eine schlechte Übersetzung des englischen Wortes »sustainability«. Letzteres denken auch viele sogenannte Experten. Dem ist aber nicht so. Das Wort ist viel älter.

Die Idee (und damit auch das Wort) entstand vor ca. 200 Jahren in – Deutschland! Genauer: im deutschen Wald. Ein Drittel Deutschlands ist heute mit Wald bedeckt. Das war nicht immer so. Jahrhundertelang wurde Holz in Deutschland als Brenn- und Bauholz genutzt. Das Ergebnis: In Süddeutschland waren ganze Regionen abgeholzt, der Wald war vor ungefähr 200 Jahren nur noch in Resten vorhanden. Den Schwarzwald – um nur ein Beispiel zu nennen, heute noch für viele der Inbegriff von Wald – gab es nicht mehr.

Gerettet wurde der Wald in Deutschland durch die Erfindung der Nachhaltigkeit. Sie folgte dem einfachen Grundsatz: Es darf nie mehr Holz eingeschlagen werden, als nachwächst. Die Forstwirtschaft hat sich bei uns und in anderen Ländern darauf eingestellt und hat dieses Prinzip zum Leitsatz erhoben. Heute gibt es in Deutschland jährlich einen Zuwachs von ca. 60 Millionen Festmetern Holz, genutzt werden aber nur 40 Millionen Festmeter. Das hat zur Folge, dass die von Wald bedeckte Fläche in Deutschland jedes Jahr zunimmt. Nachhaltigkeit bedeutet also, nicht nur im Jetzt und Für-sich zu leben.

Bei allen unseren Entscheidungen müssen wir vielmehr auch das Wohl unserer Mitmenschen berücksichtigen sowie den Erhalt unserer Umwelt. Und wir müssen uns fragen: *Wie wirken sich unsere Entscheidungen auf die Zukunft unserer Kinder und unseres Planeten aus?*

Direkte Hilfe

Nachhaltigkeit bedeutet auch: Spenden Sie Geld. Helfen Sie mit Ihrer Zeit. Überlegen Sie, wer Ihre Hilfe benötigt, und helfen Sie. Wenn es um Geld geht, so gilt der uralte Rat: *Spenden Sie von Ihrem Einkommen 10 Prozent.* Wenn Sie das wirklich tun, werden Sie feststellen: Unterm Strich haben Sie mehr. Mehr Geld und mehr Glück. Vor allem aber fühlen Sie sich reich. Sie haben eine Überfluss-Mentalität. Sie stellen fest, dass Sie mehr Geld haben, als Sie benötigen.

Sie können abgeben. Nur wer gibt, ist wirklich frei. Unser Leben ist ein Geschenk. Zu schenken ist darum die Essenz des Lebens. **Leben ist geben.** Wirklich reiche **und** glückliche Menschen helfen. Sie schenken und helfen.

Was geschieht mit unserem Geld?

Was hält uns zurück, mehr zu geben, mehr zu helfen, nachhaltiger zu leben? Wofür horten wir Geld? Um beschützt und frei zu sein. Gut. Um sorgenfrei zu leben. Auch gut. Damit Geld zu einer unterstützenden Kraft in unserem Leben wird. Wieder gut. Aber: Viele wollen erheblich mehr Geld, als sie für sich selbst benötigen und als sie für sich selbst und ihre Ziele und Unternehmungen ausgeben wollen. Dieses Geld werden sie dann *vererben*. Damit meinen viele Reiche, ihren Nachkommen einen großen Dienst zu erweisen. Ich halte das Konzept des Vererbens von viel Geld für sehr fragwürdig. Vor allem halte ich es für wenig nachhaltig.

Warren Buffett, der reichste Investor der Welt, sagt dazu sinngemäß: Wenn die reichen Menschen von heute ihr Geld an ihre Kinder weitergeben, so schaffen sie eine Gesellschaft, in der diejenigen die größte Macht haben, die *nichts* dafür getan haben. Das ist so absurd, als wenn man bei der Olympiade 2020 den Kindern der Goldmedaillen-Gewinner von 2000 ebenfalls Gold geben würde. Ich glaube, zu viel geerbtes Geld erschwert es, zu einer Persönlichkeit zu werden. Es raubt den Reiz, selbst etwas aufzubauen.

Es verleiht darüber hinaus oft mehr Macht, als die Persönlichkeit tragen kann und sollte. Und ich glaube, wenn wir einen Teil unseres Geldes spenden, fühlen wir uns erfüllter, als wenn wir alles vererben. **Vor allem aber wird gespendetes Geld in den allermeisten Fällen – wenn weise entschieden wurde – mehr Gutes tun als ererbtes Geld.** Unbestritten wird es von Bedürftigen auch dringlicher gebraucht werden. Unsere Kinder sind eher nicht bedürftig.

Mein Appell: Spenden Sie. Warten Sie nicht damit. Beginnen Sie jetzt. 30 Euro monatlich können Sie wahrscheinlich entbehren. Und damit können Sie bereits eine Patenschaft übernehmen. Und mit der Zeit können Sie 10 Prozent von Ihrem Einkommen spenden. Sie werden sehen: Sie genießen dann Ihr Geld und Ihren Luxus mehr.

Wahrscheinlich werden wir nicht sofort die Welt verändern, aber wir tun *etwas*. Und vielleicht tun wir damit mehr, als wir im Moment ahnen ...

KAPITEL 15

Was werden Sie tun?

»Der Unterschied zwischen Kapitalismus und Sozialismus ist leicht erklärt: ein großer Kuchen, der ungerecht, oder ein kleiner Kuchen, der gerecht verteilt wird; mit dem Ergebnis, dass die gerechten Stücke des kleinen Kuchens viel winziger sind als die kleinsten Stücke des großen Kuchens.«

André Kostolany. Börsen-Guru und Finanzexperte (1906–1999)

*

Das Ende eines Buches kann auch ein Neuanfang sein. Aber aus Erfahrung weiß ich: Es ist schwer, aus einem theoretischen Buch heraus den ersten praktischen Schritt zu tun. Oft halten uns unser *Phlegma* und ein *Gefühl der Machtlosigkeit* zurück. Lassen Sie uns kurz über beides sprechen. Beginnen wir mit dem Gefühl, machtlos zu sein. Wer sich machtlos fühlt, ist unfrei.

Frei oder unfrei?

Was geht in Ihnen vor? Fühlen Sie sich in der Lage, die sieben Regeln umzusetzen? Oder fühlen Sie sich gehindert – durch allerlei Umstände, so wie ich damals, als ich meinen Coach kennenlernte?

Ich glaubte, nichts sei wichtiger für mich, als finanzielle Freiheit zu erlangen. Gleichzeitig glaubte ich nicht daran. Ich hatte ein zu geringes Selbstwertgefühl; ich erlebte mich als zu schwach und zu undiszipliniert.

Ich sagte: »Ich schaffe das nicht, ich fühle mich unfrei.« Er erwiderte: »Wer hält Sie fest?« Natürlich war da niemand. Also sagte ich: »Niemand hält mich fest.«

Mein Coach lächelte und fragte: »Warum möchten Sie dann frei werden?«

Ich verstand nicht. Er erklärte: »Es klingt so, als fühlten Sie sich *gezwungen*, frei zu werden.«

Es dauerte eine Zeit lang, bis ich verstand, was er mir sagen wollte. Solange ich mich *unfrei* fühlte, konnte ich nicht die Dinge tun, die mich *frei* machen würden. Freiheit, die ich haben *muss*, ist keine wirkliche Freiheit. **Erst als ich begriff, dass ich bereits frei war, konnte ich alles tun, was nötig war, um auch finanziell frei zu werden.**

Im Kern seines Wesens ist jeder Mensch frei. Unfreiheit ist nur erdacht und fiktiv. *Sie sind frei.* Sie haben keinen wirklichen Grund, sich unfrei zu fühlen. Wenn Sie das verstehen, werden Sie beginnen, Ihre Träume ernst zu nehmen und an ihrer Umsetzung zu arbeiten. Wenn *Sie* es nicht zulassen, kann Sie nichts zurückhalten.

Zeitverschwendung?

Wie ist es mit dem zweiten Grund, warum viele Menschen nie handeln: ihrem persönlichen Phlegma? Die Zeit, die Sie mit diesem Buch verbracht haben, ist verschwendete Zeit – *wenn Sie jetzt nicht handeln.* Denn ein Ratgeber, will Sie *nicht* in erster Linie informieren, vielmehr will er Sie zu konkretem Tun anleiten.

Leider erfolgt die Umsetzung meist nicht. Wie schade! Welche Verschwendung! Worauf warten wir denn? Auf das richtige

Timing? Auf eine bestimmte Gelegenheit? Eigentlich wissen wir es doch besser: Eine Gelegenheit kommt nie. Sie ist da. **Der beste Moment, gute Vorsätze umzusetzen, ist jetzt.**

Kennen Sie das Gefühl, dass Sie etwas vor sich hergeschoben haben, obwohl Sie eigentlich hätten handeln wollen, ja sogar müssen? Alles, was wir auf die lange Bank schieben, schadet uns zweifach: Einmal, weil wir wichtige Dinge nicht tun und uns deshalb Möglichkeiten entgehen und Schaden entsteht. Zum anderen aber, weil unser Selbstwertgefühl kleiner wird. Wir verlieren Selbstvertrauen, wenn wir uns selbst nicht gehorchen können.

Gründe

Ein häufiger Irrtum lautet: »Ich habe nicht die Disziplin, um zu handeln.« Ich glaube, dass jeder Mensch genug Disziplin hat – wenn er nur etwas stark genug tun will. Aber um etwas stark zu wollen, brauchen wir Gründe. Viele Menschen handeln schlicht deshalb nicht, weil ihre Gründe dafür nicht stark genug sind.

Wer starke Gründe hat, verpflichtet sich automatisch; er gibt sich selbst ein Versprechen und handelt. Ob wir solche Gründe haben, hängt mit den Fragen zusammen, die wir uns stellen. Mit Fragen lässt sich am einfachsten eine gezielte Selbstverpflichtung erreichen. Möglicherweise haben Sie keine Probleme damit, Ihre Vorsätze zu formulieren, und Sie beginnen sofort damit, sie umzusetzen. *In dem Fall haben Sie bereits begonnen.* Sollten Sie aber in Bezug auf Geld eher die wichtigen Handlungen vor sich herschieben, so kann es Ihnen helfen, wenn Sie folgende Fragen beantworten. Diese Antworten liefern Ihnen die Gründe, Veränderungen vorzunehmen. Und diese Gründe geben Ihnen die Kraft zu handeln.

Die Fragen

FRAGE 1

Ist Ihr Lebensbereich »Finanzen« optimal geordnet und
aufgestellt? Möchten Sie ernsthaft etwas verändern?

_____

_____

_____

FRAGE 2

Welche drei Ergebnisse müssen Sie auf jeden
Fall innerhalb der nächsten 6 Monate erzielen,
damit Sie mit sich selbst zufrieden sind?

_____

_____

_____

FRAGE 3

Was müssen Sie konkret tun, um diese Ergebnisse
zu erzielen? Innerhalb von 14 Tagen und innerhalb
von 2 Monaten? Wozu verpflichten Sie sich?

_____

_____

_____

FRAGE 4

Welche konkreten Gründe haben Sie, um etwas zu
verändern? Welcher Grund ist der stärkste?

FRAGE 5

Welche Verhaltensmuster und Gewohnheiten könnten
verhindern, dass Sie Ihre Ziele erreichen?

FRAGE 6

Welche Gewohnheiten müssen Sie annehmen,
um Ihre Verpflichtung zu erfüllen?

FRAGE 7

Womit werden Sie konkret beginnen?

Wohlstand ist für jeden möglich

Finanzielle Freiheit ist für jeden von uns möglich. Es ist sogar verhältnismäßig *leicht*, sie zu erreichen. Jede einzelne der beschriebenen7 Regeln ist leicht umzusetzen. Es ist leicht, 20 Prozent zu sparen. Es ist leicht zu planen. Es ist leicht, klug anzulegen und sein Einkommen zu erhöhen. Da ist nichts in diesem Buch, das der eine oder andere nicht verstehen könnte oder tun könnte.

Aber es ist *genauso leicht*, arm zu bleiben. Wir müssen nur die sieben Regeln ignorieren. Es ist leicht, zu viel auszugeben – und das auch noch zu entschuldigen. Das ist zwar dumm, aber leicht.

Es ist leicht, schlechte Investitionsentscheidungen aus dem Bauch heraus zu treffen. Solch ein Handeln ist nicht schlau, aber leicht.

Es ist leicht, sich mit den Umständen seines Berufs abzufinden. Das ist vielleicht nicht würdig, aber leicht.

Zwei Stimmen in uns

Warum ist beides so leicht? Die vereinfachte Antwort lautet: In jedem von uns schlummern zwei verschiedene Wesen. Lassen Sie es uns deutlich formulieren. Es gibt in uns die Stimme des *finanziellen Versagens* und die der *finanziellen Intelligenz*.

Es gibt den kleinen Menschen in uns, der sich als Opfer sieht; und es gibt den großen Menschen in uns, der Verantwortung übernimmt. Etwas in uns will Ausreden suchen, eine andere Kraft in uns will Ergebnisse schaffen.

Zwei völlig gegensätzliche Kräfte. Der Kampf zwischen den beiden wird bei den meisten von uns das ganze Leben über spürbar sein. Der Grund für diese beiden Kräfte in uns ist der, dass wir von vielen verschiedenen Eindrücken und Menschen geprägt worden sind.

Auf welche der beiden Stimmen wir hören, entscheidet darüber, ob wir finanzielle Freiheit erreichen. Suchen wir Sicherheit beim Staat oder in uns selbst? Halten wir uns für machtvoll oder erleben wir uns als Opfer?

Die Rente, die wir kennen, wird es nicht mehr geben. Wie reagieren wir darauf? Sehen wir die Schrumpfrente als Chance oder als großen Verlust? Wollen wir frei sein oder vertrauen wir lieber auf angebliche Rechte und Ansprüche? Wollen wir nur überleben oder wollen wir herausfinden, wozu wir in der Lage sind? *Lassen Sie niemals zu, dass der kleinere Mensch in Ihnen den größeren besiegt.*

Die große Chance

Ich halte die Entwicklung der Altersrente für eine große Chance. Wir sind endlich unmissverständlich in der Verantwortung. Der Sozialstaat ist bis auf eine Minimal-Rente zukünftig nur noch in der Lage, die zu versorgen, die es selbst nicht können.

Es kann keinen Zweifel mehr geben: Unser Vermögen und unser Lebensunterhalt sind nun weitgehend unsere Privatsache. Wir müssen es selbst zustande bringen, denn niemand wird es für uns tun. Wer das erst einmal akzeptiert hat, wird die Vorteile bald erfahren.

Das Neue Testament berichtet immer wieder von Menschen, die Jesus anflehten, sie zu heilen. Viele von ihnen waren bereits jahrelang krank. Erstaunlich war das Vorgehen von Jesus. Anstatt sie einfach zu heilen, fragte er: »*Willst* du geheilt werden?«

Ist das nicht interessant? Ich kann nur vermuten, warum Jesus so fragte. Diese Menschen verbreiteten den Anschein, als ob sie geheilt werden wollten. Aber wollten sie es wirklich? Oder hatten sie sich nach all den Jahren arrangiert? Jedenfalls zeigt die Geschichte, dass ein Wunder mit wenigen Worten beginnt: »Ich will.«

Auch in Bezug auf Geld ist das die beste Frage, die wir uns stellen können. *Wollen* Sie finanziell frei sein? Wenn Sie es wirklich wollen, dann wird es Ihnen mit der Hilfe der sieben Regeln gelingen. Auch wenn es Ihnen jetzt noch wie ein Wunder vorkommt.

Ich wünsche Ihnen, dass Sie Ihre Ziele erreichen: Ihre finanziellen und auch Ihre privaten. Das ist Erfolg. Und ich wünsche Ihnen, dass Sie die erreichten Ziele dann auch genießen. Das ist Glück.

Die Förderrente

	Steuerliche Förderung in der Einzahlungsphase	Auszahlung Kapital im Ablebensfall	Auszahlung Rente
Schicht 1: Basisversorgung			
Gesetzliche Rentenversicherung Gesetzliche Rentenversicherung, berufsständische Versorgungswerke, landwirtschaftliche Alterskassen	**Altersvorsorgeaufwendungen** • Höchstbetrag 20.000 Euro p. a. (bei Zusammenveranlagung 40.000 Euro) inkl. Beiträge zur »neuen« Leibrente • Für 2005 können 60 Prozent der Beiträge bzw. des Höchstbetrages geltend gemacht werden (jährliche Erhöhung um 2 Prozent bis 100 Prozent ab 2025) • Davon Abzug Arbeitgeber-Anteil zur gesetzlichen Rentenversicherung	Kapitalzahlung **nicht** möglich	Nachgelagerte Besteuerung Steuerpflichtiger Teil der Rente abhängig vom Jahr des Rentenbeginns • 2005: 50 Prozent • ab 2006; jährliche Erhöhung um 2 Prozent • ab 2021; jährliche Erhöhung um 1 Prozent bis 2040 **Steuerfreier Teil der Rente =** 1. volle Jahresrente abzüglich steuerpflichtiger Rentenanteil. Der Freibetrag wird für jeden Rentnerjahrgang auf Dauer festgeschrieben. Damit werden künftige Rentenerhöhungen voll zu 100 Prozent steuerpflichtig
So genannte Rürup-Rente			
»Neue Leibrentenversicherungen« (Rürup-Rente) Abschluss ab dem 1. Januar 2005 • Monatliche, **lebenslange Leibrente ohne Kapital-/Teilkapitalzahlung** Rentenbeginn frühestens ab Alter 60 J. • Nicht vererblich, nicht übertragbar, nicht kapitalisierbar, nicht beleihbar, nicht veräußerbar • Einschluss von Berufsunfähigkeits-/ Erwerbsunfähigkeitsrente oder Hinterbliebenenrente möglich	**Altersvorsorgeaufwendungen** • Höchstbetrag 20.000 Euro p. a. (bei Zusammenveranlagung 40.000) • inkl. Beiträge zur gesetzlichen Rentenversicherung, berufsständischen Versorgungswerken, landwirtschaftlichen Alterskassen • Für 2005 können 60 Prozent der Beiträge bzw. des Höchstbetrages geltend gemacht werden (jährliche Erhöhung um 2 Prozent bis 100 Prozent ab 2025) • Davon Abzug AG-Anteil zur GRV	Kapitalzahlung **nicht** möglich	Nachgelagerte Besteuerung je nach Rentenbeginn (steuerpflichtiger Rentenanteil wie gesetzliche Rentenversicherung) • 2005: 50 Prozent

Schicht 2: Kapitalgedeckte Zusatzversorgung

	Beiträge	Kapitalleistung	Rentenleistung
Direktversicherung, Abschluss vor dem 1. Januar 2005	Weiterhin **Pauschalbesteuerung** der **Beiträge (§ 40b EStG)**	**Kapitalleistung steuerfrei** (Mindestlaufzeit 12 Jahre, Beitragszahlungsdauer mind. 5 Jahre)	**Steuerpflichtig mit dem reduzierten Ertragsanteil** je nach Rentenbeginnalter
Pensionskasse, Pensionsfonds Anschluss vor dem 1. Januar 2005	**Steuerfreiheit der Beiträge nach § 3 Nr. 63 EStG**	**Kapitalleistungen sind steuerpflichtig** (nach § 22 Nr. 5 EStG)	**Rentenleistungen sind steuerpflichtig** (nach § 22 Nr. 5 EStG)
	§ 40b EStG bei Pensionskasse Pauschalbesteuerung der Beiträge (nur, soweit § 3 Nr. 63 EStG ausgeschöpft)	**Kapitalleistungen sind steuerfrei** (Mindestlaufzeit 12 Jahre, Beitragszahlungsdauer mind. 5 Jahre)	**Steuerpflichtig mit dem reduzierten Ertragsanteil** je nach Rentenbeginnalter
Direktversicherung, Pensionskasse, Pensionsfonds Anschluss ab dem 1. Januar 2005	**Steuerfreiheit der Beiträge nach § 3 Nr. 63 EStG** Zusage einer Leibrente (Kapitalabfindung möglich), begrenzte Vererbarkeit **Erhöhung Höchstbeitrag** nach § 3 Nr. 63 EStG von 4 Prozent der BBG (sozialversicherungsfrei) um 1.800 Euro (sozialversicherungspflichtig). Die 1.800 Euro können nur beansprucht werden, wenn keine pauschal versteuerte Versicherung besteht.	**Kapitalabfindungen sind steuerpflichtig** (nach § 22 Nr. 5 EStG) **Ausübungsfrist für Kapitalabfindung** < 30 Prozent (> 30 Prozent)	**Rentenleistungen sind steuerpflichtig** (nach § 22 Nr. 5 EStG).
Unterstützungskasse, Pensionszusage	**Keine Besteuerung** der Beiträge, da kein Lohnzufluss.	**Kapitalleistungen sind steuerpflichtig** (nach § 19 Abs. 1 EStG). Die Fünftel-Regelung (nach § 34 EStG) kann angewendet werden	**Rentenleistungen sind steuerpflichtig** (nach § 19 Abs. 1 EStG)
Riester-Rente • Verfahrensvereinfachungen ab 1. Januar 2005 • Unisex-Tarife seit 1. Januar 2006	**Zulagenförderung** Ggf. zusätzl. Sonderausgabenabzug	**Teilkapitalauszahlung max. 30 Prozent voll steuerpflichtig**	**Volle nachgelagerte Besteuerung** (immer 100 Prozent)

Schicht 3: Kapitalanlageprodukte

Kapitalversicherungen/ Rentenversicherungen Abschluss vor dem 1. Januar 2005 (für Sonderausgabenabzug auch Zahlung der Erstprämie vor 1. Januar 2005 erforderlich)	**Sonstige Sonderausgaben** **1.500** Euro für Arbeitnehmer/Beamte **2.400** Euro für Selbstständige inkl. Beiträge zu Kranken-, Pflege-, Arbeitslosen-, Unfall-, Haftpflicht-, BU-, Risikoversicherungen	**Kapitalleistung steuerfrei** (Mindestlaufzeit 12 Jahre, Beitragszahlungsdauer mind. 5 Jahre)
Kapitalversicherungen/ Rentenversicherungen Abschluss ab dem 1. Januar 2005	**Kein Sonderausgabenabzug**	Erträge sind generell voll steuerpflichtig • Ausnahme: 50 Prozent der Erträge steuerfrei bei Verträgen mit mind. 12 Jahre Laufzeit und einer Auszahlung nach Vollendung des 60. Lebensjahres

Steuerpflichtig mit dem reduzierten Ertragsanteil je nach Rentenbeginnalter

Renteneintrittsalter	Ertragsanteile	
	Neu	Alt
60 Jahre	22 %	32 %
65 Jahre	18 %	27 %
70 Jahre	15 %	21 %

Finanzielle Freiheit
der 7-Jahres-Kurs

Wir haben den „7-Jahres-Kurs zur finanziellen Freiheit" entwickelt. Durch unser Moneycoaching können Sie die finanzielle Freiehit erreichen.
Testen Sie jetzt – **gratis und ohne weitere Verpflichtungen** – das Coachingprogramm von Bodo Schäfer.

Inhalte aus dem kostenlosen Coachingprogramm:

- Vier Videos mit hochwertigen Trainingssequenzen aus Bodo Schäfers Seminaren

- 41 Seiten gefüllt mit hilfreichen Geldtipps aus der Feder von Bodo Schäfer

- Optional: ein kostenloses Telefoncoaching mit einem der engsten Mitarbeiter von Bodo Schäfer

Als Dankeschön erhalten Sie drei Geschenke:

- Der Weltbestseller: Ein Hund namens Money (Buch als PDF-Format)

- Die 14 Geld-Tipps von Bodo Schäfer (PDF)

- Kostenlose Coachingimpulse von Bodo Schäfer

Jetzt testen und 3 Geschenke kostenlos erhalten:
www.moneycoaching.de/finanzielle-freiheit
(QR-Code mit Ihrem Smartphone scannen)

Ein persönlicher Brief
von Bodo Schäfer

Liebe Leserin, lieber Leser,

immer mal wieder entstehen revolutionäre Produkte, die alles verändern. Wenn man in seiner Berufslaufbahn die Chance hat, an einem solchen Produkt mitzuarbeiten, kann man sich glücklich schätzen. Ich habe in dieser Hinsicht schon sehr viel Glück gehabt. Zusammen mit meinen Partnern konnte ich schon mehrere solcher Produkte präsentieren. Darf ich Ihnen dazu vier kurze Geschichten erzählen? Es handelt sich um die Geschichten von vier bahnbrechenden Produkten, alles Meilensteine in unserer Branche, der Erwachsenenbildung.

Die erste Geschichte handelt von unseren Seminaren über Geld.

Eigentlich habe ich Jura studiert. Aber zum großen Kummer meiner Familie habe ich kurz vor dem Examen mein Studium geschmissen. Warum? Weil ich die große Leidenschaft meines Lebens suchte. Und das war Jura sicher nicht. Später habe ich dann herausgefunden, was mich wirklich begeistert: anderen zu zeigen, wie sie vermögend werden. Das Leben ist zu kurz, um einer Arbeit nachzugehen, die wir nicht wirklich lieben. Und meine Leidenschaft ist es nun einmal, anderen den Weg zur finanziellen Freiheit zu zeigen. Anfangs tat ich das ausschließlich durch Seminare.

1994 führte ich unsere ersten Geldseminare durch: über den »Durchbruch zum finanziellen Erfolg« und später über »Die erste Million in sieben Jahren«. Meine Familie sagte: »Man kann doch keine Geldseminare anbieten.« Und selbst die meisten meiner Trainerkollegen waren der Meinung, auf Geldseminare würde in Deutschland niemand gehen ...

Und der Anfang war tatsächlich nicht leicht. Einmal hatten sich für ein Seminar nur vier Personen angemeldet. Ich wollte es schon ausfallen lassen. Aber es war nun einmal meine Leidenschaft, darum habe ich für fünf Teilnehmer (einer der vier brachte noch einen Freund mit) zwei ganze Wochenenden lang ein Seminar gehalten. Das war der Wendepunkt. Als ob ich mir selbst bewiesen hatte: Ich gebe nicht auf. Ich ziehe das durch. Von da ab kamen immer mehr Menschen. Zuerst Hunderte, dann Tausende. Inzwischen haben über 800.000 Menschen unsere Seminare besucht. Es waren mit großem Abstand die erfolgreichsten Geldseminare Europas. Und das hat hauptsächlich einen Grund: Diese Seminare haben zahlreiche Menschen reich gemacht.

Über 30.000 Briefe beweisen: Viele Tausend Menschen haben dank dieser Seminare die finanzielle Freiheit erreicht. Zusätzlich haben wir daraus ein Audioseminar gemacht, das mehr als 500.000 Menschen gekauft haben. So konnten sie es bequem im Auto hören – auf dem Weg zur Arbeit. Ich bin außerordentlich froh und auch stolz, dass somit weit über eine Million Menschen meine Seminare gesehen oder gehört haben. Es ist unglaublich, was alles passiert, wenn wir etwas tun, was wir lieben.

Die zweite Geschichte handelt von meinem Buch.

Im Februar 1997 schrieb ich mein erstes Buch: »Der Weg zur finanziellen Freiheit«. Ein Buch über Geld, an das kaum einer glaubte. Meine Familie nicht – ein Buch über Geld könne man unmöglich schreiben. Aber schlimmer war: Ich fand zunächst keinen Verlag. 57 Verlage hatten abgelehnt, es zu drucken. 18 Monate lang bekam ich nur Absagen. Ich könne nicht schreiben, meine Rechtschreibung sei furchtbar (das stimmt übrigens, aber es gibt ja genau dafür Korrekturleser), es gebe schon ca. 500.000 Bücher über Geld ... Aber ich wusste, dass dieses Buch wertvoll ist. Auf meinen Seminaren bekam ich immer mehr Feedback. Meine Teilnehmer sagten mir, wie positiv sich ihr Leben veränderte. Und das waren nicht nur positive Gefühle, die sie mir mitteilten; es waren vor allem auch harte Fakten. Es waren ihre Kontostände, die sich veränderten. Meine Teilnehmer wurden immer vermögender. Das waren klare Erfolgsbeweise. Wie konnte ich da aufgeben?

Meine Ausdauer wurde belohnt: Ich freue mich nach wie vor riesig darüber, dass wir in den ersten drei Monaten nach dem Erscheinen meines Buches »Der Weg zur finanziellen Freiheit« Ende 1998 mehr als 100.000 Exemplare verkauft haben – allein in Deutschland. Inzwischen sind es weltweit über 10 Millionen. Ist das nicht unglaublich? »Der Weg zur finanziellen Freiheit« ist das erfolgreichste Buch über Geld weltweit. Ich glaube, wir dürfen niemals aufgeben. Nie. Das Leben belohnt Ausdauer. Wir müssen etwas tun, wofür wir wirkliche Leidenschaft empfinden. Für eine Idee, für die Lösung eines Problems, für die Beseitigung eines Unrechts. Ohne echte Leidenschaft werden wir nicht genug Durchhaltevermögen besitzen, um bis zum Schluss dranzubleiben. Damit sind wir bei der dritten Geschichte.

Die dritte Geschichte handelt von unserem ersten DVD-Seminar für zu Hause.

Mit dem Erfolg meines ersten Buchs setzte eine wahre Erfolgsspirale ein. Ich schrieb weitere Bücher, besuchte unglaublich viele Talkshows, gab massenhaft Interviews... Als Sprecher war ich ständig ausgebucht. Ich habe es allerdings übertrieben und eindeutig zu viel gearbeitet. Dann wurde ich Ende 1999 krank. Ich konnte keine Seminare mehr halten. Das Leben läuft nicht immer glatt. Und es ist falsch, zu denken, wir könnten nur dann glücklich sein, wenn alles super läuft. Ich war anderthalb Jahre krank, und als es mir besser ging, hatte ich nach einer harmlosen Operation ein neues Problem. Wieder war ich lange krank. Doch ich habe in diesen Zeiten viel gelernt. Meinen Traum, andere Menschen zur finanziellen Freiheit zu führen, habe ich in der ganzen Zeit nie aufgegeben. Aber es hatte sich einiges verändert: Heute ist es mir wichtig, dass ich anderen nicht nur helfe, reich zu werden, sondern reich und glücklich.

So machte ich weiter. Ich wollte mich nicht mehr überarbeiten, allerdings hatte ich gleichzeitig den brennenden Wunsch, mehr Menschen zu erreichen. Und irgendwann kam die Idee: Ich wollte ein Coachingprogramm schaffen, wie es noch keines gab. Ein Programm, das die Menschen begleitet, sie einige Jahre an die Hand nimmt und sicher zur finanziellen Freiheit führt. Dazu haben wir noch einmal unser erfolgreichstes Finanzseminar durchgeführt und in Kinoqualität filmen lassen. Dieses Seminarerlebnis haben wir durch brandneues umfassendes Material ergänzt. Herausgekommen ist 2008 ein Einstiegspaket, das leicht verständlich den Weg zum Wohlstand erklärt. Dieses Paket haben bis Ende 2012 bereits über 15.000 Menschen gekauft. Das sind mehr als zehn Menschen jeden Tag – seit vier Jahren. Zehn Menschen jeden Tag, die sich auf den Weg zum Wohlstand machen. Ist das nicht toll? Und bald werden es hundert Menschen pro Tag sein. Hundert Menschen beginnen jeden Tag, mit diesem Fernkurs zu arbeiten.

Ich glaube, was ich erlebt habe, haben viele erfahren: Viele Menschen kommen irgendwann an den Punkt, dass sie ihren Job so nicht weitermachen wollen oder können. Sie wollen sich weiterentwickeln oder müssen etwas ändern. Ich habe erfahren: Dazu müssen wir unsere Leidenschaft nicht aufgeben, wir können sie vertiefen, weiterentwickeln, den Ansatz ändern. Und im Ergebnis können wir noch effektiver sein. Wenn wir unserer Leidenschaft treu bleiben, aber den Ansatzpunkt verändern und die Umsetzung verbessern, dann können sich unglaubliche Dinge entwickeln.

Wenn jemandem ein einziger dieser drei Meilensteine gelingt, dann ist das fantastisch. Aber es war immer mein Herzensanliegen, möglichst viele Menschen zur finanziellen Freiheit zu leiten. Also war ich nie zufrieden. Ich wollte ein sicheres System schaffen und das immer weiter verbessern und vereinfachen. Und das führt uns zur vierten Geschichte. Ich schildere Ihnen nun den vierten großen Meilenstein.

Die vierte Geschichte handelt von meinem Lebenswerk. Und diese Geschichte beginnt gerade erst.

Diese vierte Geschichte kann für Sie sehr wichtig sein. Sie resultiert aus den ersten drei. Erinnern Sie sich an die drei Lehren aus meinen drei Geschichten?

1. Wir sollten etwas finden, was wir lieben. Wir erfahren sonst nie, wozu wir wirklich in der Lage sind.
2. Wir sollten nicht aufgeben, niemals. Aber dazu brauchen wir die Leidenschaft, die sich dann einstellt, wenn wir etwas wirklich lieben.
3. Wir können auch glücklich sein, wenn wir harte Zeiten durchmachen. Wir können dabei lernen, unsere Tätigkeit zu verbessern und effektiver zu machen.

Alles, was ich eben beschrieben habe, alles, was ich aus den drei Geschichten gelernt habe, fließt zusammen in einen einzigen Kurs: die Seminare, die Audioprogramme, das persönliche Coaching durch mich, die Bücher ...

Alles: mein ganzes Wissen in einem Kurs. Aber natürlich nicht nur mein Wissen. Sondern außerdem das Wissen von über 200 herausragenden Lebenslehrern. Von meinen Coaches, von sehr erfolgreichen Kollegen, Bestsellerautoren und Multimillionären und Milliardären. Was dürfen Sie von solch einem Kurs erwarten? Wir liefern Ihnen einen Fernkurs, der Sie sicher und einfach reich macht. Ich habe über 4.000 Bücher gelesen, Tausende Gespräche mit Experten und Millionären geführt. Ich selbst wurde zuerst von einem Millionär und später von einem Milliardär gecoacht. Mit 30 Jahren war ich finanziell frei, das heißt, ich kann seitdem von meinem Geld leben. Ich habe über 250 Seminare besucht. Und aus alldem habe ich für Sie das Wichtigste und Beste herausgefiltert: Sie erhalten das Wissen von 200 Erfolgstrainern, Bestsellerautoren, Multimillionären und Milliardären.

Dieser fantastische Kurs beinhaltet drei Produkte, von denen jedes für sich großartig ist.

➤ Wir bringen unsere Seminare zu Ihnen nach Hause.

➤ Wir schicken Ihnen jede Woche einen Coachingbrief und lesen Ihnen den auch noch vor.

➤ Wir coachen Sie am Telefon und beantworten Ihre Fragen. Es ist immer mein Herzensanliegen gewesen, andere Menschen zur finanziellen Freiheit zu führen. Dafür habe ich Seminare veranstaltet, Bücher geschrieben und viele Menschen persönlich gecoacht. Jetzt haben wir alle drei Wege für Sie noch viel leichter gemacht:

➤ Wir haben die wichtigsten Seminare gefilmt, damit Sie sich diese bequem zu Hause anschauen können.

➤ Ich schreibe Ihnen wöchentlich einen Coachingbrief, damit Sie ständig lernen und an Ihre Vorsätze erinnert werden. Und diese Briefe bekommen Sie auch als Audioversion. So können Sie sich diese z. B. morgens im Auto anhören.

➤ Und wir haben ein Telefoncoaching geschaffen, damit Sie bequem alle Ihre Fragen stellen können. Dazu haben wir über Jahre spezielle Mitarbeiter ausgebildet.

Was also ist der 7-Jahres-Kurs? In einem Satz gesagt: Es ist ein Fernkurs für Menschen, die schnell und einfach reich werden wollen. Der Kurs funktioniert wie ein Navigationsgerät im Auto. Er bringt Sie sicher und einfach an Ihr finanzielles Ziel.

Herzlichst Ihr Bodo Schäfer

PS: Testen Sie jetzt diesen einmaligen Kurs zur finanziellen Freiheit. Registrieren Sie sich unverbindlich unter www.moneycoaching.de/finanzielle-freiheit und testen Sie vier Wochen lang mein Coachingprogramm.

Bücher von Bodo Schäfer

Das **Standardwerk** von Bodo Schäfer ist weltweit über 10 Millionen Mal verkauft. Es zeigt, wie Sie innerhalb von 7 Jahren Ihre erste Million erreichen können. (auch als Audio-Buch erhältlich)

Ein Buch **für Kinder** (und Erwachsene), um spielerisch die Regeln für den Umgang mit Geld zu lernen. Die spannende Geschichte handelt von einem 11-jährigen Mädchen, das von einem sprechenden Hund namens Money Geld-Unterricht erhält. Das Buch wurde 5 Millionen Mal verkauft. (auch als Audio-Buch erhältlich)

Dieses Buch für **Persönlichkeitsentwicklung** zeigt, wie Sie mit 30 erprobten Strategien in allen Lebenslagen Ihre Ziele erreichen.
(auch als Audio-Buch erhältlich)

Leading Simple, das Buch über **Menschen-Führung**, erzählt die bewegende Geschichte des Rollstuhlfahrers Louis Berg, der ein erfolgreicher Leader wird. Ihm hilft dabei ein System, mit dem letztlich jeder Mensch wirkungsvoll führen kann.

Stichwortverzeichnis